政府信息公开司法审查制度研究

沈定成 著

东南大学出版社
SOUTHEAST UNIVERSITY PRESS
·南京·

图书在版编目(CIP)数据

政府信息公开司法审查制度研究/沈定成著.—南京：东南大学出版社,2021.11
ISBN 978-7-5641-9699-8

Ⅰ.①政… Ⅱ.①沈… Ⅲ.①国家行政机关—信息管理—司法监督—研究—中国 Ⅳ.①D922.104

中国版本图书馆 CIP 数据核字(2021)第 196788 号

政府信息公开司法审查制度研究

Zhengfu Xinxi Gongkai Sifa Shencha Zhidu Yanjiu

著　　者	沈定成
出版发行	东南大学出版社
社　　址	南京市四牌楼 2 号　邮编:210096
网　　址	http://www.seupress.com
经　　销	全国各地新华书店
印　　刷	兴化印刷有限责任公司
开　　本	700mm×1000mm　1/16
印　　张	18.25
字　　数	350 千字
版　　次	2021 年 11 月第 1 版
印　　次	2021 年 11 月第 1 次印刷
书　　号	ISBN 978-7-5641-9699-8
定　　价	62.00 元

本社图书若有印装质量问题,请直接与营销部联系,电话:025-83791830。

东南大学法学博士文库

总　序

　　博士,古时为学官名,他们精通经义,教授生徒;如今则属学位名,位于学位序列的最高一级,占据国民教育体系的最顶端。古今分别虽然悬殊,但就学识渊博、学问精专而言,则是相通的。如今,一个人若能取得博士学位,无疑标志着他由学习阶段进入了学术阶段,真正具备了独立的思考能力、敏锐的洞察意识、严谨的批判精神。如此人才,对提升国家的理论自信,塑就国民的文化自信,深化科教强国战略而言,是决然不可或缺的。因此,博士的培养一直是国家教育资源的重要倾注所在。而伫立其间的法学博士,在当下"法治是治国之重器"的战略论断下更显得意义非凡,这也是当下法学博士所应担当的时代重任之所在。基于当今宏大的历史使命,东南大学法学院与众多高校一起,共同肩负起了法学博士的培养之责。

　　东南大学位于六朝古都南京,承续江左文枢余脉。其法学学科肇始于1928年国立中央大学,1995年,东南大学复建法律系,2006年9月19日成立法学院。二十多年的春华秋实,十余载的开拓进取……回首往事,感慨万千,筚路蓝缕,虽苦犹甜;放眼今朝,备受鼓舞,展望未来,生机无限。如今的东南大学法学院年轻而朝气蓬勃,朴实而气象万千。在不断的奋进中,法学院已初步形成了与学校"双一流建设"要求相匹配的学科优势与特色。在研究生培养上也是全面开花,陆续获批法律硕士专业学位授权点、法学一级学科硕士学位授权点。2016年正式获批的法学一级学科博士授权点被列为江苏省重点学科,更是开启了法学院法学博士培养的新篇章。早在2008年,东南大学法学院就在马克思主义学科点独立招收法学博士研究生。十载虽短,但也足以检验出一所高校法学院的博士培养水平,足以沉淀出一所法学院博士生群体的学术品性。

　　南京作为中国特大城市,背枕钟山,毗邻长江,得天之独厚,自古便享繁华。如此这般的熙攘喧嚣,对于学术所需要的静谧,实在是一种反差。这就需要博士生们耐下性子,沉下心来,于喧闹之中觅得清净,于浮华之中自我积淀。可喜的是,我们的博士生做到了,博士学位论文的最终出版便是最好的证明。当然,这依然是不够的。因为,博士学位论文作为每位博士的学术开端,不免显得稚嫩与不足,需要博士们对其展开进一步的查漏补缺、推敲打磨,借此实现学术素养的再次升华。

思想在于交流,学术在于批判。博士学位论文的完善、学术素养的升华,最好的方式便是直面同行学人的质疑和批评。基于以上考虑,我们决定推出"东南大学法学博士文库"。一方面,为博士们对外展示自己的智识成果提供一个平台,为学界的理论研究输出一点智慧结晶,以飨读者;另一方面,我们也希望通过博士学位论文的付梓出版,对博士们的学术积淀情况进行一番检验。因此,学界同仁们的指教与斧正于我们弥足而珍贵。不仅对博士本人的学术成长,而且对法学院博士生培养工作的拔升,均受益匪浅。

我们也深知,学术沉淀非一日之功,学术新人的培育非一时之力。我们只是希望借助"东南大学法学博士文库"这一起点,以良好的初心为优秀作品的雕琢、为学术新人的首秀提供一方平台,如此便足矣。

是为序。

东南大学副校长　周佑勇
2018 年 5 月 17 日

目 录

绪 论 …………………………………………… 1
    一、选题的意义 ………………………… 1
    二、研究综述和方法 …………………… 6
    三、本书架构及创新 …………………… 14

第一章 政府信息公开司法审查的基本理论 …………………………………………… 18

第一节 政府信息公开概述 …………… 18
    一、政府信息公开的概念 ……………… 18
    二、政府信息公开的特征 ……………… 22
    三、政府信息公开的性质 ……………… 27

第二节 政府信息公开司法审查概述 …… 32
    一、政府信息公开司法审查的含义及法律规定 ………………………………… 32
    二、政府信息公开司法审查的性质 ………………………………………… 37
    三、政府信息公开司法审查的意义及法律地位 ………………………………… 40
    四、政府信息公开司法审查的目的 ………………………………………… 44

第二章 政府信息公开司法审查的特点和突出难题 …………………………………… 57

第一节 政府信息公开司法审查的基本特点 ……………………………………… 57

一、个案标的额低与滥诉数量高发
　　　　　　　　　　　　　　…………… 57
　　二、涉及领域和分布地域相对集中
　　　　　　　　　　　　　　…………… 59
　　三、司法权行使结果过于保持克制
　　　　　　　　　　　　　　…………… 61
第二节　政府信息公开司法审查的
　　　　突出问题 …………………… 62
　　一、滥诉标准确定难 …………… 62
　　二、审理规则掌握难 …………… 63
　　三、争议实质性解决难 ………… 65

第三章　政府信息公开司法审查的起诉规则
………………………………………… **67**
第一节　政府信息公开司法审查的原告
　　　　制度 …………………………… 67
　　一、原告的资格条件 …………… 68
　　二、原告的范围类型 …………… 69
第二节　政府信息公开司法审查的被告
　　　　制度 …………………………… 76
　　一、被告的资格条件 …………… 77
　　二、被告的范围类型 …………… 83
第三节　政府信息公开司法审查的受案
　　　　范围 …………………………… 91
　　一、理论上的受案范围 ………… 92
　　二、实践中的受案范围 ………… 117
第四节　政府信息公开滥用诉权的司法
　　　　审查 ………………………… 124
　　一、滥用申请权和滥用诉权的
　　　　关系 ……………………… 124

二、滥用申请权的判定标准和规则……………133

　　三、滥用诉权司法审查的原则和方法……………140

第四章　政府信息公开司法审查的审理规则……………**157**

　第一节　政府信息公开诉讼中的利益平衡规则……………157

　　一、主体利益的内容……………158

　　二、利益平衡的运用……………185

　第二节　政府信息公开司法审查中的证据提供和调取规则……………195

　　一、原告的举证责任规则……………197

　　二、被告的举证责任规则……………200

　　三、法院调取和审查证据的规则……………208

第五章　政府信息公开司法审查的裁判规则……………**214**

　第一节　裁判准则的考察……………214

　第二节　裁判方式的选择……………220

　　一、裁判方式选择的考量因素……………220

　　二、裁判方式选择的具体运用……………223

余论　配套措施的思考和公益诉讼的构建……………**228**

　第一节　案件审结后相关配套措施的反思……………228

一、严格把控答复判决的执行 …… 228
　　二、及时发送信息公开司法建议 … 229
　　三、创新发挥社会外部监督作用 … 231
第二节　政府信息公开公益诉讼制度的
　　　　构建 …………………………… 232
　　一、政府信息公开公益诉讼的意义
　　　　及其必要性 ………………… 234
　　二、政府信息公开公益诉讼的
　　　　法理基础 …………………… 237
　　三、政府信息公开公益诉讼的
　　　　制度设计 …………………… 240

参考文献 ……………………………………… 243

附录一　2014年最高人民法院公布的政府
　　　　信息公开十大典型案例 …………… 251
　　一、余穗珠诉海南省三亚市国土环境
　　　　资源局案 …………………… 251
　　二、奚明强诉中华人民共和国
　　　　公安部案 …………………… 252
　　三、王宗利诉天津市和平区
　　　　房地产管理局案 …………… 254
　　四、杨政权诉山东省肥城市房产
　　　　管理局案 …………………… 255
　　五、姚新金、刘天水诉福建省永泰县
　　　　国土资源局案 ……………… 257
　　六、张宏军诉江苏省如皋市
　　　　物价局案 …………………… 258

七、彭志林诉湖南省长沙县国土
　　资源局案 …………………… 260
八、钱群伟诉浙江省慈溪市掌起镇
　　人民政府案 ………………… 261
九、张良诉上海市规划和国土资源
　　管理局案 …………………… 262
十、如果爱婚姻服务有限公司诉
　　中华人民共和国民政部案 …… 263

**附录二　中华人民共和国政府信息公开条例
……………………………………… 266**

中华人民共和国政府信息公开
条例(2019) ……………………… 266
中华人民共和国政府信息公开
条例(2007) ……………………… 275

绪　　论

一、选题的意义

新中国成立60周年之际，国务院新闻办郑重发布《国家人权行动计划（2009—2010年）》，开宗明义地指出："实现充分的人权是人类长期追求的理想，也是中国人民和中国政府长期为之奋斗的目标。"[1]在该人权行动计划中，国家确认并承诺对公民的经济、社会和文化权利提供保障，承诺对公民权利与政治权利进行保障。其中，特别提及了对公民知情权、参与权、表达权、监督权的保障，以保证人民当家作主，并保证各个层次、各个领域的公民有序政治参与，从而实现民主选举、民主决策、民主管理、民主监督的理想法治状态。在当代中国的人权实践中，政府信息公开是重要领域，而政府信息公开的根本权源则是人民的知情权。"因为诸如表达权、参与权或监督权均属于由知情权衍生出来的第二性的权利，或者说衍生出来的制度机能。知情权是它们的前提和基础，没有知情的权利，恐怕参与权、监督权等权利就无法展开。"[2]

为了确保公民知情权的实现，国家庄严承诺："全面贯彻实施《政府信息公开条例》，对政府及相关部门的信息公开工作进行全面定期考核，检查督促具有公共事务管理职能的组织公开政务信息的情况。"[3]《中华人民共和国政府信息公开条例》（以下简称《条例》）自从2008年实施以来，其贯彻落实

---

[1]　中华人民共和国国务院新闻办公室：《国家人权行动计划（2009—2010年）》，人民出版社2009年版，第1页。

[2]　沈定成、孙永军：《司法公开的权源、基础及形式——基于知情权的视角》，载《江西社会科学》2017年第2期，第207-214页。

[3]　同[1]，第29页。

取得了长足进步。这点在新冠肺炎疫情突发后体现得尤为明显。国务院和各级地方人民政府，坚持运用法治思维和法治方式开展疫情防控工作，及时客观发布疫情和防控信息，回应公众关切，从而有效保障公民知情权。然而，在政府信息公开司法审查方面公民知情权依然是较为薄弱的环节。管中窥豹，2014年最高人民法院公布的政府信息公开十大典型案例中判决被告败诉的9件，其中有7件判决结果均明确要求被告重新审查答复，是否公开以及公开范围由被告自行认定。这种人民法院在司法审查中体现出来的相对谦抑精神，说明了司法权对行政权监督比较克制，不单纯地以司法认定代替行政判断。因此，公民通过司法途径如何更有效实现知情权，便是笔者写作本书思维的起点。

纵览世界各国确保政府信息公开渠道的良性运行和协调发展的相关法律规定，可通过以下几种途径来展开：(1)独立的信息委员会。由独立的信息委员会确保政府信息公开制度的良性运行。如泰国《官方信息法》的相关规定。(2)独立的信息员。如英国《数据保护法》和《信息公开法》规定，任何人都可以申请信息专员对公共机关对信息公开申请的处理是否符合《信息公开法》的规定作出决定。[1] (3)信息裁判所。这一制度起源于英国的行政裁判所。在政府信息公开救济过程中，如果申请人或者行政机关认为信息专员的决定不当，亦可向信息裁判所申请裁判。(4)行政复议。(5)行政诉讼。[2] 前四种途径都是行政机构体制内自我纠错的程序，它们对于政府信息公开体制的复杂性运行以及公民知情权的行使具有一定的保障作用，但内部监督和自我纠错的缺陷也是非常明显的——力度不够、透明度差，致使公民知情权的实现受到较大的限制。而通过行政诉讼（即司法审查）外部的审查形式来确保政府信息公开制度的良性运行，则能更好地保障公民知情权，在更大程度上实现公民的知情权。实现公民知情权，虽然这一立法理念早已被《美国信息自由法》所揭示，然而，美国政府滥用信息公开豁免条款的行为屡见不鲜。例如，作为美国卫生与公众服务部下属专业机构的美国疾控中心（Centers for Disease Control and Prevention，CDC）在新冠肺炎疫情期间发布

---

[1] 周汉华主编：《政府信息公开条例专家建议稿：草案·说明·理由·立法例》，中国法制出版社2003年版，第167页。

[2] 同[1]，第165—168页。

消息称,2020年3月3日起停止公布检测人数等相关数据,理由是各州政府已开始自行检测和报告本州的数据,而这些数据不具有全国代表性[1]。CDC在信息公开方面令世界大跌眼镜的做法,并不是在新冠肺炎疫情中才初见端倪,在此前就十分严重。例如,在 Civil Beat Law Center 诉 CDC 信息公开案中,Civil Beat Law Center 作为申请人,是夏威夷一个非营利新闻网站的法律事务部门,2015年其提出披露 CDC 关于夏威夷生物实验室检查信息的申请,CDC 认为被申请披露的信息属于豁免范畴,美国卫生与公众服务部(United States Department of Health and Human Services, HHS)也以同样的理由拒绝了申请人的行政申诉。而在司法审查中,一审迫于法院压力先是作了大幅度删减版的披露,二审中才对报告作了除个人隐私外的全文披露。由此可见,司法审查在救济权益、监督权力、解决争议方面具有天然的外部监督优势。因此,通过司法审查对政府信息公开工作进行监督,是更为可行的确保公民知情权实现的途径。政府信息公开司法审查制度的研究对政府信息公开法律制度的完善以及公民知情权的充分实现,都有着特别重要的意义。

第一,促进公民知情权的法治保障研究,有效保障公民知情权的充分实现。公民知情权的研究是随着民主政治制度研究的深入发展而兴起的。这一概念最早由美国新闻编辑肯特·库柏(Kent Cooper)于1945年提出,其是针对当时美国联邦政府机构内部蔓延的消极对待政府信息公开并任意扩大保密权限的官僚主义倾向而提出的。"公民知情权"这一概念的基本含义是,公民有权知道他应该知道的事情,国家应最大限度地确认和保障公民知悉、获取信息尤其是政务信息的权利。[2] 可以说,学界对公民知情权的研究起步也是比较晚的,最早也是由20世纪60年代西方新闻学界从新闻报道与公民的知晓权、接近权、传播权的关系等问题开始的。20世纪80~90年代,我国知情权研究才刚开始起步,当时在宪法与行政法学以及新闻学的理论研究中,都有不少论著谈及了公民的知情权。但总的来看,国内仍未见有对知情

---

[1] 徐祥丽:《新冠疫情数据由大学统计公布,美国CDC为何"失声"?》,载人民网-国际频道,http://www.world.people.com.cn/n1/2020/0327/c1002-31651729.html,最后访问时间2020年12月1日。

[2] 谢鹏程:《公民的基本权利》,中国社会科学出版社1999年版,第263页。

权深入研究的理论专著。[1] 促使学界和实务界对公民知情权另眼相看的转折点是2003年"非典"疫情处置过程中官方发布的不实信息所引发的公众愤怒。从那时起,无论是来自民间的、官方的,还是来自理论界的、实务界的,都不得不开始正视公民的知情权。各地政府出台了一些关于政府信息公开的地方性法规或者地方政府规章,学界也掀起了一股知情权研究的浪潮。[2] 不过,正如前述学者所评论的那样,公民知情权的研究还有待发展和提高。纵观公民知情权研究情况,不少的研究成果集中于消费者知情权,公民日常生产生活知情权领域,特别是公司股东知情权。这些都是私权利方面的知情。而为了实现参政议政、民主决策、民主监督而知情的研究成果则寥寥无几,这一领域的知情权研究无疑是短板。本书从公民的知情权与政府信息公开的关系入手,着重论述了公民知情权对民主政治制度建设的推动,完善了公民知情权在参政议政方面的理论。科恩曾经指出:"一个社会如果希望民主成功,必须负责提供并发行普遍参与管理所需的信息。"[3] 科恩所讲显然是指政府信息公开,尽管也许在科恩的时代还没有政府信息公开这个概念,但他已经领悟到政府信息公开对于民主政治成功的重要意义;"普遍参与管理所需的信息"一方面是指对参与管理者培训、增长参与管理技能的信息,另一方面当然是指有关公共管理的对象的信息,如果人民不能掌握公共管理对象的相关信息,自然就不能有效地参与管理,民主政治的建设自然无法成功。因此,科恩直截了当地指出:"如果民主国家中,不论间接或直接民主,有治理权的公民处于一无所知的状态,要想治理好这个国家是不可能的。"[4] 为了避免人民处于一种一无所知的状态,唯有进行政府信息公开,人民知道得越多,这个国家的政治就会建设得越好,这个国家治理得就越好。我国的政府信息公开制度方兴未艾,在政府信息公开制度构建之前,曾经是保密制度一统天下,使得广大人民群众无法从政府机关那里得到其想要信息。当前的政府信息公开与国家保密制度的冲突也是相当显著,不少情况下,政府机关总

---

[1] 林爱珺:《知情权研究述评》,载《太平洋学报》2008年第7期,第59-71页。
[2] 章剑生:《知情权及其保障——以〈政府信息公开条例〉为例》,载《中国法学》2008年第4期,第145-156页。
[3] [美]科恩:《论民主》,聂崇信、朱秀贤译,商务印书馆1988年版,第159页。
[4] 同[3]。

是以信息涉密为由而拒绝向申请人公开政府信息。本书的研究,着眼于对政府信息公开活动的司法审查,通过司法审查制度平衡国家保密制度所保护的国家利益与公民知情权所实现的利益之间的冲突,在既不损害国家、社会的公共利益的前提下,尽可能地实现公民的知情权,实现现代民主政治的建设。

政府信息公开制度的构建,目的在于保障公民的知情权,并通过实现公民的知情权进而实现公民民主选举、民主决策、民主管理、民主监督等一系列参政议政活动的要求。政府信息公开制度包括了对政府信息内容的界定、可公开的信息范围的界定、主动公开和依申请公开范围的界定,以及公民对政府信息公开利益受损的救济途径的规定。这些规定对公民知情权的实现都有直接或者间接的影响。笔者通过合理审视我国政府信息公开司法审查相关制度的规定,批判吸收国外关于政府信息公开的先进理念和制度,从而逐步推动完善我国政府信息公开相关制度,达到最终充分实现保障公民知情权的目的。

第二,充实政府信息公开司法审查的理论,积极推进行政争议的实质性解决。自从2007年《条例》颁布以后,立法为行政相对人向行政主体申请公开相关信息、提请司法机关审查行政主体信息公开的行为提供了法律依据,在很大程度上监督了行政主体的行为并保障了行政相对人的合法权益。推进行政程序立法,是全面构建依法行政的制度基础,确保依法行政"有法可依"。[1] 然而,随着时代的进步、社会的发展,原有的政府信息公开立法不足以应对时代的变化与社会的变迁。2019年4月《条例》修订完善后,政府信息公开司法审查的理论必然要跟进。本书从政府信息公开及司法审查的概念入手,先后从政府信息公开司法审查中受理、审理和判决的推进环节入手,从行政诉讼的一般性到政府信息公开司法审查的特殊性展开对我国政府信息公开司法审查制度的研究,关注政府信息公开司法审查在补强行政诉讼三重目的(救济权益,监督权力,解决争议)中发挥司法保障作用,期望在随后的司法解释上提供理论支撑。这样的研究,除了为司法实践提供理论基础之外,还丰富了政府信息公开司法审查的理论,为政府信息公开司法审查提供了一种独特的研究思路。

---

[1] 周佑勇:《依法行政与推进行政程序立法》,载《东南法学》2014年春季卷,第1-7页。

二、研究综述和方法

（一）研究综述

在世界范围内，自20世纪中期开始，便有政府信息公开制度的存在，各国各地区或在其他行政法律规范中规定了政府信息公开制度，或单独为政府信息公开制度进行立法，如美国1946年制定了《行政程序法》、1966年颁布了《信息自由法》（也有学者翻译为《情报自由法》）、1972年制定了《联邦咨询委员会法》、1974年制定了《隐私权法》、1976年制定了《阳光下的政府法》、1996年制定了《电子情报自由法修正案》，英国2000年制定了《信息自由法》，德国2001年制定了《联邦环境信息法》、2005年颁布了《信息自由法》，法国于1978年制定了《自由获取行政文件法》、1978年颁布《改善行政机关与公众关系法》，日本于1999年制定了《行政机关拥有信息公开法》，韩国于1996年制定了《关于公共机关信息公开的法律》，澳大利亚于1982年制定了《情报自由法》，泰国于1997年制定了《官方信息法》，新西兰于1982年颁布《官方信息法》；此外，我国香港地区于1995年制定了《公开资料守则》，我国台湾地区于2001年颁布了《行政信息公开办法》，我国澳门地区于1999年制定了《行政程序法典》等，不一而足。[1]围绕着作为新鲜事物的政府信息公开制度，国内外学者们做了不少的学术研究。

我国的政府信息公开制度萌芽于20世纪90年代末的村务公开，"先后经历了村务公开、乡镇政府信息公开、厂务公开、警务公开、检务公开、政府公开等发展阶段……但就其法律救济而言，由于上述各种公开制度大多不是通过立法程序来规定的，因此其法律救济基本上未做规定或仅规定只能申诉。"[2]政府信息公开制度在我国发端于20世纪90年代末，[3]蓬勃发展于21世纪初期，直至2008年《条例》的颁布施行可谓是发展的高潮，但远没有

---

[1] 梁玥：《政府信息公开诉讼研究》，山东人民出版社2013年版，第3页。
[2] 刘恒等：《政府信息公开制度》，中国社会科学出版社2004年版，第67页。
[3] 我国政府信息公开制度肇始于1998年4月18日中共中央办公厅、国务院办公厅联合发布的《关于在农村普遍实行村务公开和民主管理制度的通知》，这只是一个试验性的东西，离政府信息公开还相当远。

到达顶峰。在政府信息公开制度十多年的发展历程中,我国学界也对政府信息公开制度展开了如火如荼的研究,学界的研究相对繁荣起来,但专门针对政府信息公开司法审查制度的研究成果数量还是相对较少。以相关研究成果发表的大致时间为轴,做一下梳理研究:

李广宇的两本著作《政府信息公开诉讼:理念、方法与案例》(法律出版社 2009 年)、《政府信息公开司法解释读本》(法律出版社 2011 年)在《关于审理政府信息公开行政案件若干问题的规定》(以下简称《若干问题的规定》)出台前后公开出版,著作的内容都较好地解决了理论联系实际的问题。第一本著作是国内第一本关于政府信息公开诉讼问题的深度解读,书中收录十八个重要案例。该著作的第一章从《条例》的救济条款的解读开始论述,对什么是"具体行政行为"、什么是"合法权益"、什么是"直接利害关系"等进行了阐释,解决了政府信息公开诉讼的概念问题,不过,由于新《中华人民共和国行政诉讼法》(以下简称《行政诉讼法》)已于 2015 年 5 月 1 日正式生效实施,这一部分的意义大为贬值。接下来,该著作依次论述了政府信息公开行政诉讼的受案范围,政府信息公开行政诉讼的当事人、政府信息公开行政诉讼的证据问题,政府信息的界定、例外信息的司法认定、例外信息的几个灰色地带,政府信息公开的利益平衡,政府信息公开中的行政裁量,利益平衡的司法审查,依申请公开政府信息行为的司法审查,反信息公开行政诉讼问题研究,个人信息保护行政诉讼问题,政府信息公开行政诉讼的判决方式。这样的体系结构显然是根据政府信息公开诉讼的程序进程来展开的,但其中政府信息、例外信息的界定显然是属于政府信息公开诉讼的基本理论部分的内容,安排在该著作的中间部分来论述难以起到承上启下的作用;另外,整个主题既然是关于政府信息公开诉讼,为什么突然又论起行政裁量呢?这些内容的不当安排都让该著作的可读性大受影响。另外,该著作对司法实践具有极大的指导意义,但理论性略显薄弱。第二本著作表明了政府信息公开司法解释制定的背景,描述了政府信息公开行政案件在受理、审理、判决等各个环节面临无规则可依,标准难统一的困境。随后按照司法解释的总共十三条条文先后顺序逐条进行解读。这两本著作的优点是显而易见的,其对案例和司法解释条文的解读是详细、深刻的,但其研究也只是沿着解释的规定逐条地解释下去,最多在解释的同时阐述了较为深入的理论。而在普通逻辑层面上体系性则是稍有欠缺的,那就是受理、审理、判决等各个环节的重点难点热点不突出。

黄学贤、梁玥《政府信息公开诉讼受案范围研究》(载《法学评论》2010年第2期)。该文研究的重点在于政府信息公开之诉的受案范围。作者在当前理论界研究的基础上,指出目前在确定政府信息公开诉讼受案范围的依据方面仍存在诸多瑕疵。其认为应当重新确定政府信息公开诉讼受案范围的原则,并将不履行政府信息公开义务的行为、公开虚假信息的行为、信息公开迟延的行为、公开不该公开的信息的行为以及对公开的信息进行任意删除的行为等均纳入政府信息公开诉讼的受案范围。该文论题对司法审查的受理制度的现实意义和理论意义无疑是十分明显的,但限于题目难以对随后的司法审查的审理制度展开更进一步的研究。

许莲丽《保障公民知情权——政府信息公开诉讼的理论与实践》(中国法制出版社2011年)。该著作由导论、正文五个章节组成。导论部分介绍了选题的背景、意义,研究现状与文献综述,研究方法,研究框架以及本书的主要创新点。第1章介绍了"政府信息公开诉讼"的概念、基本特征、主要内容和基本功能,讨论了与之密切相关的反信息公开诉讼的"特殊问题",分析了政府信息公开诉讼、一般行政诉讼、反信息公开诉讼三者之间的关系,提出了《保障公民知情权:政府信息公开诉讼的理论与实践》研究的中心命题。第2章以"政府信息公开请求权"为逻辑起点,在论证"政府信息公开请求权乃实体权利"命题的基础之上,依次探讨了依申请公开政府信息行为、主动公开行为的可诉性问题。第3章讨论了政府信息公开诉讼的特殊程序制度。第4章讨论了政府信息公开诉讼中的证明责任。第5章讨论了政府信息公开诉讼的法律适用问题。该著作的特色在于很好地把公开诉讼与反公开诉讼的关系进行了对比,研究了主动公开的可诉性问题。但该著作对美国政府信息公开司法审查的内容描述过多,而或多或少忽视了中国的实践需求,在针对国内司法审查方面少有有效应对公民知情权保障的建议。

赵素艳《我国政府信息公开诉讼制度的困境与完善》(载《社会科学辑刊》2011年第5期)。该文指出,在当前中国的法制框架下,《条例》的规定无法与现行的行政诉讼制度顺利对接,政府信息公开诉讼面临诸多困境。适当借鉴外国政府信息公开诉讼的有关经验,逐步完善政府信息公开诉讼中的受案范围、原告资格、被告资格、管辖及审理方式等的制度设计,是切实保障公民知情权获得司法救济的必然选择。基于文章的篇幅,该文研究的局限性是明显侧重于对司法审查受理制度的研究,而缺少针对审理和判决环节存在的问题提出有针对性的法治化建议。

陈明湖《政府信息公开诉讼中证明责任的失范与重构》(载《法治研究》2011年第1期)。该文着重对政府信息公开之诉中的证明责任展开分析,认为对申请人与申请公开政府信息的相关性、申请公开政府信息属于免予公开政府信息、申请公开政府信息不存在等事实的证明都亟须在现有行政诉讼证明规范基础上具体明确。囿于作者是来自司法实践一线的法官,对实践中所遇到的证明责任问题虽能提出有针对性的问题及解决办法,但无法在理论上有进一步的提升。

闵宇《美、日政府信息公开诉讼审理方式比较研究》(载《湖北广播电视大学学报》2011年第11期)。文章通过比较美国、日本政府信息公开之诉的审理方式,针对我国在审理方式的不足之处,提出了一些完善的建议。但限于文章的题目,只是在司法审查的审理方式上对比,没能从受理和审理以及判决等整个司法审查的流程进行全面的比较研究。

梁玥《政府信息公开诉讼研究》(山东人民出版社2013年)。该著作是在其博士论文的基础上修改而成,主要围绕政府信息公开诉讼制度展开研究。全书分成上中下三篇。上篇探讨了政府信息公开诉讼的基本理论,分析了政府信息公开诉讼的法律地位,政府信息公开诉讼中的法律关系,以及政府信息公开诉讼的原则、受案范围、主体资格、证据规则等内容。中篇论述了我国政府信息公开诉讼制度的不足及完善,指出了法律渊源、法律原则、受案范围构设以及当事人制度、证据规则、审判模式的缺陷,并逐一对以上不足提出完善建议。这些构设既有充分的理论基础,又没有脱离我国的实体法,对我国政府信息公开诉讼制度的逐步完善有一定的参考价值。下篇论述的是政府信息公开诉讼制度的运行,首先论述了引起政府信息公开诉讼的行政争议的界定、争议的类型、争议的原因等,然后论述了法院的判决,最后是对政府信息公开诉讼的实证分析。该著作的基本思路是这样的,即基本理论→法律制度→实际运作,从表面的逻辑上讲,是自洽的,但从著作的实际内容上来看,则稍显凌乱。不过,该著作在对政府信息公开诉讼理论方面的贡献还是不容忽视的。

杨建生《美国政府信息公开司法审查研究》（法律出版社2014年）。该著作是在其博士论文的基础上修订而成，这是迄今最具代表性的研究美国政府信息公开司法审查的著作。全书大致可以分为四大部分：第一部分要研究美国政府信息公开制度，包括美国政府信息公开制度的历史发展、《信息自由法》的主要内容和特点、美国政府信息公开制度的理论基础。目的在于揭示美国《信息自由法》立法和修订的主要推动力量是新闻界、律师界、公共利益团体、法学界；同时通过研究揭示了美国政府信息公开司法审查的两个重要前提：美国公众强烈的知情权和监督权意识，以及免除公开条款适合司法审查的具体、明确的特点。第二部分主要研究美国政府信息公开司法审查制度，主要包括政府信息公开司法审查的证明方法、审理方式、审查标准和救济制度等。该部分的研究，一方面为政府信息公开司法审查提供制度基础，另一方面也揭示了政府信息公开司法审查制度与一般行政行为司法审查制度的不同特点。第三部分主要研究《信息自由法》中9项免除公开条款的司法审查，包括对国家秘密文件、内部管理文件、内部人员规则、商业秘密文件、内部决策文件、个人隐私信息、执法档案等众多政府信息司法审查方面的重点及各种具体措施。从该著作的体系结构来看，其是按照"公开是原则，不公开是例外"这样的思路来展开的，即前面部分主要论述了"公开"的必要性，后面部分则是论述了"例外"的处理。这一部分还研究了美国政府信息公开司法审查利益平衡的原则与精神，当公众知情权利益与国家安全利益发生冲突时更加重视保护国家安全利益，但当公众知情权利益与商业秘密、个人隐私、管理特权、决策特权、执法特权等利益发生冲突时，都更加倾向于保护公众的知情权，体现了政府信息充分公开的一般原则。第四部分研究的是美国政府信息公司司法审查制度对我国的启示及作者的建议，其从我国公众知情权意识培养和政府信息公开申请人资格，司法审查的证明方法、审查方式、审查标准，政府信息公开的救济，我国现有不予公开事项的缺失、完善与司法审查等方面提出了自己的看法和建议。正如前面所述，该著作是目前为止最全面、深入研究美国政府信息公开诉讼的著作，体系结构合理、论述深入全面，资料翔实、准确，对我国政府信息公开诉讼研究有着极高的参考价值。但略显不足的是在美国政府信息公开司法审查制度对我国的启示及作者的建议部分，较少结合我国的实际展开,大都泛泛而谈,始终不能落地生根。

董妍《政府信息公开例外规则及其司法审查》(经济日报出版社2015年)。该著作首先指出了学术界关于政府信息公开研究的不足,即主要集中在两个领域中:第一个是为什么要政府信息公开,也就是政府信息公开的意义,建设法治政府的需要、遏制腐败、提高行政效率是最常提到的三点意义。第二个领域是政府信息公开范围究竟是什么。该著作则从政府信息公开例外规则的层次入手,研究模式具有独创性。全书共六章,引言部分论述了"公开"与"例外"价值判断的纷争,第一章介绍了政府信息公开例外规则的历史演进;第二章论述政府信息公开例外规则的范畴;第三章论述国家安全与公共利益的例外;第四章论述第三方利益的例外;第五章论述行政职能的例外规则;第六章论述例外规则中的权力配置等。该著作的独特之处就是专门论述了政府信息公开诉讼中的例外规则,即哪些政府信息可列为不能公开的例外,包括国家安全与公共利益、第三方利益、行政职能等。遗憾的是,该著作未能就例外规则中的利益冲突进行深入研究,更未能为我们在解决利益冲突方面提供有效的参考。

张正亚《英国政府信息公开研究》(安徽大学2015年硕士论文)。该论文以英国政府信息公开为研究对象,在界定政府信息公开的概念内涵、理论基础和对相关文献进行研究对比的基础上,阐述了英国政府信息公开的发展沿革,分别从制度措施,包括立法、政策、机构和人员配置以及技术措施四个方面分析英国政府信息公开的主要措施及其成效,归纳英国政府信息公开的特色,总结英国政府信息公开存在的问题,并对我国政府信息公开提出启示。必须指出的是,该论文是对英国政府信息公开的研究,而不是司法审查的研究。但该文对于研究英国政府信息公开之诉无疑具有一定的参考价值。

叶必丰等《〈政府信息公开条例〉评估报告》(中国法制出版社2017年)。该著作对《政府信息公开条例》的实施情况进行了全方位的实证研究和评估。该著作根据研究得出政府信息公开司法审查中的被告大多数是与公民的基本权益密切相关行政机关。请求人民法院对信息公开行为进行司法审查的案件数量越来越多,上升的速度呈加速度态势,但行政相对人胜诉的概率极低且呈继续下降的趋势,对一审不服并提出上诉概率很高而且还在不断攀升。在司法审查过程中,人民法院适用修订前《条例》条文次数最多的是第二十一、

二、二十四、十七、十三条等结论。但限于此报告为中国法学会专项重点委托项目的结项成果，在完成时间上有严格的要求，所以有关政府信息公开争议的司法态度只是针对个案进行提炼观点，无法在理论上进行更深层次的凝练。

总的来讲，政府信息公开诉讼的研究还是有相当的空间，这种情况与我国政府信息公开制度起步较晚有关系。我国政府信息公开制度直到2008年才正式确立，围绕该制度展开的研究尽管开始得比较早，但由于条例迟迟不出台，学者研究也未能形成一个高潮。2008年之后，特别是在2011年最高人民法院发布《若干问题的规定》前后，学界的确掀起了一股研究政府信息公开的旋风，但在政府信息公开制度研究中，对政府信息公开司法审查制度的关注度确是较低的，其尚未能引起学界足够的重视。而2019年《条例》的最新修订，也必将再次掀起新一波研究风潮。希望在这波风潮中，与政府信息公开相配套的司法审查制度能借助这波东风拿出满意的答卷。回看之前的研究成果让人不甚满意，也就是当前研究的不足，主要表现为以下两个方面：

第一，学者的研究大多数停留在对现行制度的研究上。对现行制度的研究主要有两个方面，一是政府信息公开制度的研究，二是政府信息公开司法审查制度的研究。这种研究侧重于事实描述，有为当下的制度背书之嫌，很难从应然的角度对政府信息公开及其司法审查制度的展开研究，也不能针对司法审查中的难题提出行之有效的解决路径，对于有效促进政府信息公开贡献相对较小。

第二，在司法审查制度体系中的问题研究方面比较匮乏。无论是从法律制度的层面上来讲，还是从普通的逻辑思维的角度上来讲，均有对政府信息公开诉讼司法审查的研究成果有不足之处。虽有不少的学者试图从全方位的、综合的角度对司法审查制度进行研究，但往往缺乏一以贯之的论证逻辑很难让读者把握其论述主线。同时，也有不少学者从司法审查的某个视角入手，仅仅解读司法审查过程中的某个环节或者某个部分的内容，这种研究进路让读者只见树木不见森林，无法对司法审查体制进行全面地理解和把握。

政府信息公开司法审查制度研究，其实还有很多的不足，限于研究是按照受理、审理、判决等各个环节的热点展开，笔者不能一一列举论述。在本书的研究中，笔者尽量围绕以上不足展开论述，为政府信息公开司法审查制度的完善作出贡献。

（二）研究方法

1. 文献研究方法

文献研究法主要指搜集、鉴别、整理文献,并通过对文献的研究形成对事实的科学认识的方法。文献研究方法在本书写作过程中运用得比较多,包括对法律规范文本的研究和对各专家学者论著的研究。为实现公民的知情权,笔者展开了对政府信息公开司法审查制度的研究,因为对政府信息公开行为的司法审查是公民知情权的终极保障。因此,在写作过程中笔者研究大量的法律规范条文和司法解释,包括《中华人民共和国宪法》(以下简称《宪法》)《行政诉讼法》《条例》。因《条例》修订不久,国务院关于政府信息公开工作的实施细则,以及最高人民法院的《若干问题的规定》还没有进一步完善,为此对前后明显有冲突的地方加以甄别;此外,笔者在写作过程中,也参考了大量的国内外文献。

2. 历史研究方法

历史研究法是通过历史资料,按照历史发展的顺序对以往过去的事件进行分析、研究的方法。20世纪中叶,政府信息公开才在西方发达国家开始出现,因此,它的发展历史是非常有限的。尽管政府信息公开概念和制度出现得比较晚,但相关论述和思想早已有之。在本书写作过程中,笔者根据需要,在文章中适当地把中西历史上的政府信息公开的论述和思想记载展现给读者,以借助前人的思想来启发当下的研究。特别是对近几十年政府信息公开制度及司法审查制度的历史状况进行研究,为完善我国政府信息公开司法审查制度提供参考依据。

3. 比较研究方法

古罗马著名学者塔西佗曾说:"要想认识自己,就要把自己同别人进行比较。"比较是透析事物的基础,是人类了解、认识、区分和确定事物异同关系最常用的思维方法。我国和西方法治较为发达国家在政府信息公开司法审查制度上各有所长,这些国家政府信息公开司法审查的原则及其法治精神,都非常值得我们借鉴。在本书写作过程中,笔者将以比较研究的方法,对西方法治较为发达国家的政府信息公开司法审查制度和理论进行剖析,以图对我国相关制度的完善有所启发。

4. 实证分析方法

本书的写作起源于公民知情权实现的现实困境,现实关怀是本书写作的目的和宗旨。笔者正是基于在实践中目睹了很多公民因知情权得不到保障而导致其他基本权利被侵犯的案例,才受激发写作本书。因此,本书研究的视角绝对不能离开社会现实,特别是对频频发生在我们身边的一些因为知情权被侵犯而产生严重社会危害的公共事件,比如 2003 春夏的"非典"疫情事件、2014 年 4 月 10 日兰州市自来水苯超标事件、2016 年山东问题疫苗事件等等。除了以上热点事件引起的政府信息公开的案例外,还将对 2014 年最高人民法院公布的政府信息公开十大典型案例以及同期江苏全省受理的政府信息公开 726 件一审行政案件进行研究,这样既可以现实中的案例作为论据,也可以为现实中的案例提供实践参考。

三、本书架构及创新

(一)本书的架构

行政诉讼和政府信息公开方面的立法完善给了政府信息公开司法审查研究很大的空间。2019 年 4 月《条例》修订后,政府信息公开司法审查理论必然要跟进。可以说,司法审查制度的优劣,决定着行政争议实质性解决的虚实,又进而影响着知情权保障的深浅和行政权力监督的强弱以及我国民主政治建设事业进程的快慢。司法审查制度的研究进路有很多种,[1]本书以研究我国政府信息公开司法审查制度为中心,以政府信息公开司法审查中受理、审理和判决的推进环节为逻辑顺序,针对各个环节中突出的难点从行政诉讼的一般性到政府信息公开司法审查的特殊性展开对我国政府信息公开司法审查制度的研究,并提出了解决路径。具体研究路径为:政府信息公开司法审查的基础理论研究→政府信息公开案件的特点和形成原因分析→政

---

[1] 有的学者通过对法律规范的解读达到对司法审查制度研究的目的,如江必新等人编著的《最高人民法院关于审理政府信息公开行政案件若干问题的规定:理解与适用》;有的学者通过对司法审查中的某个环节或者程序的研究而展开,如董妍所著的《政府信息公开例外规则及其司法审查》,就是专门研究政府信息公开中的例外情况以及司法审查的;还有不少学者从全方位的视角来对政府信息公开司法审查制度进行研究,如梁玥所著的《政府信息公开诉讼研究》。

府信息公开司法审查立案环节的起诉条件→政府信息公开司法审查审理环节的审理规则研究→政府信息公开司法审查裁判环节的裁判方式及后续工作的展开研究。具体的结构如下：

第一章主要是对政府信息公开司法审查制度基础理论进行研究，为后续的研究做好铺垫。本章对政府信息公开司法审查的含义、法律渊源、性质等基础理论进行了研究，得出政府信息公开的可诉性是司法审查的起点，并以政府信息公开司法审查目为出发点，以知情权为落脚点，找出信息公开司法审查与一般的行政诉讼在目的方面的侧重点的不同。政府信息公开司法审查在整个行政诉讼体系中呈现出以解决纠纷为基础，监督权力为支撑，保障知情权为终极目标的多元诉讼目的观。

第二章主要考察政府信息公开案件的特点及由此对司法审查带来的难点。通过对2014年最高人民法院发布的政府信息公开十大案例的深入分析，以及同年江苏726件一审政府信息公开案件的行政案件的统计分析并辅助利用图表形式，得出政府信息公开案件有三个明显特征：个案标的和滥诉行为形成鲜明对比、涉及领域和分布地域相对集中、司法权行使结果过于保持克制。政府信息公开行政案件的上述基本特点反映出政府信息公开行政争议所隐含的社会冲突日益显现，这些问题凸现的原因在于：法院对滥诉标准确定难、审理规则掌握难、行政争议破解难。

第三章研究的是政府信息公开司法审查的起诉条件。结合政府信息公开司法审查原告制度、被告制度、受案范围、滥诉规制这四个方面展开论述，认为司法审查目的的实现，在于放宽原告资格、拓展适格被告、扩大受案范围及审慎规制滥诉。尤其在滥诉方面着墨较多，先是分析滥用申请权和滥用诉权之间的关系，随后针对滥用申请权的判定标准和规则开展研究，最终提出信息公开滥用诉权的司法审查的原则和具体做法。

第四章将司法审查的视角转向审理规则，在对政府信息公开涉及的原被告利益类型化分析后，围绕政府信息公开利益平衡规则，把知情权的保障作为司法审查的最终诉讼目的，进而提出公开现实可行，优先保障知的权益，兼顾保障其他权益各有两个方面来具体处理利益冲突，并随后对政府信息公开诉讼中的证据提供和调取规则分别进行了论述。

第五章及余论是对政府信息公开诉讼案件判决方式进行展开研究。这一板块主要分为两个部分:第一部分探析政府信息公开案件判决方式的选择,首先分析诉讼请求、审查对象和审查强度等影响判决方式选择的主要因素;其次在第二部分考察判决方式的影响因素及适用原则的基础上再结合具体的情况阐述判决方式适用的具体方法,指出除了引导政府信息公开应妥善选择裁判方式外,作为后续工作还要严格把控限期答复判决执行,及时发送信息公开司法建议,创新发挥社会外部监督作用,来推进政府信息公开工作。

(二)本书的创新点

1. 视角的创新

在以往的政府信息公开诉讼司法审查研究中,学者们研究的体系均不能让笔者感到满意,甚至觉得他们的研究体系有点凌乱。有不少的学者试图从全方位的、综合的角度对司法审查制度进行研究,但最终的结果是不得其所,譬如前文所述各学者的论著,逻辑思维跳跃性大、章节之间逻辑关系不能自洽,颇有让读者无法把握其论述主线之嫌;而有不少学者从司法审查的某个视角入手,仅仅解读司法审查过程中的某个环节或者某个部分的内容,让读者只见树木不见森林,无法对司法审查体制进行全面地理解和把握。为此,笔者意图在这个领域建立一个相对完整的研究体系——着眼于司法审查者即法官的视角,以行政诉讼目的为逻辑主线,对政府信息公开司法审查实践中各个阶段中的难点进行分析,并提出解决路径。笔者认为一般行政诉讼目的和政府信息公开诉讼目的不同。相较于刑事诉讼、民事诉讼而言,监督行政权力则是行政诉讼特有的目的,是彰显行政诉讼特性及本质目的的;而保障知的权利则是政府信息公开司法审查的本质目的,也是政府信息公开司法审查独有的目的。因此,法官在实践中应以政府信息公开司法审查本质目的为根本目标,在开展政府信息公开司法审查各个阶段中保障知的权利。

2. 观点的创新

在立案阶段,认为保障知的权利,不仅要放宽原告资格、拓展适格被告,更要把怠于公开或者公开虚假、错误的信息,以及公开第三人(利害关系人)的商业秘密、个人隐私的行政行为,纳入政府信息公开司法审查的对象;滥诉的规制本质上属于对原告起诉资格的限制,因此要将滥诉行为规制在受理环节中,提出"行政处理审查从严,知情权益保障从宽"的原则。在审理阶段,认为目前的行政诉讼中,更关注的是司法权和行政权的关系,相当程度上忽略了当事人的权益之间的关系,而在政府信息司法审查中,由于原告包括知情权在内的合法权益保障作为司法审查的本质目的所在,使得利益平衡规则的研究显得尤为重要。在裁判阶段,认为就政府信息公开案件而言,除了妥善选择合适的裁判方式,引导政府信息依法公开外,后续还有严格把控限期答复判决执行,及时发送信息公开司法建议,督促行政机关依法,创新发挥社会外部监督作用等工作有待完善及健全。

第一章　政府信息公开司法审查的基本理论

政府信息公开司法审查制度是为了确保政府信息公开制度的良性运行以及保障公民、社会公众知情权而存在的，因此，政府信息公开制度是其司法审查的前提。要对司法审查进行研究，必须首先了解与此相关的几个基本概念，如政府信息公开制度中，"政府"是指哪些主体？什么叫"政府信息"？什么叫"政府信息公开"等等；然后才能进一步地理解针对政府信息公开司法审查的相关内容。基于这样的逻辑进路，本章首先梳理与政府信息公开制度相关的几个核心概念，然后再阐释政府信息公开司法审查概念、性质和目的。

第一节　政府信息公开概述

一、政府信息公开的概念

政府信息公开的概念，由"政府信息"和"公开"两部分组成，因此，揭示"政府信息公开"这一概念的内涵和外延，首先要界定什么是"政府信息"、什么是"公开"。

（一）政府信息的含义解读

在理解"政府信息"这一概念时，"信息"一词是理解的关键。什么是信息？根据《新华汉语词典》（2013版）的解释，信息有三个含义：一是指"音信；

消息";二是指"信息论中用符号传送的报道,报道的内容是接收符号者预先不知道的";三是指"靠传播媒介传送的情报、资料、图表、录像、录音等"。这三个含义在某种意义上概括了广义"信息"和狭义"信息"含义了。信息一词源于拉丁语 informatio,英语是 information,意思是通知、报道或消息。[1] 笔者认为,作为舶来品,"信息"一词所指仅是狭义上的意思。狭义上的信息,仅指社会成员在交往过程中所表达的意志,有学者认为:"信息是指为某种目的带来的能为人们所认识的并事先不知道的消息、情况等。这是狭义上的信息。"[2] 我国著名信息学专家钟义信教授对"信息"作出了概括性的界定,他认为:"信息是事物存在方式或状态直接或间接地表述。"[3] 有学者认为:"科学的信息概念可以概括如下:信息是对客观世界中各种事物的运动状态和变化的反映,是客观事物之间相互联系和相互作用的表征,表现的是客观事物运动状态和变化的实质内容。而信息最广义的定义为,信息就是关于客观事实可通信的知识。"[4] 还有学者认为:"信息是普遍存在于自然界和社会界中的一切事物存在和变化的特征性反映,是事物相互作用和相互联系的表征,是人类感知到的事物的普遍属性。在图书情报界,信息一般是指文献、资料、情报、知识、数据以及消息、新闻的总称。"[5] 以上所述明显都是广义上的信息。从大多数学者对信息一词的界定来看,无论是哪个学科领域,都倾向于将信息一词置于比较宽泛的范围内来理解和使用,而不仅仅是主体之间的意思表达和传递。笔者认为,本书中所研究的政府信息公开概念所内含的"信息"一词,应当是指广义上的信息,即泛指对客观事物和现实社会记载和描述的知识。

"政府"一词,源于英语的"government",原意为统治、控制、管理。然而,在西方政治学中,政府概念在很长一段时间内没有得以明确,经常与国家等概念混用。最早将国家与政府做出区分的是16世纪的法国政治学家让·布丹,之后美国学者罗杰·威廉斯在17世纪将政府具体界定为"政府是表达社

---

[1] 曹彩英主编:《科技信息资源检索》,海洋出版社2013年版,第1页。
[2] 聂永国等主编:《现代领导决策论》,吉林人民出版社1996年版,第175页。
[3] 转引自陈平、王成东、孙宏斌主编:《管理信息系统》,北京理工大学出版社2013年版,第3页。
[4] 陈平、王成东、孙宏斌主编:《管理信息系统》,北京理工大学出版社2013年版,第3页。
[5] 同[1]。

会意愿的具体机构，是为公众服务的联合体，目的纯粹在于增进人民的福利。"〔1〕对"政府"一词的理解，也有广义与狭义之分。根据《现代汉语词典》（第7版）的解释，"政府"一词是指"国家权力机关的执行机关，即国家行政机关"，这是狭义上的政府，仅指行政机关。狭义上的"政府"是"国家权力中一个很重要的组成部分就是行政权（被洛克称为执行权）而负责实施行政权的就是国家行政机关，这便是我们日常所说的政府。是国家政权体系中依法享有和行使国家行政权力的机关"〔2〕。而马克思主义的政治理论却有不同的观点，在马克思主义者看来，"政府"就是"国家机关"或者"国家机器的重要组成部分"〔3〕。这就是广义的政府概念，它不仅限于国家行政机关，而是指"一个政治体系，于某个区域订立、执行法律和管理的一套机构。广义的政府指国家机关，包括立法机关、行政机关、司法机关、军事机关等公共机关的总和，代表着社会公共权力"〔4〕。笔者认为，在进行政府信息公开研究时，为了更好地保障公民的基本权利，将"政府"一词做扩大化解释，即采纳广义上"政府"的内涵和外延似乎是比较妥当的。但落实到司法审查的实践中政府是局限于行政机关的，究其更深一层的原因，在于政府信息公开涉及的主要法律是《条例》，其制定主体是国务院，也就难免使得司法实践中的政府被界定为行政机关。

具体地说，我国《条例》第二条规定："本条例所称政府信息，是指行政机关在履行行政管理职能过程中制作或者获取的，以一定形式记录、保存的信息。"言下之意，政府仅指行政机关。这种狭窄的限定与行政法理论是不相符合的。首先，在行政法理论来看，"行政主体是指享有国家行政权力，能以自己的名义实施行政行为，并能独立承担由此产生的法律效果的社会组织。"〔5〕行政主体有职权行政主体和授权行政主体之分：职权行政主体就是依法设立的、专门行使国家行政管理职能的机关，它成立的目的和宗旨及其组织法上的规定就是专门开展行政管理活动的机关；而授权行政主体的行政

---

〔1〕 聂平平、武建强主编：《政治学导论》，武汉大学出版社2012年版，第130页。
〔2〕 同〔1〕，第131页。
〔3〕 同〔2〕。
〔4〕 周洪宇、徐莉：《第三次工业革命与当代中国》，湖北教育出版社2013年版，第112页。
〔5〕 周佑勇：《行政法原论》，中国方正出版社2000年版，第72页。

管理权的获得有赖于法律法规的授权,即该组织或机关在设立之初,并不是为了实现行政管理的目的而设立,是为了实现其他目标而设立的,但为了让其更好地实现其组织目标,法律法规便授权其对某些领域享有行政管理职权。周佑勇教授指出:行政主体和行政机关是两个既有联系,又有严格区分的概念,"行政机关是最普遍、最重要的一种行政主体,两者具有密切地联系,但不能将两者等同起来"〔1〕。行政主体除了行政机关之外,还有部分法律法规授权的组织,这部分组织同样行使国家行政管理权,严格来讲,这部分组织也是政府职能的组成部分,没有这部分组织,政府的管理职能就不完善,就会残缺不全。因此,将法律法规授权行使行政权力的组织排除在政府的范围之外,将这部分组织所实施的行政行为所产生的信息排除在"政府信息"之外显然是不甚妥当的。还有学者指出:"政府信息公开中的'政府'并不当然是行政机关。"〔2〕因此,在笔者看来,"政府"应当包括行政机关以及其他获得法律法规授权行使行政权力的组织,这两类主体在行使行政权力过程中所产生的信息,均可以认定为是"政府信息"。但对于《条例》中所界定的"政府信息",众多学者的观点远未达到统一。〔3〕 而在司法实践中,法定的"政府信息"概念还是相对比较明确的。

大多数学者认为:"从信息产生的主体来看,是行政机关;从信息产生的过程来看,是产生于行政机关履行职责过程中;从信息产生的方式来看,既可能是行政机关自身制作的,也可能是行政机关从其他国家机关、企事业单位等组织以及个人获取的;从信息的存在形式来看,是以一定形式记录、保存的。"〔4〕这是对《条例》第二条的最经典的描述,不少学者对"政府信息"做了同样的界定。〔5〕 其实,对于该《条例》所规定的几个与政府信息相关的因素,在现实中无不充满了不确定性和争议。比如,关于信息产生的主体,已如前文所述;又如,信息的记录和保存方式,以什么方式记录和保存的才属于政府信息?难道政府不记录、不保存或者政府声称其并没有保存,"政府信息"这

---

〔1〕 周佑勇:《行政法原论》,中国方正出版社2000年版,第75页。
〔2〕 段尧清:《政府信息公开价值、公平与满意度》,中国社会科学出版社2013年版,第33页。
〔3〕 黄思铭主编:《中华人民共和国政府信息公开条例概论》,中国法制出版社2008年版,第6页。
〔4〕 李广宇:《政府信息公开诉讼:理念、方法与案例》,法律出版社2009年版,第71-75页。
〔5〕 同〔3〕,第7页。

一客体就不存在了吗?

在此,笔者对法定的政府信息的概念暂不评价,以待后文再做更详细地阐述。

(二)公开含义的理解

"公开"一词在现代汉语里,有"不加隐蔽;面对大家。与'秘密'相对。"的意思[1]。也有"不隐蔽的;面对大众的(跟'秘密'相对)"的意思,作为动词还有"使公开"的意思。[2] 核心的内容就是不使对象物处于隐蔽状态,向社会公众开放,使社会大众知晓。

在英语表达中,中文"公开"至少有两个与之相对应的英语单词,即"open"和"public",而两个词都有"公开的,人人皆知"和"使公之于众"的含义。[3]

至此,政府信息公开的含义还是相当明确的,即"行政机关通过公众便于获取的方式和途径,依法公开其在履行职责过程中制作或者获取的信息,以实现公众的知情权。"[4]尽管该学者把政府信息公开的主体仅限于行政机关以及公开的宗旨局限于实现公众的知情权有待商榷,但从法定"政府信息公开"的概念来讲,这也算是一种较为贴切的界定;同时,该学者也归纳总结了其观点为:政府信息公开是指各级政府依法将生产、收集、整理、储存、利用和传播的各类信息公开给社会公众的行为和制度。[5] 至于政府信息的全部公开还是部分公开,什么内容可以公开什么不可以公开,通过什么途径公开,社会大众又可以通过什么手段来获得信息的内容则是另外的法律问题,在此暂且不论。

二、政府信息公开的特征

(一)政府信息公开主体的特定性

本书中,所谓公开主体,仅指有义务将其所掌握的政府信息公之于众的

---

[1] 商务印书馆辞书研究中心:《新华词典》(2001年修订版),商务印书馆2002年版,第326页。
[2] 吕叔湘等主编:《现代汉语规范词典》,外语教学与研究出版社2004年版,第452页。
[3] 《牛津高级英汉双解词典》(第6版),商务印书馆、牛津大学出版社2004年版,第1388页。
[4] 段尧清:《政府信息公开价值、公平与满意度》,中国社会科学出版社2013年版,第32页。
[5] 同[4],第34-35页。

主体,并不包括在政府信息公开制度中的权利主体。权利主体和义务主体的划分及研究留待后文详述。[1]

在政府信息公开制度中,公开主体是一个基础性的问题。解决这个问题需要回答:谁依法应当公开其所掌握的信息?行政相对人或者社会大众可以向哪些主体申请公开相关的信息?这个问题的解答与上文所述"政府"一词所涵括的对象的内容相关,但又不完全等同。

根据《条例》第二条的规定,政府信息公开的主体是"行政机关",但哪些机关是行政机关?哪些组织应依法公开其所掌握的信息?这些问题在学界的争论中,有广义和狭义之争。

持广义"行政机关"论者认为:此处的"行政机关"意指广义的行政机关,不仅包括各级人民政府及其组成部门,还包括法律法规授权管理公共事务的组织,例如证监会、银监会、保监会等事业单位即属后者。[2] 为了证明其观点,该学者引用了旧《条例》第三十七条的规定,该条文使用肯定列举的方式将应当公开的信息范围进行了界定,其中有一部分就属于非"人民政府及其组成部门"的其他组织所掌握的信息,即:教育、医疗卫生、计划生育、供水、供电、供气、环保、公共交通等与人民群众利益密切相关的公共企事业单位在提供社会公共服务过程中制作、获取的信息,应参照本条例公开,具体办法由国务院有关主管部门或者机构制定。条文尽管用了"参照"两个字,但一般都认为"参照执行"即依据本规定遵照执行。[3] 因此,尽管旧《条例》第二条规定的"行政机关"是公开主体,但绝对不是把公开主体仅局限于"人民政府及其组成部门"这一狭隘的主体范围内,而应该是广义上的行政机关,即享有行政管理权的行政机关及其他法律法规授权的组织。虽然学者的出发点是善意的,但实际情况是鲜有国务院主管部门或机构公布该类特殊规定,而且此类公共企事业单位究竟如何在司法审查方面参照适用,也是个操作难题。通过搜索中国裁判文书网可以发现,对极少数的以公共企事业单位为信息公开诉

---

〔1〕 关于政府信息公开的权利主体与义务主体之分,请参阅胡建淼主编:《中国现行行政法律制度》,中国法制出版社2011年版,第201页。

〔2〕 王敬波:《政府信息概念及其界定》,载《中国行政管理》2012年第8期,第8-11页。

〔3〕 See Wang Jingbo. *Weighing the Public Interest in the Disclosure of Government Information*. Social Sciences in China, 2015, Vol.36(3), pp.37-55.

讼被告的案件中,判决几乎坚持狭义的行政主体理论,以主体不适格为由驳回起诉。在修订的对应条文中,也就是新《条例》第五十五条就此明确规定:"……与人民群众利益密切相关的公共企事业单位,公开在提供社会公共服务过程中制作、获取的信息,依照相关法律、法规和国务院有关主管部门或者机构的规定执行。全国政府信息公开工作主管部门根据实际需要可以制定专门的规定。"学者胡建淼认为:政府信息公开的义务主体主要是各级"政府",不应该包括村务、厂务等社会团体与企业的信息公开;"政府"即行政主体,它是指能独立以自己名义对外行使职权和承担法律责任的组织,具体包括行政机关和法律、法规授权的其他组织。[1] 该学者采纳的也是广义说,即主张政府信息公开主体应是有权行使行政管理权的机关、团体、组织。尽管胡教授将村务、厂务等社会团体与企业排除在政府信息公开的义务主体之外,但这些组织的信息公开另有其他法律法规或其章程进行规定,相关人员的知情权还是有保障的。

自不待言,狭义政府信息公开主体,当然仅指在国家权力结构中依组织法享有行政管理权的行政机关,即各级人民政府及其组成部门。[2] 这种论述与狭义的行政主体理论如出一辙。如有学者指出:政府信息公开中的"政府"并不当然是行政机关(这里包含有广义的"政府"之义:笔者注)。单从信息公开立法来看,世界各国信息公开立法的调整范围可分为四个层次:一是只适用于政府行政机关(美国、日本)……中国政府信息公开义务主体所界定的范围,类似于第一种情况。[3] 笔者对于政府信息公开主体的理解,从实务操作层面更倾向于采用狭义说,公开的主体就是指在国家权力结构中依组织法享有行政管理权的行政机关。

(二) 政府信息公开内容的特定性

政府信息公开的内容,当然就是政府在履行行政管理职能过程中所持有、保管的信息,但并非所有的政府信息都要公开。对于政府信息公开的内容,有学者从学理的角度进行了阐述:政府信息公开的内容主要包括以下几

---

[1] 胡建淼主编:《中国现行行政法律制度》,中国法制出版社2011年版,第200页。

[2] See Nease Donald E, Doukas David J. *Research privacy or freedom of information?* The Hastings Center Report, 2001, Vol.29(3), pp.47-49.

[3] 段尧清:《政府信息公开价值、公平与满意度》,中国社会科学出版社2013年版,第33页。

个方面：①政府管理规范和发展计划；②与公众关系密切的重大事项；③公共资金使用和监督事项；④政府机构和人事信息；⑤公用事业相关信息（办理相关业务的信息）；⑥乡镇政务公开信息；等等。[1] 这种理论上的主张，大部分被后来的新旧《条例》所采纳并得到了扩张，使得公开制度中信息的内容得到了充实，有利于保障公民的知情权。

根据新《条例》的规定，政府信息扩大了公开的范围和深度，其主动公开的内容包括：各级行政机关应当主动公开机关职能、行政许可办理结果、行政处罚决定、公务员招考录用结果等十五类信息；此外还规定设区的市级、县级人民政府及其部门，乡（镇）人民政府还应当根据本地方的具体情况主动公开与基层群众关系密切的市政建设、公共服务、社会救助等方面的政府信息。其还提出：建立健全政府信息管理动态调整机制，要求行政机关对不予公开的政府信息进行定期评估审查，对因情势变化可以公开的政府信息应当公开；建立依申请公开向主动公开的转化机制，行政机关可以将多个申请人申请公开的政府信息纳入主动公开的范围，申请人也可以建议行政机关将依申请公开的政府信息纳入主动公开的范围，以期推动公开工作深入开展，从而深入保障公民的知情权。

（三）政府信息公开目的的特定性

根据《条例》第一条，关于立法目的的规定，之所以要制定该条例，将政府信息公开制度化，就是"为了保障公民、法人和其他组织依法获取政府信息，提高政府工作的透明度，建设法治政府，充分发挥政府信息对人民群众生产、生活和经济社会活动的服务作用"。据此，我们可以得知，实行政府信息公开制度有其特定的目的。

有学者认为："政府信息公开是政府的义务，获取政府信息是民众的权利。政府信息公开的首要目的是保障民众的知情权，缺乏相应的权利救济机制将导致民众知情权得不到保障，政府信息公开的目的和功能也将难以实现。"[2] 文中尽管以讨论政府信息公开救济的重要性为主，但也突显了政府

---

[1] 姚国章：《电子政务原理》，北京大学出版社2005年版，第221-222页。
[2] 王万华主编：《知情权与政府信息公开制度研究》，中国政法大学出版社2013年版，第225页。

信息公开的首要目的在于保障行政相对人的知情权这一要旨,可见,行政相对人知情权的保障是政府信息公开的重要目的之一。该学者还指出:政府信息公开的目的是保障民众知情权,实现人民当家作主(人民主权)的终极目标,政府信息公开的客观功能具有监督政府、推进依法行政及信息对民众生产、生活和经济社会活动的服务作用。[1] 在此,该学者把政府信息公开的目的扩展到了实现人民当家作主的终极目标以及监督政府、推进依法行政和服务于民等等。还有学者认为,推行政府信息公开是保障公民知情权、监督权、参与权的重要举措。[2] 该学者从更加宽广的视野来审视政府信息公开的目的,故认为:政府信息公开不仅是保障公民的知情权,同时也保障了公民的监督权和参与权,通过政府信息公开,让公民得以知晓政府该做什么、不该做什么、什么做好了、什么没做好;通过政府信息公开,还可以让公民得以参与公共事务的决策与管理,充分发挥人民群众的智慧,实现人民当家作主的宏愿。

在《〈中华人民共和国政府信息公开条例草案〉(专家建议稿)》中,学者通过对必须构建政府信息公开制度的原因的分析,透析了政府信息公开的目的,学者认为:(1)政府是最大的信息所有者和控制者,据有关方面统计,我国有用信息的80%由政府所掌握,但这些信息大多处于不对外公开状态,严重地制约了经济发展。[3] 通过政府信息公开,使得政府所掌控的信息资源得到有效开发和利用,以促进经济增长。由此可见,促进经济增长是政府信息公开的目的之一。(2)政府信息公开是为了保障人民当家作主民主权利的实现,公民只有在知情以后才能真正谈得上行使民主权利,否则将无法参与国家事务和社会事务的管理。如果人民对政府工作是如何开展的根本不知情,又谈何监督、从何监督呢?通过政府信息公开,让民众掌握政府相关活动的信息,从而保障公民民主权利的实现。(3)政府信息公开是为了满足 WTO 对政府透明度的要求。几乎所有 WTO 法律文件都规定了政府透明度的要

---

〔1〕 王万华主编:《知情权与政府信息公开制度研究》,中国政法大学出版社 2013 年版,第 132 页。

〔2〕 杨学山:《〈政府信息公开条例〉专题培训电视电话会上的辅导报告》,载辽宁省政务公开工作协调小组办公室编:《〈中华人民共和国政府信息公开条例〉学习读本》,辽宁人民出版社 2007 年版,第 12 页。

〔3〕 周汉华主编:《〈中华人民共和国政府信息公开条例草案〉(专家建议稿)》,中国法制出版社 2003 年版,第 20 页。

求,我国政府在加入WTO时也做出了政府信息公开的承诺,因此,政府信息公开同时也是为了满足政府透明度的要求。(4)政府信息公开也是为了防治腐败的需要。[1]"阳光是最好的防腐剂",政府信息公开无异于将政府的职权职能、所作所为暴露在阳光下,接受社会公众的监督,进而提高政府的透明度,避免暗箱操作,实现防治腐败的目的。甚至可以说,政府信息公开制度贯彻落实的程度决定了依法行政的程度,而政府信息公开司法审查制度则是政府信息公开制度的贯彻落实的保障。可见政府信息公开司法审查制度对依法行政、民主政治、法治建设的重要意义。

以上分析,尽管包含了不少政府信息公开功能的内容,但从信息公开所追求和实现的功能来看,我国政府信息公开的目的还是显而易见的,即保障公民权利、监督限制政府权力,打造一个依法行政、清正廉洁的政府。

三、政府信息公开的性质

(一) 政府信息公开行为的公权性

从信息公开行为主体来看,行政机关(行政主体)是国家机关中最为重要的一极,正是它代表国家行使着公共权力,"运用国家强制力对公共事务进行组织、指挥、协调和监督的权力"[2],其他行政主体尽管不是行政机关,但在法律上也同样获得了来自公权力的授权,因此,信息公开的主体便具有了公权性的本质。

从信息公开行为的本质来看,公开行为是具有公权性的行政主体行使职权的行为,具有公权性,因为其所行使的职权,是法律法规赋予其的权力,其代表人民行使公共权力,因此具有公权性。

从信息本身的内在本质来看,行政主体在行使职权过程中所制作或者获得的信息,是行政主体行使公权力的衍生物,因此,这些信息也带有公权的性质,无论是保密的还是公开的,都必然带有公权的性质。[3]

---

[1] 周汉华主编:《〈中华人民共和国政府信息公开条例草案〉(专家建议稿)》,中国法制出版社2003年版,第20—27页。

[2] 叶必丰主编:《行政法与行政诉讼法》,中国人民大学出版社2011年版,第27页。

[3] See Beatriz Cuadrado-Ballesteros, José Frías-Aceituno, Jennifer Martínez-Ferrero. *The role of media pressure on the disclosure of sustainability information by local governments*. Online Information Review, 2014, Vol.38(1), pp.114-135.

综上,政府信息公开行为,是行政主体基于公法上的义务而必须实施的行为,无论是主动公开还是依申请公开,它都有公法上的依据,特别是主动公开部分更是属于公共行政。因此,"政府信息的产生,是行政机关行使行政职权的结果,而政府信息的公开,又是行政机关基于相应法律规定而作出的行政决定,无论从何种角度出发,行政信息公开行为都具有典型的公权性。"[1]随着社会的发展,人民对行政主体的要求日渐提高,人们所期待的行政主体所提供的服务,不能再局限于传统的、单纯的行政管理领域,公共服务领域,如教育、医疗、公共交通以及供水、供电、供热等服务,由于它们与人们的公共生活密切相关,被越来越多的人视为是国家、政府对人民所应承担的义务,而不是传统意义的纯粹的民事行为,故此被赋予了公权力的性质。政府信息公开的行为对象——信息,是行政主体在进行行政管理或提供公共服务过程中产生、收集、获得、利用和处理的信息。这些信息基本上可以分为两类:政府机关获得的外部信息和政府机关自身产生的信息。政府机关属于公共组织,受人民之托行使行政职权,理论上其所有财产包括持有的信息都应当归人民所有。因此,政府信息公开行为具有公共性。[2] 这种公共性与行政权力的公共性是不可分割的。

(二) 政府信息公开的权利保障性

当代美国著名宪法学家路易斯·亨金指出:"我们的时代是一个权利的时代,人权是我们时代的观念,是已经得到普遍接受的唯一的政治与道德观念。"[3]在权利的时代里,公民的很多基本权利得到了确认和主张,包括但不限于公民的人身权利、社会经济权利和政治权利,后者包括公民的言论、出版、集会、游行、示威以及监督权,监督权又包括批评、建议、检举、揭发等权利;而以上权利的实现,有赖于一项重要权利——公民的知情权的保障。有学者认为:知情权,英文是 right to know,又称"知的权利""了解权"等等。它的含义是:有关主体有获知与他有关的情报信息的权利。知情权还包括传播情报信息的权利和自由,于是又产生了"信息自由"的概念。[4] 顾名思义,信

---

[1] 丁勇:《政府信息公开行为的司法审查研究》,复旦大学2009年硕士学位论文,第5页。
[2] 同[1]。
[3] [美]路易斯·亨金:《权利的时代》,信春鹰译,知识出版社1997年版,第163页。
[4] 郭道晖:《知情权与信息公开制度》,载《江海学刊》2003年第1期,第127-133页。

息自由当然包括获得信息的自由和传播信息的自由。信息自由、知情权的保障则是公民参政议政的前提,是公民诸多权利得以实现的基础,而与信息自由和知情权保障关系最密切者非政府莫属,因为正如前文所述,世界上80%以上的信息为政府所掌握[1],所以政府信息公开与否,公民是否能够从政府那里获得与之利益相关的有用信息,对于公民权利的保障和实现就有着重要的意义。为了保障公民相关的基本权利,世界各地不少国家均立法要求政府向公众公开它掌握的相关信息,于是政府信息公开制度便应运而生。[2] 不难想象,我国的政府信息公开制度同样也是基于这样的考量而设置的。

从国外及我国台湾地区的政府信息公开原则体系来看,政府信息公开具有权利保障的性质。其中,政府信息公开的"权利保障原则"是指政府信息公开应以保障民众权利为原则,即保障公民"知"的权利或"知情权",这是人民行使主权的前提,而政府信息公开是人民主权原则的必然产物。[3] 瑞典正是因保障公民的言论自由或者表达自由而构建政府信息公开制度的,日本则以政府必须对民众承担"说明责任"而得出政府信息须公开的结论,我国台湾地区则明确规定政府信息公开就是要保障民众的"知"的权利。[4] 1966年美国制定的《信息自由法》规定公民获得政府信息的普遍权利:获取信息的自由和申请公开信息的权利;规定了政府提供政府信息的义务,并规定了有关行政裁决和司法救济的制度。[5] 通过这些规定,其保障了美国公民的信息自由权和知情权。

从我国《条例》立法目的及政府信息公开原则的规定来看,我国所确立的政府信息公开制度同样具有非常明显的权利保障性质。该《条例》第一条规定:"为了保障公民、法人和其他组织依法获取政府信息,提高政府工作的透

---

[1] 周汉华主编:《〈中华人民共和国政府信息公开条例草案〉(专家建议稿)》,中国法制出版社2003年版,第20页。
[2] 如日本《信息公开法》、新西兰《官方信息法》、芬兰《政府活动公开法》、保加利亚《公共信息获取法》、荷兰《政府信息法》、罗马尼亚《自由获取公共利益信息法》等对政府如何公开公共信息、公众如何获取公共信息都做出了规定,确实保障了公民的信息自由和知情权。具体详见周汉华主编:《〈中华人民共和国政府信息公开条例草案〉(专家建议稿)》,中国法制出版社2003年版,第50-52页。
[3] 王万华主编:《知情权与政府信息公开制度研究》,中国政法大学出版社2013年版,第117页。
[4] 同[3]。
[5] 杨建生:《美国政府信息公开司法审查研究》,法律出版社2014年版,第39页。

明度,建设法治政府,充分发挥政府信息对人民群众生产、生活和经济社会活动的服务作用,制定本条例。"第五条规定:"行政机关公开政府信息,应当坚持以公开为常态、不公开为例外,遵循公正、公平、便民的原则。"从立法目的和公开原则的规定来看,可见我国"推行政府信息公开是保障公民知情权、监督权、参与权的重要举措",是为实现宪法确定的"人民依照法律规定,通过各种途径和形式,管理国家事务,管理经济和文化事业,管理社会事务"的权利。因此,我国政府信息公开同样具有权利保障性的本质。

(三)政府信息公开行为的可诉性

关于政府信息公开这一行为的性质,颇有争议,即政府信息公开行为到底是行政行为还是事实行为之争。这一问题得不到解决,政府信息公开即无法进入行政诉讼的领域,司法机关就无法对其进行司法审查。因为根据《行政诉讼法》第二条的规定,只有行政机关和行政机关工作人员所实施的"行政行为"才是可诉的。

修订前《条例》第三十三条第二款规定:"公民、法人或者其他组织认为行政机关在政府信息公开工作中的具体行政行为侵犯其合法权益的,可以依法申请行政复议或者提起行政诉讼。"其为司法审查提供了一个逻辑起点,即要对政府信息公开进行司法审查,首先要确定所争讼的政府信息公开工作中的行为是否为具体行政行为,甚至首先要确定其行为是不是行政行为。那么什么叫"行政行为"?政府信息公开到底是什么性质的行为?行政相对人对政府信息公开行为不服可否根据《行政诉讼法》的规定提起行政诉讼?这是我们必须探讨的关键的问题。

"行政行为"是一个比较宽泛的概念,如有学者认为:"行政行为是享有行政权能的组织运用行政权对行政相对人做出的影响其权利和义务的行为。"[1]该学者认为行政行为具有从属性、服务性、单方性、强制性和无偿性等特征。还有学者认为:"行政法上的行政行为是指行政主体实施的由行政法规范调整或者应当由行政法规范调整的行政活动和行政手段。"[2]该学者对行政行为的界定是相当宽泛的,其认为,只要是行政主体实施的、当由行政

---

[1] 李积霞主编:《行政法与行政诉讼法案例研析》,中国政法大学出版社2013年版,第59页。
[2] 关保英:《行政法案例教程》,中国政法大学出版社2013年版,第125页。

法律规范调整的行政活动或者行政手段,都是行政行为。这一界定,成功地绕开了行政行为与事实行为之争。前面的学者所论,从影响相对人权利义务的角度来论述,凡是行政主体所实施的影响相对人权利义务的行为都是行政行为。同样撇开了抽象行政行为和具体行政行为之争,使得任何想要逃避法律责任的意图没有存在的空间。这两种观点应该是学界比较通行的行政行为的概念,与此相近的行政行为概念还有石佑启教授的观点:"行政行为是指行政主体通过一定的意思表示,行使行政职权或履行行政职责所实施的,能够产生行政法律效果的行为。"[1]在他看来,凡是行政主体所实施的能够产生行政法律效果的行为,皆为行政行为,这也是典型的广义意义的概念。还有姜明安教授也认为:"行政行为是指行政主体运用行政权,实现行政目的的一切活动。"[2]这里比较难以理解的是"行政目的",每一类行政行为的目的都不一样,有的行政行为的目的又不是很明确,难以把握。比如,政府信息公开工作中,公开或者不公开的行政目的是什么?难以理解。尽管如此,但学者从广义的角度来界定行政行为的概念的意图还是相当明显的。

但是,在最高人民法院的司法解释中,却是从狭义的角度来界定行政行为,即在最高人民法院《关于贯彻执行〈中华人民共和国行政诉讼法〉若干问题的意见》第一条中,可诉的行政行为被限定在"具体行政行为"范围内,并将"具体行政行为"解释为是指国家行政机关和行政机关工作人员、法律法规授权的组织、行政机关委托的组织或者个人在行政管理活动中行使行政职权,针对特定的公民、法人或者其他组织,就特定的具体事项,作出的有关该公民、法人或者其他组织权利义务的单方行为。有学者认为该定义存在三个方面的缺陷,时隔多年《最高人民法院关于执行〈行政诉讼法〉若干问题的解释》对此进行了修正,不再将行政行为局限于作为类的行政行为以及单方行为,并规定:"公民、法人或者其他组织对具有国家行政职权的机关和组织及其工作人员的行政行为不服,依法提起诉讼的,属于人民法院行政诉讼的受案范围。"再到后来新《行政诉讼法》对于行政诉讼概念的进一步修正,自此,理论上行政诉讼就不用再为行政主体的行为到底是不是"具体行政行为"困

---

[1] 石佑启主编:《行政法与行政诉讼法》,中国人民大学出版社2008年版,第75页。
[2] 姜明安主编:《行政法与行政诉讼法》,北京大学出版社、高等教育出版社2011年版,第152页。

扰了。据此，以政府信息公开工作中的行为不是"具体行政行为"为由而拒绝受理的做法显然不具有合法性。

以上行政诉讼法关于行政行为立法的演进，我们可以看得出来，凡行政主体所实施的行政行为皆可诉，而行政行为的核心内涵在于对行政相对人的权利义务产生了实际影响。由此，政府信息公开工作中的行为，无论是公开或者不公开都将可能实际影响了行政相对人的权利义务，根据最新行政诉讼法的立法精神，当然具有可诉性。[1] 新《条例》第五十一条对原先三十三条的修订删除了"具体行政行为"的表述，将"认为行政机关在政府信息公开工作中侵犯其合法权益的"可提请司法审查是符合历史潮流的。

第二节　政府信息公开司法审查概述

本书所论的是政府信息公开的司法审查问题，这一论题的研究，自然绕不开对司法审查概念的探寻。什么叫司法审查？司法审查与行政诉讼是什么关系？政府信息公开之诉是怎样的一种诉讼，它的性质和法律地位如何？这些内容无疑是本部分所论述的重点。

一、政府信息公开司法审查的含义及法律规定

（一）司法审查与行政诉讼

所谓司法审查，有学者认为："司法审查是现代民主国家普遍设立的一项重要法律制度，是国家通过司法机关对其他国家机关行使国家权力的活动进行审查，通过司法活动纠正违法行为，并对由此给公民、法人、其他组织合法权益造成的损害给予相应救济的法律制度。"[2] 在我国的法律语境中，司法

---

[1] See Susie Skarl, Michael Yunkin, Timothy Skeers. *Government information at Lied Library*. Library Hi Tech,2005,Vol.23(3), pp.323-333.

[2] 罗豪才主编：《中国司法审查制度》，北京大学出版社1993年版，第1页。

机关特指人民法院和人民检察院,在这一概念的界定中,司法机关应是指人民法院依法对除司法机关之外的其他国家机关行使国家权力的活动进行审查,但这里所指的"其他国家机关"显然是一个很不明确的概念,其是否包括了国家立法机关、行政机关和军事机关?我们不得而知。但从《人民法院组织法》的相关规定来看,人民法院要审查国家立法机关和军事机关行使国家权力活动,显然依据不足。因此,这里所指的"其他国家机关",应当仅指国家行政机关,而司法审查,仅指人民法院对行政机关行使国家权力活动的审查。

还有学者认为:"司法审查是指司法机关通过对立法机关和行政机关制订的法律、法规及其他行使国家权力的活动进行审查,宣告违反宪法的法律、法规无效及其他违法活动通过司法裁判予以纠正,从而切实维护宪法的实施,保护公民的合法权益。"[1]该学者所论的司法审查包括两部分:一是指对立法机关和行政机关所制定的法律规范进行审查,并宣告其违宪、违法、违规并予以纠正;二是指对以上两类机关的其他违法活动进行审查,通过裁判予以纠正。这个概念应该是广义上的司法审查,包括了违宪审查。但我们所讨论的政府信息公开司法审查活动,显然不能从广义的司法审查概念来进行理解。

以上两位学者对司法审查概念的界定,内涵中均包括了行政诉讼,即人民法院对国家机关(行政主体)行使国家权力活动的审查,以及人民法院对行政机关抽象行政行为及具体行政行为的审查。有学者对行政诉讼做了如下解读:"行政诉讼是指行政相对人与行政主体在行政法律关系领域发生纠纷后,依法向人民法院提起诉讼,人民法院依法定程序审查行政主体行政行为的合法性,并判断相对人的主张是否妥当,以作出裁判的一种活动。""行政诉讼又称'司法审查',对于行政主体而言,是一种法律监督制度;对于相对人而言,行政诉讼则是一种行政法律救济制度。"[2]这里的行政诉讼显然仅指行政相对人认为其合法权益受到了来自行政主体的侵犯,而将行政主体诉至法院,由法院裁判认定的司法活动。在政府信息公开司法审查中,同样是行政相对人(信息公开申请人)认为行政主体的信息公开行为侵犯了其合法权益,进而提请司法机关对其行为进行审查。这一层面的行政诉讼应该说是最狭

---

[1] 王利明:《司法改革研究》,法律出版社2001年版,第277页。
[2] 姜明安主编:《行政法与行政诉讼法(第五版)》,北京大学出版社、高等教育出版社2011年版,第402-403页。

义的司法审查了,而政府信息公开之诉正是这个意义上的司法审查。

这里还需要讨论的一个问题是:当行政机关及其工作人员违反行政法律规范,其行为性质已经构成刑事犯罪,国家启动刑事诉讼程序对行政机关及其工作人员进行追诉,是否属于司法审查的范围?如果从最原始的本义上来理解"司法审查",或者从最广义上来解释"司法审查",人民法院是司法机关,法院通过适用法律对有争议的事实和行为进行裁断,无不可称之为"司法审查";但由于刑事诉讼、民事诉讼在社会生存和发展中有着特别的意义,将它们独立出来不再视为司法审查是符合其诉讼规律要求的;而基于国家权力制约、平衡的需要,让人民法院担负起对强大的行政权力的监督和制约,进而形成独立的"司法审查"制度,也是符合国家民主制度发展的需要的。从这个角度来讲,司法审查仅限于上文所述的含义,是已经为公众所接受的一种理念。因此,笔者认为,这里所谓的司法审查,仅指人民法院对行政机关及其工作人员违反行政法律规范的行为进行审查,而不包括对行政机关及其工作人员违反刑事法律规范的刑事追诉活动。在这一点上,也有不少国家将司法审查等同于行政诉讼的,如有学者指出:"在美国,行政诉讼被称为司法审查。美国《联邦行政程序法》第七百零二条规定:'美国法院受理的诉讼,不是寻求金钱赔偿,而是控告行政机关或其官员或职员,以官方身份的或在法律掩饰下的作为或不作为时,不得以该诉讼反对美国或美国是必不可少的当事人为理由而驳回,或拒绝给予救济'。"[1]可见司法审查仅指法院对行政机关及其工作人员因其作为或者不作为而提起的诉讼,既不是寻求金钱赔偿也不是追究刑事责任,而是对行政行为合法性、正当性的审查。

(二) 司法审查的法律依据

在此所述的"法律"应指广义的法律,包括全国人大及其常委会制定颁布的法律、国务院的行政法规、两高的司法解释、国务院的相关规定、地方人大及其常委会制定的地方性法规、部门规章和地方政府规章等。对政府信息公开的司法审查的法律依据,主要有《行政诉讼法》和《若干规定》中的相关规定。要将政府信息公开行为纳入行政诉讼受案范围或者司法审查的范围,首先要解决的应该是以下几个问题:政府信息公开是否是行政行为?是否属

---

[1] 吕艳滨等:《行政诉讼法学的新发展》,中国社会科学出版社2013年版,第74页。

于《行政诉讼法》所列的可诉的行政行为的范围？

政府信息公开是《行政诉讼法》第十二条所列的哪一种行政行为类型？这是在考虑信息公开之诉时首先要解决的问题。该法条列举了12种可诉、可进行司法审查的行政行为类型，分别是：①认为行政处罚行为侵犯其合法权益的，②认为行政强制措施和行政强制执行行为侵犯其合法权益的，③认为行政许可行为侵犯其合法权益的，④认为行政机关作出的自然资源权属决定侵犯其合法权益的，⑤认为征收、征用决定及其补偿决定侵犯其合法权益的，⑥认为行政机关不履行保护人身权、财产权等合法权益法定职责的，⑦认为行政行为侵犯其经营自主权、农村土地承包经营权或者农村土地经营权的，⑧认为行政机关滥用行政权力侵犯公平竞争权的，⑨认为行政机关违法集资、摊派费用或者违法要求履行其他义务的，⑩认为行政机关没有依法支付抚恤金、最低生活保障待遇或者社会保障待遇的，⑪认为行政机关未依法依约履行行政合同义务的，⑫认为行政机关侵犯其他人身权、财产权等合法权益的。[1] 按照以上条文所列，根据政府信息公开行为的性质，与其他可诉的行政行为类型根本无法同类，只与第3种可诉的行政行为类型最为接近，即将政府信息公开申请视为一种行政许可申请行为来看待，进行分析其可诉性。那么，政府信息公开申请是不是一种行政许可申请呢？

根据《布莱克法律词典》(Black's Law Dictionary)的解释，许可是指"一个可以从事某种行为的、可撤销的允许；未取得该允许，从事这种行为会被视为非法"；或者指"能够证明这一允许的证书或公文"。[2] 学者张卿进一步指出："本书中的'许可'，均指个人或企业从行政机构（有时是其他授权的非政府组织）寻求获得从事某种特定行为或活动的事前允许的一种政府管理形式。"[3] 周佑勇教授认为："许可即准许、容许之义，在法律上指一方允许另一方从事某种活动，非经允许而为之，即属侵权违法的行为，需承担相应法律责任。"[4] 从以上分析可以得知，许可是可以从事某种活动的允许，未经允许从事这种活动即被视为违法。相对于政府信息公开申请来讲，行政相对人想要

---

[1] 江必新主编：《新行政诉讼法专题讲座》，中国法制出版社2015年版，第50-63页。
[2] 张卿：《行政许可：法和经济学》，北京大学出版社2013年版，第1页。
[3] 同[2]。
[4] 周佑勇：《行政法原论》，中国方正出版社2000年版，第207页。

了解、知悉由政府所保管和掌控的信息,如果相对人未经政府允许便擅自通过各种手段、途径去获得这些信息,比如窃取、通过熟人获取等途径,无疑是违法的。从这一点来看,未经允许,不得获取或者知悉由政府保管的信息的行为特征,与行政许可有几分相似。如果行政相对人申请政府信息公开遭到拒绝,可以引用《行政诉讼法》第十二条第三项之规定,提请司法审查。

除此之外,《行政诉讼法》第十二条第十二项之规定,也可以作为提起政府信息公开之诉的法律依据。该项规定是兜底条款,是为了避免公民其他合法权益遭到公权侵犯、又无法在条文中全部明确列出进而救济无门的情况而特别规定的。2015年新行政诉讼法在司法审查范围方面最大的亮点是将行政诉讼法的权利保护范围由1989年规定的"人身权、财产权"扩大到"人身权、财产权等合法权益",这里的"等"应当理解为等外之等,即除人身权、财产权之外,我国法律所保护的行政相对人所有的"合法权益"。[1] 据此理解,行政相对人的信息自由和知情权当然属于人身权或者说是属于行政相对人合法权益而应由《行政诉讼法》保护的权益。因此,当行政相对人在申请政府信息公开过程中受到阻碍,当然可以依据《行政诉讼法》的相关规定提起行政诉讼,即请求法院对该信息公开行为进行司法审查。

接下来,能成为政府信息公开司法审查法律依据的、最集中的规定,当属《条例》,该条例于2007年4月5日中华人民共和国国务院令第492号公布,2019年4月3日中华人民共和国国务院令第711号修订。该条例共六章五十六条,第五章是政府信息公开的监督和保障,规定了行政主体违反本条例所应承担的法律责任,并规定行政相对人如果认为行政主体在政府信息公开中侵犯了其合法权益的,可以依法提起行政诉讼。因此,与之相对应的是该《条例》第五十一条无疑是政府信息公开司法审查的重要法律依据之一。

关于政府信息公开之诉,有学者认为:"在信息公开问题上,世界各国都不主张过多地依靠司法救济。尽管行政诉讼非常有效,也必不可少,但是,在实际工作中,要尽量发挥举报和复议的作用,把争议解决在行政系统内部。"[2]

---

[1] 江必新主编:《新行政诉讼法专题讲座》,中国法制出版社2015年版,第63页。
[2] 杨学山:《〈政府信息公开条例〉专题培训电视电话会上的辅导报告》,载辽宁省政务公开工作协调小组办公室编:《〈中华人民共和国政府信息公开条例〉学习读本》,辽宁人民出版社2007年版,第29页。

笔者认为,在该条例中,尽管规定了政府信息公开多种救济途径,如举报、复议、诉讼等措施以保障行政相对人的知情权,并设置了五类对信息公开的监督机关,如同级人民政府的信息公开主管部门、监察机关、上级行政机关、负责复议的法制部门和负责审判的法院,在众多的保障措施和监督机关中,最强有力的、最公正的依然是司法机关的司法审查,也只有司法审查才是终极的审查。因此,提起行政诉讼才是对行政相对人信息公开申请权最有力的保障。

为了正确地对政府信息公开进行司法审查,2010年12月13日最高人民法院审判委员会第1505次会议通过的《若干问题的规定》,对政府信息公开案件的审理做出了详细的规定。该规定申明了人民法院应当受理的政府信息公开之诉的几种情形以及不予受理的几种情形,明确了原被告等其他主体资格,明确了双方的举证责任,并要求人民法院根据所诉政府信息性质决定审理方式,以免不当泄露相关信息,规定了几种判决的形式以及应予赔偿的情形。这一司法解释对于政府信息公开司法审查的程序问题作了较为全面的规定,虽然其还没有根据新修订的《条例》作进一步的完善,但仍然不失为我国公民信息自由和知情权的有力保障之一。

此外,国务院为了加快政府信息公开工作进程,确保政府信息公开工作得到贯彻落实,还颁布了《关于做好施行〈中华人民共和国政府信息公开条例〉准备工作的通知》(国办发〔2007〕54号)和《关于施行〈中华人民共和国政府信息公开条例〉若干问题的意见》(国办发〔2008〕36号)。这两部规范性文件对各地政府抓紧编制或修订政府信息公开指南和公开目录、尽快建立健全政府信息公开工作机制及制度规范,并认真落实和制定相关配套措施,为行政相对人查阅、利用政府信息做好准备、提供规范依据,也为政府信息公开司法审查提供了审查标准。

二、政府信息公开司法审查的性质

司法审查的性质,指的是司法审查这种行为或者司法审查活动是怎样的一种行为或活动。司法审查显然是属于司法权的一部分,而司法权是国家权力构成中重要的一极,它是相对于国家的立法权与行政权而言的。"司法权则是以审判权为核心的,与立法权和行政权相区分的国家权力,是一种适用法律、处理案件的专属权力,具有执行、裁判、救济权的特性。"[1]在我国的法律语境中,司法权除了法院的审判权之外,还包括检察院的检察权。与立法权和行政权不同,司法权具有以下几个方面的特征:第一,司法权是一种执行权,即本质上,司法机关的职责和司法活动的使命是保障准确适用立法机关制定的法律规范。详言之,司法机关通过司法活动,审查、裁判各种法律活动,以确保人们准确适用和执行立法机关所制定的法律规范。第二,司法权是一种裁判权,即司法机关将法律规范适用于具体案件中,判明谁是谁非、依法应享有什么权利和应当承担什么责任。第三,司法权是一种救济权,即通过司法活动,判明是非对错,在法律上明确被侵害的一方应当享有的权利,并通过强制力保障其合法权益。第四,司法权还是一种监督权,即对立法权进行监督、对行政权进行监督。[2] 据此,我们可以得出结论,政府信息公开司法审查具有以下几方面的性质:

首先,政府信息公开司法审查是一种确保国家法律得到执行的活动。"宪法明确确认了'人民主权'原则,由人民来行使管理国家和社会公共事务的权力;公众有效行使国家权力的基本前提是,通过各种合法的途径和形式,全面而真实地把握有关国家和社会的信息……人民主权才能真正得以实现"[3]在该学者看来,人民主权与知情权是密切相关的,公民若是没有知情权,则人民主权就不能很好地实现。除此之外,宪法还确认了公民对国家机关及其工作人员监督权,即公民对国家机关及其工作人员的工作有进行监督、批评、建议、申诉、控告、检举的权利,而要实现这些权利,必须保障公民充分了解国家机关及其工作人员的活动情况以及他们的职权职责。因此,政府信息公开司法审查是保障宪法及其他法律法规得以有效执行的强有力的保障。

其次,政府信息公开司法审查是一种裁判是非对错的司法活动。在政府信息公开行政管理活动中,在政府信息公开或不公开的争议中,必有一个中立的第三方来进行裁判,这就是政府信息公开司法审查。通过司法审查,裁判政府信息公开的行政行为哪些合法、哪些不合法,哪些信息应当公开、哪些信息不应当公开;通过司法审查,也可以裁判行政相对人的哪些申请应当支

---

〔1〕 范愉等:《司法制度概论》,中国人民大学出版社2013年版,第3页。
〔2〕 同〔1〕,第4页。
〔3〕 张龙:《行政知情权的法理研究》,北京大学出版社2010年版,第176-177页。

持、哪些不应当支持,进而达到定分止争的社会功用。

再次,政府信息公开司法审查是一种救济公民知情权的方式。"无救济即无权利"作为西方至理名言和法学的经典命题,在世界范围内得到了广泛的传播,并成为绝大多数国家的一条重要的司法原则。[1] 权利受到侵害应当获得救济是一条不言而喻的准则,甚至是一条自然法则。这样的内容在《世界人权宣言》和《公民权利和政治权利国际公约》等著名的国际法中都有体现。《世界人权宣言》第八条规定:"任何人当宪法或法律所赋予他的基本权利遭受侵害时,有权由合格的国家法庭对这种侵害行为作有效的补救";《公民权利和政治权利国际公约》第二条第三款对此更是做出了更明确、更细致的规定:"本公约每一缔约国承担:(甲)保证任何一个被侵犯了本公约所承认的权利或自由的人,能得到有效的补救,尽管此种侵犯是以官方资格行事的人所为;(乙)保证任何要求此种补救的人能由合格的司法、行政或立法当局或由国家法律制度规定的任何其他合格当局断定其在这方面的权利,并发展司法补救的可能性;(丙)保证合格当局在准予此等补救时,确能付诸实施。"而公民知情权无论是从国际法还是从国内法的层面上来看,都是公民一个不可或缺的权利,当这一权利受到侵犯时,能否获得救济,是衡量一个国家是否能够保障公民基本权利、是否能够严格遵守国际法规定、是不是一个负责任的国家的标杆。[2] 而对公民知情权的救济,政府信息公开司法审查无疑是最有力的方式。

最后,政府信息公开司法审查还是一种对行政权力进行监督的手段。人民法院对行政主体的行政行为进行司法审查,所起到的监督作用是显而易见的。国务院《关于印发全面推进依法行政实施纲要的通知》(国发〔2004〕10号)对行政主体依法行政提出了要求:"行政机关实施行政管理,应当依照法律、法规、规章的规定进行;没有法律、法规、规章的规定,行政机关不得作出影响公民、法人和其他组织合法权益或者增加公民、法人和其他组织义务的决定。"据此,法院在政府信息公开司法审查过程中,对行政主体政府信息公开的程序问题和实体问题进行审查,前者如对公开的方式、公开的时间、公

---

[1] 李龙主编:《西方法学经典命题》,江西人民出版社2006年版,第380页。
[2] 马瑞彬:《政府信息公开中公民知情权救济研究》,辽宁大学2013年硕士学位论文,第3页。

开的步骤以及公开的主体等进行审查,后者如对公开的内容、范围、利益平衡以及各种义务的履行和公民权利的保障进行审查。[1] 通过这些司法审查,无疑能在最大限度上对行政主体的行政行为进行监督。

三、政府信息公开司法审查的意义及法律地位

(一)司法审查与政府信息公开司法审查的含义

司法审查有广义和狭义之分,有学者认为:"司法审查一般指违宪审查,源自西方国家通过司法机关审查裁决、立法、行政行为是否违宪的一种制度。"[2] 该学者把司法审查局限于对裁决、立法、行政行为是否违宪的审查,显然采取的狭义的司法审查概念。众所周知,"违宪"的含义是非常明显的,即不违反宪法的规定,这种违反包括对宪法条文的违反、对宪法原则和宪法精神的违反,而作为审查的标准仅是宪法规范,宪法规范不及之处,便是裁决、立法、行政的自由领域,无论其是否违反其他法律的规定。但实际上,在现实生活中,由于宪法规范的高度抽象性和宏观性,其不可能事无巨细地给实践中的法律主体规定出具体的行为规范,如果将司法审查局限于违宪审查,无疑会让不少违法行为得以逃脱法律制裁。

有学者则把视野放到更大的范围来界定司法审查的概念,认为对司法审查而言,应当"包括违宪审查,因为违宪审查,专指宪法审查,并不包括违法审查;另一方面,违宪审查就审查主体而言,司法机关和立法机关均可进行,所以司法对违宪的审查属于违宪审查的一种形式"[3]。该学者就非常明确地把司法审查的范围扩大到包括违宪审查和违法审查,这种司法审查的概念,比较符合当前的法治精神,毕竟司法审查的概念要大于违宪审查的概念,违宪审查仅是司法审查的一部分,我们不能断然把违宪审查等同于司法审查。

有学者认为,中国的司法审查概念,主要表现在行政诉讼法。[4] 如果离

---

[1] 郭晓嫚:《政府信息公开的行政诉讼探析》,西南财经大学 2012 年硕士学位论文,第 12 页。
[2] 李昌道:《世贸法律规则与中国司法审查》,载《复旦学报(社会科学版)》2002 年第 6 期,第 95-99 页。
[3] 傅思明:《中国司法审查制度》,中国民主法制出版社 2002 年版,第 107 页。
[4] 罗豪才主编:《中国司法审查制度》,北京大学出版社 1993 年版,第 2 页。

开行政诉讼,恐怕司法审查就无立足之地了,因为在我国并无严格意义上的违宪审查制度,全国人大及其常委会对国务院及各地人大不当决定和命令的撤销,大多属于行使监督权,而作为违宪审查对象的庞大的法律体系则排除在监督之外,怎可说中国有严格意义上的违宪审查呢？司法审查失去了这个极其重要的一极,如果再失去行政诉讼,则司法审查制度就会荡然无存。因此,在我国的法律语境中,司法审查几乎等同于行政诉讼了。

具体到我国司法实践,政府信息公开的司法审查,无疑是行政诉讼领域内的活动,就是围绕政府信息公开行为的合法性问题而展开的行政诉讼。在美国《信息自由法》的规定中,如果行政机关不依法公开政府信息,公众也可以向法院起诉,请求法院责令行政机关公开相关政府信息,这种诉讼称为《信息自由法》诉讼,"联邦法院对行政机关政府信息公开行为的合法性、适当性进行的审查称为政府信息公开司法审查"[1]。由此看来,美国的司法审查与违宪审查是有着严格的区别的,对于是否违反宪法的审查属于违宪审查,对于是否违反《信息自由法》的审查是司法审查。

(二) 司法审查与政府信息公开司法审查的法律意义

随着社会的发展,人类社会的分工越来越精细、社会结构越来越复杂,人类的社会活动也越来越丰富多样,那么,对人类社会、人类社会活动的管理则需要更多的、更专业的公共部门,作为社会管理专门机构——行政机关,同样也需要赋予它们更多、更大的行政权力。因此,"当代世界各国法律授予行政机关非常强大的权力,行政权力的继续扩张已成社会发展的必然趋势,行政权加强一方面带来社会秩序的稳定,给公民提供安全和福利;但也不可避免地会导致或多或少的权力滥用和不当行使,给公民的权利和自由带来威胁。"[2]因此行政权必须受到监督,无论是持有较小行政权的机关或者部门,还是掌握有较大权力的机关或部门必须接受严格的监督。18世纪法国启蒙运动思想家孟德斯鸠曾说过:"一切有权力的人都容易滥用权力,这是万古不易的一条经验。有权力的人们使用权力一直到遇有界限的地方才休止。"[3]

---

[1] 杨建生:《美国政府信息公开司法审查研究》,法律出版社2014年版,第46页。
[2] 朱昆、郭婕:《行政法概论》,新疆人民出版社2000年版,第79页。
[3] [法]孟德斯鸠:《论法的精神》(上册),张雁深译,商务印书馆1982年版,第154页。

英国历史学家阿克顿勋爵也曾经指出：权力导致腐败，绝对的权力导致绝对的腐败。因此，行政权力必须受到制约和监督，要么是通过权力来制约权力，即通过权力机关或者司法机关行使立法权和司法权进行立法监督以及司法监督；要么通过公民维权的方式来对行政权力进行制约和监督，而这两种方式，无不通过行政诉讼方可解决。司法机关对行政权的监督需要启动司法审查、公民维权也需要启动司法审查，因此，要实现对行政权力的制约，司法审查是最行之有效的办法之一。

司法审查在平衡权力、保障公民权利方面的意义无疑是非常巨大的。"在美国，司法审查是指法院审查国会制定的法律是否符合宪法，以及行政机关的行为是否符合宪法及法律而言。这两种审查在美国都由普通法院执行，在法律没有特别规定时适用一般的诉讼程序。"[1]司法审查基本上是对行政机关的行为是否合法进行审查，其对制约和监督行政机关的行为意义重大。而行政管理所涉及的社会面非常广泛、细致而深入，甚至从摇篮到坟墓无不留下行政管理的印迹，其对公民的正常生活影响不可小觑。没有司法审查，行政法治便是一句空话，民主也会陡然落空，个人的自由和权利就没办法保障。通过司法审查，对行政机关及其工作人员也能产生一种无形的压力，让他们时刻保持警醒：在他们头上总是悬着一把达摩克利斯之剑——司法审查，他们必须谨慎行使权力，否则，此剑必挥斩奸佞之人。

政府信息公开司法审查是行政诉讼的组成部分，其意义也在于通过司法审查对行政机关权力的制约和监督，使得行政机关对政府信息的公开与不公开都要符合"权为民所用、利为民所谋"的目的；通过政府信息公开司法审查，推动政府信息公开制度的完善，让政府信息公开制度能够更好地为人民服务、实现其更大的价值。

（三）政府信息公开司法审查是民主政治的制度性保障

政府信息公开司法审查是现代民主政治结构中不可或缺的一环，是确保民主政治得以顺利进行的有力保障。

什么叫民主政治？有学者认为，民主政治尽管含义丰富，各家各派的解释难以统一，但总结起来，至少应当包含以下几个方面的要素：第一，民主政

---

[1] 曾繁正等：《美国行政法》，红旗出版社1998年版，第65页。

治为民意政治。国家存在的目的仅是为了实现人民的利益,政治活动也仅是为了人民的利益而施行。林肯曾说:民主政治是人民的政治,为人民利益的政治,由人民施行的政治。第二,民主政治为法治政治。在民主政治之下,国家有精细的法律,人民可向法院起诉要求制裁来自政府的侵害。第三,民主政治为责任政治。政府之政策不合于民意之时,须向人民负责,政府的行为不合于法律之时,也须向人民负责。[1] 就政府信息公开司法审查而言,要实现民主政治,须有广泛的民意的参与,民意的真正参与须有表达自由,而有效的表达则有赖于公民知情权的保障;当政府掌控了80%以上的有价值的信息时,政府信息公开对于保障公民的知情权就显得格外重要了,当政府信息公开行为不当甚至违法时,政府信息公开司法审查就是保障公民知情权,进而保障民意得以体现于民主政治中的最有力的制度性设置了。[2] 可以说,政府信息公开司法审查对于民主政治意义重大,甚至可以说,政府信息公开司法审查是民主政治的晴雨表。

有学者认为:民主政治制度是根据民主的内在要求,通过国家权力对社会利益进行权威性配置的一系列规则和程序的总称。简言之,就是人民的利益由人民自己通过国家权力来进行配置。一种政治制度是民主的还是非民主的,主要看其重要的政治权力角色是否通过自由公正的选举产生,国家的公民是否有平等的机会直接或间接参与国家政治生活,政府官员和公民是否依法行事,公民和相关利益方是否有权获得与自己利益相关的政府政策信息。[3] 这一概念阐释了中国特色社会主义的民主政治观,其中,通过民主公正的选举产生政治权力角色,公民平等参与国家政治生活,公民是否有权获得与自己利益相关的政府信息是决定该制度是不是民主政治制度的关键性因素,因此,政府信息公开制度是民主政治得以实现的保障,而政府信息公开司法审查则是该制度运行良好、政府依法公开信息的保障,在此意义之下,政府信息公开司法审查无疑是确保民主政治得以实现的重要因素之一。

---

[1] 萨孟武:《政治学与比较宪法》,商务印书馆2013年版,第72-75页。
[2] 叶必丰:《具体行政行为框架下的政府信息公开——基于已有争议的观察》,《中国法学》2009年第5期,第29-40页。
[3] 刘学军:《完善和发展中国特色社会主义民主政治制度》,载本书编写组:《关注全面深化改革热点——专家学者十二人谈》,中共党史出版社2014年版,第136-137页。

此外,政府信息公开诉讼制度还具有诉讼制度属性、救济制度属性以及民主政治制度属性〔1〕,而这几个制度则是民主政治的基础,特别是救济制度。民主政治必须建立在救济制度的基础上,没有救济制度,公民权利不保,何来民主政治呢?公民权利包括人身自由、政治自由、社会经济自由等,诸种权利和自由的实现都是民主政治的保障,特别是公民的六大政治自由,没有这些权利的保障,即没有公民的参政议政,则没有民主政治。而政府信息公开司法审查,直接保障了公民的知情权,间接保障了公民的参政议政权,进而推动了民主政治的发展。

四、政府信息公开司法审查的目的

目的是主体在认识客体的过程中,按照自己需要和对象固有属性预先设计,并以观念形态存在于主体头脑中的某种结果,它体现了对自身需要与客观对象之间的内在联系。〔2〕政府信息公开的目的具有特定性。根据《条例》第一条,关于立法目的的规定,之所以要制定该条例,将政府信息公开制度化,就是"为了保障公民、法人和其他组织依法获取政府信息,提高政府工作的透明度,建设法治政府,充分发挥政府信息对人民群众生产、生活和经济社会活动的服务作用"。由此,我们可以得知,实行政府信息公开制度有其特定的目的。据新《条例》第十九条至二十六条规定,为保障公民、法人、其他组织的知情权、参与权和监督权,提高政府工作透明度,对于某些特定案件,相关行政部门应当主动公开政府信息。因此,主动公开政府信息,是贯彻政府信息公开条例立法宗旨的体现,但实践中政府机关主动公开政府信息的落实程度仍显不足,以2016年山东非法疫苗案为例,山东非法疫苗事件经媒体3月份爆出后,迅速被推至舆论的风口浪尖,人们都在谴责倒卖者的黑心、批评医疗卫生制度的漏洞。整个疫苗事件,从破获到广泛公开历时近一年,一年对于这种比较紧急和重大的医疗卫生事故来说意味着什么?发现了大量非法疫苗流入社会,本应该及时将事件公布,提醒人们提高警惕,到正规场所注射

---

〔1〕梁玥:《政府信息公开诉讼研究》,山东人民出版社2013年版,第65-69页。
〔2〕李祖军:《民事诉讼目的论》,法律出版社2000年版,第10页。

疫苗。然而现实是人们对此毫不知情、毫无防备。不管出于什么原因,事实证明,对于严重危害公众利益的突发事故的信息延迟公开和模糊处理只能将恶果加重而非减轻。据新《条例》第十九条、二十条、二十三条、二十六条之规定可知[1],重大食药事故属于政府机关应当主动公开的事项,应当在《条例》规定的20个工作日内主动公开,但在案件破获当天及其后的20个工作日内,相关部门并未将信息公之于众。2015的案子为何等到2016才公布?问题疫苗最终流向了哪些医院?有哪些人已经接种了这些疫苗?接种后有没有不良反应?案件经媒体曝光后,江苏某高校法学院教授在自媒体上向国家卫健委、国家市场监督管理总局隔空喊话,要求相关部门就群众关心的问题公开信息,该教授表示:"我有可能接种到问题疫苗,因为我是去年它案发之前接种的。那么这种情况下,我站出来是理所当然的。无论是为我的私利,或者为我们国家今后强化疫苗的监管,完善我们的制度,我觉得都应该站出来。问题疫苗最后流入到哪些医疗机构?然后已经接种到哪些病人身上?如果有人注射了这些问题疫苗,国家卫健委还有(国家)食药监局有没有采取应对措施?"[2]此后,随着新闻热点的转移,要求信息公开的呼声再次淹没在嘈杂的尘事间。此次司法审查对知情权维护、行政权的监督目的并没有很好实现。因为接下来2017年的长春长生生物科技有限责任公司被曝25万余支销往山东省的吸附无细胞百白破联合疫苗效价不合格事件,再次给维护知情权的斗士们上了生动的一课。匪夷所思的是,半年多时间过去,已经销售出去的25万余支疫苗的流向及召回记录、是否对接种儿童造成不良影响等信息却仍不明朗。北京大学法学院副院长王锡锌认为,百白破疫苗事件涉及

---

[1]《中华人民共和国政府信息公开条例》第十九条:对涉及公众利益调整、需要公众广泛知晓或者需要公众参与决策的政府信息,行政机关应当主动公开。第二十条:行政机关应当依照本条例第十九条的规定,主动公开本行政机关的下列政府信息:(十一)扶贫、教育、医疗、社会保障、促进就业等方面的政策、措施及其实施情况;(十二)突发公共事件的应急预案、预警信息及应对情况;(十三)环境保护、公共卫生、安全生产、食品药品、产品质量的监督检查情况;第二十三条:行政机关应当建立健全政府信息发布机制,将主动公开的政府信息通过政府公报、政府网站或者其他互联网政务媒体、新闻发布会以及报刊、广播、电视等途径予以公开。第二十六条:属于主动公开范围的政府信息,应当自该政府信息形成或者变更之日起20个工作日内及时公开。法律、法规对政府信息公开的期限另有规定的,从其规定。

[2] 刘康亮:《南大法学教授要求国家部委公开"问题疫苗"的相关信息或提起行政诉讼》,载江苏新闻广播网文献库:http://www.vojs.cn/2014new/c/k/a/tw_content_378.shtml.,最后访问时间:2019年7月10日。

重大公共利益,上述信息都应公开,山东省相关部门半年多来没有公布任何事件调查进展的行为属于政府信息公开不完整、不充分、无时效性。[1] 如果相关信息不能及时公之于众,如果制度漏洞不能有效封堵,不管怎样向人们科普"疫苗是非常安全的生物制品""失效疫苗不等于毒疫苗",人们的恐慌情绪都不会真正得到平复。疫苗的诞生原本是人类在医学领域最伟大的成就,对预防疾病、保障健康的重大意义不可估量,如果越来越多的人因丧失对疫苗监管体系的信任而抵制和放弃疫苗接种,极有可能造成许多已被消灭的疾病死灰复燃,这不仅对个体家庭将是场严重灾难,对整个社会也会造成不可估量的损失。如果说现阶段我们还无法保证做到食药"零事故",那么至少及时迅捷的信息透明公开机制和成熟完善的纠错机制建立本身也能让人们免于恐慌的"疫苗"。[2] 为此,山东某高校法学院教授再次提起了政府信息公开的诉讼,以期推动信息公开的司法审查。

信息公开的延迟只是众多政府信息公开问题的表现之一,由"疫苗案"的发酵路径可见,假设没有媒体的揭露,这一案件的相关信息怎会一步步被深入公开?在没有成为"热点"的情况下,其信息的深入公开更是难上加难。而"信息公开"作为一项政府责任,知情权作为一项公民权利,其履责程度和权利的落实程度更应当在司法审查中去实现其目的;否则,当不幸发生,公众所失去的权利将永远比我们所能想到的多。

有学者认为:"政府信息公开是政府的义务,获取政府信息是民众的权利。政府信息公开的首要目的是保障民众的知情权,缺乏相应的权利救济机制将导致民众知情权得不到保障,政府信息公开的目的和功能也将难以实现。"[3] 文中尽管以研究政府信息公开救济的重要性为主,但也突显了政府信息公开的首要目的落脚于保障行政相对人的知情权,可见,行政相对人知情权的保障是政府信息公开的重要目的之一。该学者还指出:政府信息公开的目的是保障民众知情权,实现人民当家作主(人民主权)的终极目标,政府信息公开的

---

[1] 蒋琳:《百白破疫苗事件涉重大公共利益 为何半年来未按规定信息公开?》,载南方都市报文献库:http://www.sohu.com/a/242688955_161795,最后访问时间:2019年7月10日。

[2] 傅义洲:《信息公开才是消除恐慌的"疫苗"》,载中国政府网文献库:http://www.gov.cn/xinwen/2016-03/26/content_5058516.htm,最后访问时间:2019年7月10日。

[3] 王万华主编:《知情权与政府信息公开制度研究》,中国政法大学出版社2013年版,第225页。

客观功能具有监督政府、推进依法行政及信息对民众生产、生活和经济社会活动的服务作用。[1] 在此,该学者把政府信息公开的目的扩展到了实现人民当家作主的终极目标以及监督政府、推进依法行政和服务于民等等。还有学者认为,推行政府信息公开是保障公民知情权、参与权、监督权的重要举措。[2] 该学者从更加宽广的视野来审视政府信息公开的目的,即认为:政府信息公开不仅保障了公民的知情权,同时也保障了公民的监督权和参与权,通过政府信息公开,让公民得以知晓政府该做什么、不该做什么、什么做好了、什么没做好;通过政府信息公开,还可以让公民得以参与公共事务的决策与管理,充分发挥人民群众的智慧,实现人民当家作主的宏愿。周佑勇教授认为公民享有的行政参与权包括直接参与管理权、了解权、听证权、行政监督权、行政协助权。[3]

因此,从信息公开所追求和实现的功能来看,我国政府信息公开的目的还是显而易见的,即保障公民权利、监督限制政府权力,建设法治政府。而在司法审查中,正是由于政府信息公开的目的特定性,也将决定政府信息公开的司法审查也是为保障公民权利、监督限制政府权力,建设法治政府。

政府信息公开司法审查的目的是指在对政府信息公开司法审查制度进行构造时希望该制度的实施在社会生活中所产生的作用。正如德国法学家耶林所言:"目的是全部法律的创造者。每条法律规则的产生都源于一种目的,即一种实际的动机。"[4]政府信息公开司法审查的目的主要有三个,即救济知的权利、监督行政权力、解决行政争议,其中救济知的权利是最根本、最重要的目的。就我国现行的《行政诉讼法》所确立的诉讼类型而言,是以主观的抗告诉讼为核心,以客观的抗告为例外,没有当事人诉讼。由此可见,我国行政诉讼的目的是以救济权利为主[5],以监督行政为辅,但不具有解决争议

---

[1] 王万华主编:《知情权与政府信息公开制度研究》,中国政法大学出版社2013年版,第132页。

[2] 杨学山:《〈政府信息公开条例〉专题培训电视电话会上的辅导报告》,载辽宁省政务公开工作协调小组办公室编:《〈中华人民共和国政府信息公开条例〉学习读本》,辽宁人民出版社2007年版,第12页。

[3] 周佑勇:《公民行政法权利之宪政思考》,载《法制与社会发展》1998年第2期,第8-11页。

[4] [美]E.博登海默:《法理学——法哲学和法律方法》,邓正来译,中国政法大学出版社1999年版,第109页。

[5] 最高人民法院的司法判例也是证明了这一点,根据最高人民法院的解释:"现行行政诉讼法……总体坚持主观诉讼而非客观诉讼理念,行政诉讼首要以救济原告权利为目的。"参见刘广明与张家港市人民政府再审行政裁定书,最高人民法院(2017)最高法行申字第169号。

的目的。[1] 该结论从之前行政诉讼的宏观视角看是正确的，但具体到政府信息公开司法审查的目的上来，正是由于《条例》的修改，使得政府信息公开的权利中最为重要权利——知情权[2]作为一项独立权利的推进。正如学者所言，在知情权成为个人法定权利的今天，信息公开制度既有满足个人公开请求权的功能，也有服务于民主政治的公共职能，相应的行政诉讼也就具有了主观诉讼和客观诉讼的复合属性。[3] 这就实现了"知的需要"（need to know）到"知的权利"（right to know）的转型[4]，再加上实质性解决行政争议已成为法院系统近年来特别强调的一个命题，从而导致了政府信息公开司法审查目的是救济知的权利、监督行政权力、解决行政争议，而这三种目的势必将会以救济知情权优先，监督行政并存，解决争议成为应然的面貌存在。

（一）救济知的权利

在政府信息公开司法实践中，人民法院通过司法审查，可以切实地维护了公民知的权利。比如，河南省高级人民法院公布的 2015 年八大行政诉讼案例中，张冬亮等人诉开封市金明区人民政府行政信息公开一案就充分证明了政府信息公开司法审查权利救济的性质。基本案情如下：

2013 年 7 月 2 日，张冬亮等人向开封市金明区政府邮寄了政府信息公开申请表，申请公开对金明区西郊乡野厂、瞿家寨村集体土地进行征收的相关信息。金明区政府收到申请后，于 2013 年 7 月 11 日作出了《金明区政府政府信息公开补正申请告知书》（简称《告知书》），并邮寄给相关申请人。《告

---

〔1〕 赵清林：《类型化视野下行政诉讼目的新论》，载《当代法学》2017 年第 6 期，第 64-74 页。

〔2〕 知情权本身有广义和狭义之分。广义的知情权（或曰信息获取权）既包括基于主观性个体需要而获得的"被告知的权利"（right to be informed），也包括无需以主观性个体需要和利益诉求为前提的一般性客观权利。按照英国学者的理解，"信息自由法案"在这两种知情权的基础上都可以生成。狭义的知情权则强调公众对于信息获取具备"一般性""普适性""无限性"的权利基础，强调的是不以"特定主体""特定领域""特定需要"为限制的信息获取。2019 年《条例》的修改代表着朝向狭义的"知情权"体系建构的方向。

〔3〕 王贵松：《信息公开行政诉讼的诉的利益》，载《比较法研究》2017 年第 2 期，第 19-30 页。

〔4〕 "知的需要"以公众对信息的需求为前提，其与信息公开申请作为"主观性权利"和信息公开立法作为"主观法上的制度"一脉相承；"知的权利"则推定公众有知悉政府信息的一般性权利，任何人都有无需"自证其需要"而获取信息的权利。这样，信息不予公开的举证责任和证明义务均归属政府。政府信息公开立法在"知的需要"与"知的权利"间的冲突性选择主要反映在"自身特殊需要"条款中。参见蒋红珍：《面向"知情权"的主观权利客观化体系建构：解读〈政府信息公开条例〉修改》，载《行政法学研究》2019 年第 4 期，第 41-54 页。

知书》中载明,申请的第四项、第五项,因涉及村民利益,需要申请人提供该村村委会出具的是否本村村民的证明。相关部门还特别提醒:"请你们在收到本告知书后向我区补正相关证明,未补正的,视为放弃申请。"张冬亮等人于2013年7月20日向金明区政府邮寄了补正材料,但金明区政府却拒收了。张冬亮等人遂以政府不履行信息公开职责为由提起诉讼。

开封市中级人民法院审理认为,张冬亮等人向金明区政府提出申请后,根据金明区政府的要求邮寄补充材料,但金明区政府拒收,逾期不予答复,其行为构成不履行法定职责,故判决责令金明区政府于判决生效之日起十五日内对张冬亮信息公开的申请作出答复。一审判决生效后,双方当事人均未上诉。本案的典型意义在于:我国《政府信息公开条例》充分肯定了公民对政府工作的知情权,除法定的保密事项外,政府工作一律对公众公开。对公民的信息公开申请,应当及时答复。现实中,一些行政机关习惯于旧的工作模式,不愿意让群众知道行政机关的工作情况,对信息公开不积极,涉嫌侵犯了公民知的权利。本案中,政府拒收补充材料,逾期不予答复,该行为违反《政府信息公开条例》的相关规定,法院通过司法审查有力地监督了政府行为,为公民的知情权提供了法律保障。

从政府信息公开司法审查的设定目的上看,政府信息公开司法审查是为信息公开申请人提供权利保护的救济途径,在申请人的信息知情权受到或可能受到行政行为侵犯时,为申请人提供及时、有效的救济。由于行政行为具有先定效力,申请人在提起政府信息公开诉讼之前根本无法与政府机关抗衡。尽管行政救济途径在民主、法治国家通常都是多种多样的,政府信息公开司法审查只是其中的一种途径,但这种途径由于采用严格的司法程序,法律化、制度化程度最高,因此在整个行政法律救济机制中具有最为重要的地位,即没有政府信息公开司法审查,不公开政府信息等违法行政行为侵害公民知情权时,申请人的合法权益无法得到有效保障。政府信息公开司法审查的主要动因也就是申请人认为其知情权被行政主体的行政行为所侵害,向人民法院寻求法律救济的要求。如果申请人没有提出给予法律救济的要求,如果国家不在救济制度体系中以法律规定司法裁判为最终救济途径,就不可能有政府信息公开司法审查。《条例》第一条规定和《行政诉讼法》第二条规定,这两条是对《政府信息公开条例》及《行政诉讼法》立法宗旨的规定。从分类上看,在行政诉讼法的四个宗旨中,其最终目的是"保护公民、法人和其他组织的合法权益"。政府信息公开诉讼作为行政诉讼中的特殊类型,也是具备该基本宗旨的,同时,政府信息公开则要遵循"保障公民、法人和其他组织依法获取政府信息"之宗旨,综之,由于涉及公民的知情权,政府信息公开司法审查的最根本目的是具有救济知的权利。

公法上的知情权源自公民的参政权与监督权,已成为个人的实定法权利。维护这种权利的行政诉讼自然属于主观诉讼的一种;而知情权又是服务于参政议政、监督政府依法行政的公共利益,信息公开行政诉讼也就具有了客观诉讼的面向。[1] 2019年新《条例》删除了旧《条例》的"三需要"规定,进一步强调了政府信息"以公开为原则"的根本立足点。进而表现了政府信息公开的立法趋势由之前的偏"主观化"向客观化方向转移,将偏向主观性判断的"知的需要"扬弃,而强调"知的权利"。旧《条例》第十三条中关于"三需要"的规定实际上在司法实践中加大了申请人实现其知情权的难度,将申请人的诉求拒之门外。本次《条例》的修订对政府信息公开的范围及类型进行了细化、改造,使得政府信息公开的立法体系更加趋于规范化。可以说是以保障公民知情权为基础之主观权利客观化的改造。[2] 实际上,《条例》修订中体现出的政府信息公开的价值理念与政府信息公开司法审查的目的是一脉相承的。旧《条例》中"三需要"的规定为公民知情权的行使设置了巨大障碍。首先,旧《条例》第十三条规定"根据自身生产、生活、科研等特殊需求"为前置条件,其中"自身"表明申请人获取政府信息的目的必须是为了自己个人的需求,该规定就将政府信息公开申请权界定为一种"主观权利"[3],而非"客观法制度"[4]的范畴。因此,据此逻辑推论出,为了社会公共利益或他人权

---

[1] 私人申请政府信息公开,就是在行使自己受行政法规范保护的知情权;同时因知情权属于任何公民,且服务于不特定主体的利益,故而起诉人不必有特别的个人利益,只要提出了公开申请,就与信息公开行政决定建立起了"利害关系",即可具有提起行政诉讼的原告资格。参见王贵松:《信息公开行政诉讼的诉的利益》,载《比较法研究》2017年第2期,第19-30页。

[2] 蒋红珍:《面向"知情权"的主观权利客观化体系建构:解读〈政府信息公开条例〉修改》,载《行政法学研究》2019年第4期,第41-54页。

[3] 章剑生:《政府信息获取权及其限制——〈政府信息公开条例〉第十三条评析》,载《比较法研究》2017年第2期,第10-18页。

[4] 通过公开行政信息,使行政置于国民控制之下,以此实现公共利益的制度目标,即所谓的"客观法制度"的面向。有关政府信息公开立法在主观法制度和客观法制度的区分,参见朱芒:《开放型政府的法律理念和实践(下)——日本信息公开制度》,载《环球法律评论》2002年第4期,第466-476页。

益而申请政府信息公开的行为不属于政府信息公开的范围,显然这是由主观权利的请求权基础所决定的。接着,据以上主观权利的请求权基础,在政府信息公开司法审查中存在的不合理性就显而易见了。以举证责任分配为例,政府信息公开司法审查中关于"三需要"的举证责任规定与传统的行政诉讼举证责任模式是完全不同的。由于旧《条例》规定,申请政府信息公开需要满足"自身"需求,该规定表明申请人具有证明义务,此时由申请人对申请公开信息的需要性承担举证责任。若申请人没有提出足够的证据证明其对信息的需要性,其将承担举证不能的法律后果,即无法取得信息而无法实现其知情权的败诉结果。在针对"自身需求"举证时,司法实践中,行政相对人取证能力弱,常常面临举证不能的困境,从而导致其知情权的行使因"自身需要"的阻碍而最终落空。[1] 虽然新《条例》仍未对公民知情权保障作出明文规定,但从废除"三需要"规定等修改《条例》条款的背后可以看出,政府信息公开立法模式转向以保障申请人知情权为目的,相应地,政府信息公开司法审查的目的也要做出调整,即将救济公民"知的权利"作为其基本立场。

(二) 监督行政权力

由于行政权力具有自我膨胀的特征,若不对其加以控制,则很容易被滥用,从而侵害公民的权利。政府信息公开也不例外,当行政机关滥用权力不公开信息时,无疑会侵害到申请人的信息知情权。党的十八届四中全会《决定》对于行政权力监督列举了监督种类,即"加强党内监督、人大监督、民主监督、行政监督、司法监督、审计监督、社会监督、舆论监督制度建设"。在监督制度中,对行政权法治规制的最好武器则是司法监督。政府信息公开司法审查作为一项事后法治监督制度,是监督制度的重要组成部分,因此,建立政府信息公开司法审查制度的目的(宗旨)之一是"监督行政机关依法行使职权"。人民法院通过对政府信息公开案件的审查,发现被诉的行政行为具有

---

[1] 例如,"原告需举证说明其申请和诉讼是为了满足自身生产、生活、科研等特殊需要,否则将承担不利后果。"参见蔡仕杰诉被告瑞安市国土资源局其他政府信息公开案,浙江省瑞安市人民法院(2015)温瑞行初字第163号行政判决书。"没有合理说明申请获取的涉案信息系根据其自身生产、生活、科研等特殊需要。"参见黄允龙、宗祖海诉义乌市国土资源局、义乌市人民政府土地信息公开案,浙江省义乌市人民法院(2015)金义行初字第146号行政判决书。

违法情形时,可运用国家司法权分情况做出相应处理。[1] 依法对政府信息公开或不公开的合法性进行审查,体现了司法权对行政权的监督和制约,是行政法治监督的重要环节。有学者指出,监督行政权仅是客观抗告诉讼的目的[2],从而可以推导出政府信息公开司法审查不具有监督行政权的目的,但事实上,政府信息公开诉讼是兼具客观诉讼和主观诉讼之双重属性[3],因此并不能否定政府信息公开司法审查所具有的监督行政权之目的。

当行政机关对依法应当公开的政府信息拒绝或者部分拒绝公开的,法院应当撤销或者部分撤销被诉不予公开决定,并判决被告在一定期限内公开。尚需被告调查、裁量的,判决其在一定期限内重新答复。当行政机关提供的政府信息不符合申请人要求的内容或者法律、法规规定的适当形式的,人民法院应当判决行政机关按照申请人要求的内容或者法律、法规规定的适当形式提供。当行政机关依法应当更正而不更正与原告相关的政府信息记录的,人民法院应当判决行政机关在一定期限内更正。尚需被告调查、裁量的,判决其在一定期限内重新答复。由此可以看出,究其本质,政府信息公开司法审查对行政机关具有监督其行使行政权之目的,即通过司法审查,监督行政机关依法进行政府信息公开活动。

---

[1] 《最高人民法院关于审理政府信息公开行政案件若干问题的规定》第九条规定:被告对依法应当公开的政府信息拒绝或者部分拒绝公开的,人民法院应当撤销或者部分撤销被诉不予公开决定,并判决被告在一定期限内公开。尚需被告调查、裁量的,判决其在一定期限内重新答复。被告提供的政府信息不符合申请人要求的内容或者法律、法规规定的适当形式的,人民法院应当判决被告按照申请人要求的内容或者法律、法规规定的适当形式提供。人民法院经审理认为被告不予公开的政府信息内容可以作区分处理的,应当判决被告限期公开可以公开的内容。被告依法应当更正而不更正与原告相关的政府信息记录的,人民法院应当判决被告在一定期限内更正。尚需被告调查、裁量的,判决其在一定期限内重新答复。被告无权更正的,判决其转送有权更正的行政机关处理。

[2] 以当事人实体法地位是否平等或对等为标准,可将行政诉讼分为抗告诉讼与当事人诉讼两个类型;以原告起诉的目的为标准,可将行政诉讼分为主观诉讼与客观诉讼。赵清林教授认为,监督行政权仅是客观抗告诉讼的目的。参见赵清林:《类型化视野下行政诉讼目的新论》,载《当代法学》2017年第6期,第64-74页。

[3] 知情权属于个人的权利,保护这种权利就是保护个人的自身利益,这种行政诉讼就属于主观诉讼的范畴。而知情权又具有自由权和参政权的性质,服务于公民参政议政、监督政府依法行政的公共职能。在申请人不服行政机关的信息公开决定而提起行政诉讼时,这种行政诉讼就具有推进公正且民主的行政的功能,具有公益诉讼或客观诉讼的性质。参见王贵松:《信息公开行政诉讼的诉的利益》,载《比较法研究》2017年第2期,第19-30页。此外,关于政府信息公开诉讼兼具客观诉讼和主观诉讼之双重属性,还参见黄学贤、杨红:《政府信息公开诉讼理论研究与实践发展的学术梳理》,载《江苏社会科学》2018年第3期,第183-194页。

(三) 解决行政争议

转型社会是利益关系急剧分化的社会,意味着各种争议和矛盾的日益增加是不可避免的,因此,如果没有相应的制度机制来化解日益增多的争议与矛盾,必定会对社会的安宁与稳定造成威胁,从而阻碍和谐社会的实现。如何在转型时期争议激增的情形下实现社会和谐,是我国当前必须面对并予以解决的历史性课题。[1] 在政府信息公开领域中,政府信息公开司法审查制度正是通过妥善解决信息公开类争议来定分止争,达到解决涉及信息公开实质争议之目的,以此来积极回应构建和谐社会的要求。正如江必新大法官所强调的,行政诉讼的功能应当区分直接功能和间接功能、基本功能和衍生功能。解决行政争议应当属于直接功能和基本功能范畴。而保障当事人权益、监督行政机关的功能并非法院的独特功能,其他公权力机关也有该项功能,属于间接和衍生功能。[2] 政府信息公开的司法审查属于行政诉讼的范畴,因此,政府信息公开司法审查具备解决行政争议之功能是行政诉讼立法的应有之义。政府信息公开司法审查解决的是涉及政府信息公开案件的行政争议,这是政府信息公开司法审查区别于一般行政诉讼案件的重要特征之一。所谓"政府信息公开争议"是指行政主体在实施政府信息公开管理过程中与申请人之间发生的争议。政府信息公开司法审查的存在是以政府信息公开争议为前提的,没有申请人对公开或不公开行为的不服和向人民法院起诉,就不可能存在政府信息公开司法审查,政府信息公开司法审查的整个过程都是围绕解决政府信息公开争议进行的。从申请人起诉,人民法院开庭审理,到法院作出判决、裁定,政府信息公开争议进入法院和法院司法审查的全过程都是围绕解决涉及信息公开争议而开展的。申请人在与政府机关发生政府信息公开的纷争时诉诸法院,其目的在于期望人民法院提供司法救济以消除纷争。2014年之前的《行政诉讼法》并未将解决纷争作为行政诉讼法的立法目的,2014年修法时将"解决行政争议"作为立法目的之一,其宗旨是进一步强化行政诉讼化解行政争议的功能。对政府信息公开案件更是如此,面临

---

[1] 孟鸿志、王欢:《我国行政复议制度的功能定位与重构——基于法律文本的分析》,载《法学论坛》2008年第3期,第45—50页。

[2] 江必新:《完善行政诉讼制度的若干思考》,载《中国法学》2013年第1期,第5—20页。

当前政府信息公开案件不断增多,甚至出现'诉讼爆炸'的现状,更应以法治的方式解决政府信息公开争议,形成"运用法治思维和法治方式深化改革、推动发展、化解矛盾、维护稳定能力,努力推动形成办事依法、遇事找法、解决问题用法、化解矛盾靠法的良好法治环境,在法治轨道上推动各项工作"[1]。

(四)目的间的关系

正如马怀德教授所言:"行政诉讼目的是国家基于对行政诉讼固有属性的认识而预先设计的理想模式,因此国家设计行政诉讼目的的基本依据是行政诉讼的固有属性,即行政诉讼的内在性质。"[2]政府信息公开司法审查制度的构建也是如此,其目的的设计与安排应扎根于政府信息公开司法审查的性质,即政府信息公开司法审查的性质决定政府信息公开司法审查的目的。政府信息公开制度具有强调贯彻、落实行政相对人知情权保护的特殊性质,司法审查强调监督行政权力、指引诉讼程序顺利进行的性质,以上性质就决定了政府信息公开司法审查的三重目的:救济知的权利、监督行政权力、解决行政争议。政府信息公开司法审查的多元目的并非相互割裂、完全独立、彼此不相干的,事实上,各目的之间呈现的是区别和联系相结合的对立统一关系。

首先,三重目的使得政府信息公开司法审查的目的呈现多元性。救济知的权利、监督行政权力、解决行政争议,这三个目的富含不同的价值理念与目标选择。以解决行政争议之目的为例,当注重强调该目的时并不必然会凸显保障知的权利及监督行政权之目的。反之,加强对行政权的制约并不必然发挥保障当事人知情权的作用,或强调保障申请人知情权也并不必然起到监督、约束行政权的作用。这使得三重目的彼此具有相对独立性,即呈现出多元性的样态。

其次,政府信息公开司法审查的目的具有层次性。立法目的指导具体制度的设置,立法目的应有主次之分,否则在具体制度的选择上无法取舍,有时甚至出现矛盾的情况,使整部法律缺乏统领性的指导思想。[3]各种具体的

---

[1] 张烁:《2012年12月4日习近平总书记在首都各界纪念现行宪法公布施行30周年大会上的讲话》,载中国经济网文献库:http://www.ce.cn/xwzx/gnsz/szyw/201212/05/t20121205_23908571.shtml,最后访问时间:2019年7月20日。

[2] 马怀德:《行政诉讼原理》,法律出版社2003年版,第66页。

[3] 孔繁华:《从性质看我国行政诉讼立法目的之定位》,载《河北法学》2007年第6期,第135-139页。

立法目的一般是由立法的总体目的派生的,要求体现服从并服务于立法总目的。下一层次的立法目的也可视为实现上一层次立法目的的手段。[1] 在政府信息公开司法审查的目的中,解决行政争议是政府信息公开司法审查最基础性、最初级的目的,属于最低层次的位阶;相较于刑事诉讼、民事诉讼而言,监督行政权力则是行政诉讼特有的目的,是彰显行政诉讼特性及本质的目的,该目的属于第二层位阶;保障知的权利则是政府信息公开司法审查的终极目的,也是政府信息公开司法审查独有的目的,属于第一位阶。总体看来,三重目的层次分明、步步递进,解决行政争议及监督行政权的目的在完成自身价值实现的过程中也起着保障第一位阶目的顺利实现的作用。

此外,由于价值理念的不同,三重目的间存在着一定程度的区别,但三重目的间也具有相互关联性,共同组成了有机统一的政府信息公开司法审查目的体系。解决行政争议是保障申请人信息知情权及制约行政权力的根基。虽然政府信息公开争议解决后并不必然可以起到保障知情权、监督行政权的作用;但从另一个侧面看,若申请人和行政机关之间存在的争议一直处于对抗、争执、未决的状态,此时保障申请人信息知情权及制约行政权的目的是很难顺利实现的。由此可以看出,解决行政争议的目的促进着保障申请人信息知情权及监督行政权力目的之实现,是另外两个目的实现的必要条件。相应地,若实体上监督行政权、保障申请人知情权的目的已经顺利达到了,申请人和行政机关之间的争执、对抗的情况已经消除,则政府信息公开争议也就得以解决了。监督、制约行政权是司法审查的本质特征,其是手段及目的的统一体。同时,监督行政权和保障知情权目的具有同质性,即最终目的归根结底还是为了保障行政相对人的信息知情权。

在三角形结构形态下原告、被告、法院三者都有可能成为结构的顶端,关键就是看制度设计者的价值追求。以保障公民的正当权益为目的,原告就应当处于结构的顶端,结构的功能就应当满足于保障原告的权益;以维护行政机关依法行使职权为目的,行政机关就应当是结构的顶端,结构就应当按照满足维护行政机关行使职权的功能进行设计;而为了保证人民法院正确及时审理行政案件,法院就是结构的顶端,行政诉讼结构就应当以保障审判权顺

---

[1] 郭道晖:《论立法的目的》,载《浙江大学法律评论》2002年第2期,第127-133页。

利实现为目的。[1] 结合上述分析论证,针对政府信息公开司法审查以保障知情权为结构顶端的多元目的观,是呈现出多元性、层次性、联系性的一种科学目的观。"信息公开制度具有公共性,这决定着信息公开行政诉讼在构造上应有别于一般行政诉讼制度……信息公开诉讼的特殊性就在于其复合属性,即兼具主观诉讼与客观诉讼的属性。"[2] 主张以保障知情权为结构顶端主要是由于政府信息公开司法审查相较于普通行政诉讼具有显著的特殊性而决定的。同时,由于信息公开制度的特殊性,更应当客观、谨慎、辩证地来构建正当化、合理化的目的体系结构。一方面,信息公开司法审查的每一个目的价值不得随意弃之而不用,应当看到各目的之间的有机联系成分,防止面临"一元目的"单独作战的困境,从而影响到根本目的的实现及整个政府信息公开司法审查程序灵活而顺利的运转。在实践中,原有的行政行为司法审查过于强调平衡司法权和行政权关系的"一元目的",那么在信息公开司法审查中就更应当突出解决行政争议和保障知情权,才能实现多重目的。另一方面,虽然政府信息公开司法审查兼具多重目的,但在处理具体案件时,还是要各有侧重的,若是原告诉讼请求重点是自身合法权益受到侵害,那么争议实质性解决就是需要重点把握的。而一旦原告的诉讼请求的公益性稍有显现,正如疫苗案中提出信息公开案件的诉讼请求,就更应当理直气壮地将保障知情权目的突出,因为其他目的要素都不能够和作为最高层级、最顶端的目的(救济知的权利)等量齐观,只有保障行政相对人合法、合理的信息知情权才是政府信息公开司法审查的最终追求目标,只有以此为目的开展信息公开司法审查的具体制度构建才可实实在在地保障公民、法人、其他组织在其知情权受到行政机关非法侵害时可以得到及时、有效的救济。所以,目的构建中应该加强突出救济知的权利的特殊性、重要性,避免在之后具体司法审查制度设计、优化的过程中面临本末倒置的风险。

---

[1] 谭宗泽:《行政诉讼目的新论——以行政诉讼结构转换为维度》,载《现代法学》2010年第4期,第50-56页。

[2] 在知情权成为个人法定权利的今天,知情权的特别之处在于,它不是服务于个人的利益,而是服务于参政议政、监督依法行政的公共利益的。信息公开制度既有满足个人公开请求权的功能,也有服务于民主政治的公共职能,相应的行政诉讼也就具有了主观诉讼和客观诉讼的复合属性。王贵松:《信息公开行政诉讼的诉的利益》,载《比较法研究》2017年第2期,第19-30页。

第二章　政府信息公开司法审查的特点和突出难题

自从 2004 年上海市民董铭首诉政府信息不公开案被公开报道后,我国政府信息公开的司法审查的实践就在探索中前行。《条例》的颁布实施更是为政府信息公开的司法审查奠定了坚实的基础。但这毕竟是一项全新的制度,需要一个长期实践、不断发展的过程。由于政府信息公开案件与传统行政案件相比,有自身的特点,再加上《条例》的一些规定过于抽象、弹性较大,所以必须在总结以往案例的基础上,分析出基本特点,提炼出司法审查各个阶段的难题,以便为政府信息公开的司法审查铺平道路。

第一节　政府信息公开司法审查的基本特点

通过对 2014 年最高人民法院发布了政府信息公开十大案例的深入分析,以及同年江苏 726 件一审政府信息公开案件的行政案件的统计分析,再加上利用 Alpha 案例库搜索出的 29 462 件[1]全国政府信息公开的一审行政案件的可视化分析,可以看出三个明显的特点。

一、个案标的额低与滥诉数量高发

无论从最高人民法院发布的十大案例,还是江苏的 726 件一审行政案件

---

[1] 通过 Alpha 案例库搜索出的 29 462 件全国政府信息公开的一审行政案件,其时间范围是以 2012 年 1 月 1 日为统计起始日期,2019 年 6 月 3 日为统计截止日期。

的中都难觅有标的额的诉求。即使对29 462件全国政府信息公开的一审行政案件的标的额进行可视化分析,显示标的额的案件也才占到全国总数的0.15%,其中为50万元以下的案件数量有38件,50万元至100万元的案件有5件,100万元至500万元的案件有1件(见图2.1)。这样的现象表面上让人不解,其实是当事人的诉求在政府信息公开案件中除了满足知情权之外明显被隐藏了。"陆红霞诉南通市发展和改革委员会"以及从Alpha案例库对原告方当事人进行可视化分析就很明显地说明了这一点。与其他行政案件不同,少数政府信息公开案件原告会有令人惊讶的动力提起超出常人的诉讼数量(见图2.2),相关政府信息公开的本身往往并不是原告提起诉讼的最终目的,当事人暗潮汹涌的实体权益诉求潜伏在了知情权大旗之下,在其滥诉的背后,真实诉求不是为了其他诉讼寻求相关证据,就是借政府信息公开诉讼向行政机关施加一定的压力,以此促使行政机关解决当事人的其他问题。

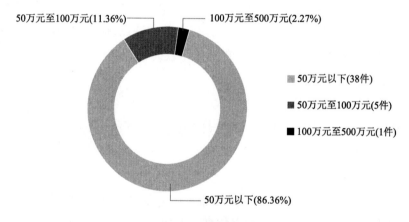

图2.1 标的额分析

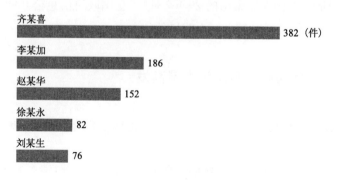

图2.2 原告方分析

二、涉及领域和分布地域相对集中

从江苏的 726 件政府信息公开行政案件中当事人所申请公开的信息类别来看,涉及国土、建设、房屋、规划、公安、物价、环保、工商、社会保障等诸多行政领域。但相对而言,当事人所申请公开的信息涉及城市房屋拆迁、农村集体土地征收的案件数量占所有政府信息公开行政案件总数的 75% 左右,相应的,政府信息公开行政案件中的被告也明显集中在国土、建设以及规划等部门。从最高人民法院发布的十大案例来看,当事人所申请公开的信息涉及国土资源管理局和房产管理局为 6 件(见表 2.1),占比为 60%。从 Alpha 案例库对被告方当事人进行可视化分析,可以看出除了地方政府外,当事人所申请公开的信息所涉及的前五位还是突出表现在国土、建设等部门(见图 2.3)。显而易见的是,这些领域都和人民群众现实经济利益密切相关。

表 2.1 十件案例的司法审查的裁判结果

序号	十大案例名称	裁判结果
1	余穗珠诉海南省三亚市国土环境资源局案	判决撤销被告《政府信息部分公开告知书》中关于不予公开部分的第二项答复内容,限其依法按程序进行审查后重新作出答复。
2	奚明强诉中华人民共和国公安部案	判决驳回上诉,维持一审判决
3	王宗利诉天津市和平区房地产管理局案	判决撤销被诉《涉及第三方权益告知书》,并要求和平区房管局在判决生效后 30 日内,重新作出政府信息公开答复。
4	杨政权诉山东省肥城市房产管理局案	判决撤销一审判决和被诉答复,责令被告自本判决发生法律效力之日起 15 个工作日内对杨政权的申请重新作出书面答复。
5	姚新金、刘天水诉福建省永泰县国土资源局案	判决撤销一审判决,责令永泰县国土资源局限期向姚新金、刘天水公开"一书四方案"。
6	张宏军诉江苏省如皋市物价局案	判决被告于本判决生效之日起 15 个工作日内向原告公开"皋价发〔2009〕28 号"文件的附件一(2)。
7	彭志林诉湖南省长沙县国土资源局案	判决撤销被诉答复,责令被告 30 个工作日内重新予以答复。

(续表)

序号	十大案例名称	裁判结果
8	钱群伟诉浙江省慈溪市掌起镇人民政府案	判决撤销被告慈溪市掌起镇人民政府作出的政府信息公开答复;责令其在判决生效之日起 30 日内对钱群伟提出的政府信息公开申请重新作出处理。
9	张良诉上海市规划和国土资源管理局案	判决撤销被诉政府信息公开答复,责令被告重新作出答复。
10	如果爱婚姻服务有限公司诉中华人民共和国民政部案	判决撤销民政部所作《政府信息告知书》,并判决民政部应于本判决生效之日起 60 日内针对如果爱公司的政府信息公开申请重新作出具体行政行为。

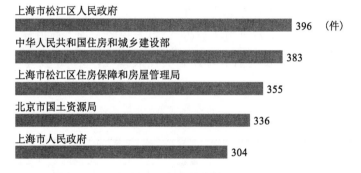

图 2.3 被告方分析

在地域分布方面,江苏的 726 件一审政府信息公开的行政案件主要集中在南通、南京、苏州,3 个设区市收案数量占到全省收案总数的 59.50%。而十大案例由于要照顾方方面面,所以散布在北京市、天津市、山东省、上海市、江苏省、浙江省、湖南省、福建省、海南省等 9 个省市,但还是集中在经济发达地区。Alpha 案例库地域分析可视化(柱图)默认对地域分布的前五名进行排名,行政案件一审收案排名前五位分别为湖南省、四川省、安徽省、河南省、江苏省,而政府信息公开一审收案排名前五位的省市是北京市、上海市、江苏省、四川省、河南省(见图 2.4),如果说前五位还有交叉的话,那么把一审收案的视角定格在前三位就不难看出,行政案件一审收案排名前三位分别为湖南省、四川省、安徽省,政府信息公开一审收案前三位的省市是北京市、上海市、江苏省,由此可见政府信息公开行政案件相比总体上的行政案件更为集中在经济发达地区。

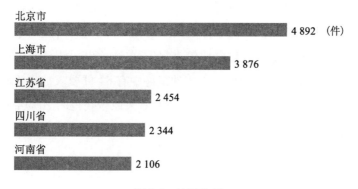

图 2.4 地域分析

三、司法权行使结果过于保持克制

在对 29 462 件全国政府信息公开的一审行政案件判决结果分析可以看出,原告全部或部分获得支持的有 6 737 件,占比为 22.81%(见图 2.5)。大致相当的情况也出现在 2014 年江苏省政府信息公开 726 件一审案件中,全部或部分支持的有 143 件,占比为 19.70%。而在这 20% 左右原告获得全部或部分支持的判决结果中,重新审查答复的情况比比皆是。非常典型的是最高院发布的十大案例的司法审查的裁判结果,除了有 1 件判决驳回诉讼请求外,剩下判决被告败诉的 9 件,其中有 7 件的判决结果均明确要求被告重新

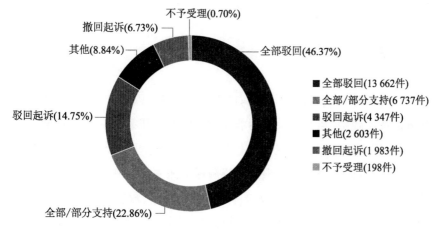

图 2.5 一审裁判结果分析

审查答复,是否公开以及公开范围由被告自行认定(表2.1)。这种人民法院在政府信息公开案件司法审查中体现出来的相对谦抑精神,说明了在司法审查的过程中司法权对行政权监督比较克制,不单纯地以司法认定代替行政判断。江苏省一审案件被告败诉的143件案件中有54件要求被告重新审查答复的判决结果也很好地说明了这一点,由此看来原告获得的20%左右的蛋糕又眼睁睁地被划走了不小的一块。

第二节 政府信息公开司法审查的突出问题

政府信息公开行政案件的上述基本特点反映出政府信息公开行政争议所隐含的社会冲突在特定范围内日益显现,当冲突在政府层面得不到有效化解而被引入到司法审查范围时,在司法审查各个环节不可避免会涌现相关问题。政府信息公开行政案件的司法审查在立案阶段表现为滥诉标准确定难,审理阶段表现为审理规则掌握难,裁判阶段表现为争议实质性解决难以及信息公开推进难。而一般行政行为司法审查把诉讼目的相对集中在监督行政权这一行政诉讼特有目的上,在解决纠纷和权益保障方面则是有所缺失的。如果仍将政府信息公开司法审查停留于一般行政行为司法审查,那么人民法院面对政府信息公开行政案件的司法审查难题时,就会更加棘手。

一、滥诉标准确定难

为充分保障行政相对人知情权的实现,《条例》以公开为常态,以不公开为例外。在实践中,当当事人的诉求在政府信息公开案件中除了满足知情权之外明显被隐藏时,就会出现个别行政相对人短时间频繁、大量地申请政府信息公开,导致面向公众的有限行政资源深陷泥潭。同时也要看到滥诉对个案来说是个浪费行政和司法资源的行为,但客观上,放在宏观层面考虑也不失为推动整体政府信息公开的一个强有力的助推器。为此,针对滥诉的规制必须要有,但也一定要在实现政府信息公开司法审查的最高层级的诉讼目的——保障知情权的情况下谨慎适用。修订后的《条例》赋予了行政机关规制的手段,分别在三十五条和四十二条予以明确。一是不予处理,这种情形是在认为申请人申请公开政府信息的数量、频次明显超过合理范围时提出的说明理由不合理下对应的处理方式;二是延迟答复,这种情形是在认为申请人提出的理由合理,但无法在规定的期限内答复,对应的处理方式;三是收取费用,这种情形是在认为申请人申请公开政府信息的数量、频次明显超过合理范围时就可采用这种方式。

在行政相对人的利益需求得不到满足后,行政诉讼在所难免,行政相对人转身变成的原告扛着知情权的旗帜,夹带着或明或暗的以经济利益为主的权益诉求要求法院作出司法审查。如果这样的司法审查被一而再,再而三地启动,司法资源也将和深陷泥潭的行政资源一样不敷使用,那么在以往行政机关没有认定滥用知情权的手段下对滥诉的司法审查是否继续有借鉴意义,以及行政机关在认定滥用知情权的行政手段下如何对滥诉的司法审查?因此亟须确定一个相对具体的评判标准,从而在知情权保障和滥诉规则实践中准确把握尺度,使得认定标准成为一条挣脱泥潭的结实缆绳。

在政府信息公开司法审查实践中,"陆红霞诉南通市发展和改革委员会政府信息公开答复案"(以下简称"陆案")成为最高人民法院发布的关于政府信息公开诉讼滥诉的经典案例,被收录于2015年第11期《最高人民法院公报》中。在陆案中,针对陆红霞提起的行政诉讼,法院以滥用诉权为由,裁定驳回其起诉。针对法院的裁判理由,学界和实务界一时争议迭起,难定于一尊。

在陆案中,法院在裁判理由中多次提到诉权、滥诉等概念,但始终未能对诉权及滥诉的概念及其构成要件作出必要的阐述,导致了其判决书中所涉及的诸如"诉的利益""诉的目的""诉讼诚信""诉的必要性"和"诉的正当性"等概念及概念之间逻辑关系相当杂乱,难以让人信服。

二、审理规则掌握难

根据《条例》的规定,从申请人申请公开政府信息开始,到行政机关最终公开相关信息,行政机关要依次对以下事项进行审查:申请人的申请在形式上是否符合要求,申请人申请公开的是否属于政府信息、本机关是否存在此类政府信息,此类政府信息是否应当由本机关公开,此类信息是否涉及国家秘密、商业秘密或个人隐私,公布该信息是否会影响到"三安全一稳定"。行政机关只有对上述事项进行依次审查,在申请人的申请符合上述条件的前提下,才能公开相关的政府信息。换言之,上述的审查事项都可以构成拒绝申请人政府信息公开申请的法定事由。行政机关的审查顺序对法院的审理和裁判将会产生重大影响。虽然政府信息公开的司法审查的审理过程中,人民法院应当对被诉行政行为的合法性进行全面审查,不受原告诉讼请求和诉讼理由的限制;但行政诉讼"审被告"的特点,决定了诉讼过程中的司法审查将主要围绕被诉行政行为的合法性进行审查。行政机关作出行政行为具有相应的顺序,法院的司法审查同样也要受这种顺序的影响。例如法院认为行政机关拒绝公开相关信息的理由不能成立,由于行政机关未对公开特定信息的后续条件进行审查并作出是否符合公开条件的判断,且司法审查的过程中司法权对行政权监督比较克制,不单纯地以司法认定代替行政判断,法院一般也不宜在审理过程中直接认定申请人的申请是否符合后续的审查条件。

除此之外,政府信息公开行政案件具有许多不同于传统行政案件的特点:在司法审查过程中,既要对被诉行政作为或不作为进行合法性审查,又要对相关政府信息是否应予公开进行合法性审查;既要保障审理程序的公开、公正和各方当事人平等行使诉讼权利,也要防止在诉讼程序中变相公开一些不应公开的政府信息;既要对原告关于政府信息公开方面较少标的额诉求进行裁判,又要对随后而来的涉及相当大的实际利益的相关诉讼进行预估,等等。而现行的行政审判规则着重调整的是行政权和司法权之间的关系,诉讼目的过于集中在监督行政权上,如套用一般的行政行为的司法审查的审理规则,极有可能导致不能很好适应政府信息公开行政案件审理的实践需要。

具体到对政府信息公开司法审查的审理阶段,在其审判模式遵循一般审判规律的前提下,还具有许多自身的特点。在审查原则、庭审方式、主张责任、举证责任、证据采信,以及证明标准等方面与传统的行政审判不尽相同。例如,对于涉及国家秘密、商业秘密和个人隐私的案件,就不能按照一般程序质证、认证。目前,诉行政机关拒绝公开政府信息行政案件在涉及政府信息公开的各类行政案件中所占比重最大。这里所指的被告拒绝公开包括被告对申请人的政府信息公开申请不予理会,以及被告以作为的方式明确拒绝申请人的申请。由于其具有很强的专业性,且很多方面尚未形成定论,这也给政府信息公开行政案件的审理带来影响,而冲突最为集中是两方面就是在审理阶段中利益平衡把握和举证责任分配。这在现行《行政诉讼法》及其司法解释的框架内是无法解决的,还需要在司法审查中进行进一步的实践探索。

三、争议实质性解决难

在很多政府信息公开案件中,特别是涉及领域和分布地域相对集中的国土、建设以及规划等部门的案件,原告获取政府信息往往并非诉讼的最终目的,而是其为实现其他诉求的准备或手段,因此如果他的知情权都得不到有效保障的话,原告的深层次的诉求就更无从谈起了。而且即使原告在司法判决中获得支持,但后续的保障措施没有及时有效跟上,那带来的结果是对被告信息公开行为进一步的监督和引导的缺失,信息仍然不公开或部分不公开将成为惯例。这也就可能使得双方陷入循环往复的司法审查中,既不利于保障当事人合法权益,也不利于对信息公开的引导,更不利于争议的实质性解决,进而导致政府信息公开审查的诉讼目的无法有效实现。

如上文所述,政府信息公开诉讼案件中,司法权行使结果过于保持克制,究其原因,很大程度上是由于权力的谦抑原则在司法审查中运行导致的。权力的谦抑原则是指国家公权力,特别是司法权行使时需尽量保持克制。克制针对两方面的内容:在涉及其他公权力时要避免权力之间发生冲突;在面对公民权利时要尊重权利自治,避免过度干预。[1] 可见权力的谦抑包含两个层面的内容,一是对其他国家权力的谦抑,二是对公民权利的谦抑。并不是所有的权力都要遵循谦抑原则,典型的具有谦抑性的权力为司法权,谦抑性被称为司法权的美德。司法权的谦抑性是由其既无强制,又无意志的特点决定的。[2] 而其他权力,如行政机关的权力在解决环境问题等具有综合性、多

---

[1] 程晓璐:《检察机关诉讼监督的谦抑性》,载《国家检察官学院学报》2012年第2期,第50-56页。

[2] 吴天昊:《司法谦抑:司法权威的道德基础》,载《上海行政学院学报》2007年第1期,第98-104页。

样性、复杂性、不确定性和动态性的社会公共问题时,具有灵活、积极、效率及专业等特征。因而司法机关只有自制与自律才能受到其他部门的尊重。司法权的谦抑固然是美德,但受我国传统行政诉讼"重权力监督、轻权利救济"目标定位和价值取向的影响,我国采取严格的合法性审查作为行政诉讼的审理对象,旨在通过对行政权的监督来保障合法权益,而不是通过解决争议来真正实现合法权益的保障。反观之前的司法实践,在政府信息公开司法审查中,裁判者并未将公民的知情权保障作为主导,更不利的是,保持司法权谦抑的同时,还是完全套用行政诉讼的老套路。概言之,忽视了以实质性解决为基础目的,使得公民知的权利之实现变得难上加难。

第三章　政府信息公开司法审查的起诉规则

在将政府信息公开纳入司法审查视野中,首要环节就是立案庭对案件是否符合起诉条件的审查,而起诉条件涉及诉讼主体资格问题,即谁可以成为政府信息公开诉讼中的原告和被告,以及案件的起诉期限和受理范围是什么,等等。这些都是立案庭在司法审查过程中要审查的起诉条件。在司法实践中,起诉期限很少出现争议,所以对受理环节中的原告资格、被告资格以及受案范围进行探讨。此外,还针对第二章司法实践中比较突出的滥诉问题进行分析研究。

第一节　政府信息公开司法审查的原告制度

在政府信息公开司法实践中,有这样一个案例,将政府信息公开之诉的主体资格问题的冰山一角展现在我们面前,即:吴某是一名执业律师,2012年10月,吴某受河南省长葛市某村村民孙某、孙某某委托,持委托书到长葛市某政府职能部门申请公开该村民所在组集体土地被征收的相关资料,但几次均未得到结果。2013年1月,吴某以自己的名义作为原告向长葛市人民法院提起了行政诉讼,要求判令被告长葛市某政府职能部门向其公开该村民组集体土地被征收的相关资料。2013年4月15日,河南省长葛市人民法院作出裁定,认为原告吴某作为诉讼主体提起行政诉讼不符合法律规定,驳回原告起诉。[1]

---

[1] 申凤香、薛云霞:《申请政府信息公开无限制　诉讼主体资格需斟酌》,载中国法院网:http://www.chinacourt.org/article/detail/2013/04/id/948619.shtml.,最后访问时间2019年5月1日。

那么,政府信息公开之诉中,谁才能够取得原告资格、引起行政诉讼法律关系,并可向人民法院提请司法审查?哪个行政主体才是适格的诉讼主体?国外有没有相关可借鉴的制度和经验?

一、原告的资格条件

在承认政府信息公开行为具有可诉性的前提下,才能研究政府信息公开诉讼中原告的资格条件。具体而言,原告的资格条件具体包括以下一些内容:

首先,是与政府信息公开工作相关的公民、法人或者其他组织。行政诉讼的主体资格与行政服务法律关系中的主体相对应,只有与政府信息公开工作相关的主体才有可能是政府信息公开司法审查中的原告,否则因为与行政主体产生的是不同的行政法律关系而是另一类型行政诉讼中的原告。换言之,原告应当是政府信息公开工作中的行政相对人。另外,根据新《行政诉讼法》第二十五条、《条例》第五十一条规定,与政府信息公开有利害关系的、认为政府信息公开行为侵害了其合法权益的个人或组织,也具备原告资格。在司法实践中,随着政府信息公开条例的实施,在依申请公开政府信息行为的司法实践中,已不再要求申请人具备与请求公开的信息有利害关系,即任何人申请行政机关公开政府信息遭到拒绝,都可以作为原告。上文案例中吴某以自己的名义作为原告,实质上是在其不是行政管理关系中的相对人的情况下,自行启动政府信息公开的行政诉讼程序,完全割裂了行政诉讼的主体资格与行政服务法律关系中的主体相对应的法律关系,因此吴某不是政府信息公开行政诉讼中的适格原告。当然如果随着公益诉讼在立法上的突破,在对主动公开的信息起诉中原告的资格进一步放宽的前提下,吴某倒是可以不先向行政机关申请获取相关政府信息,就直接提起诉讼。而在目前的情况下,吴某还是要先依申请成为行政管理关系中的相对人,申请遭拒时再提起诉讼。

其次,政府信息公开之诉中的原告必须是认为行政主体在信息公开工作中侵犯了其合法权益。正如后文详细提及的原告的权利所述,"合法权益是指宪法、法律、法规、规章规定的权利和利益"[1],包括"行政相对人根据法律规定已经获得的或可能获得的权利和利益,包括财产利益和精神利益"[2]。综合而言,合法权益是指法律所确定和保护的权利和利益,这里所指的法律当然是广义上的法律,包括宪法、法律、行政法规直至其他规范性文件;权利当然是指法律所确认的权利,利益则是依法已经获得或可能获得的利益,包括物质利益和精神利益。[3] 如果行政相对人的这些权利和利益被政府信息公开行为所侵犯,则可以原告身份依法提起行政诉讼。

最后,上述行政相对人或利害关系人必须向有关的辖区法院提起行政诉讼,方可成为政府信息公开诉讼中的原告。根据对新《条例》五十一条的理解,如果行政相对人或者利害关系人认为行政机关没有履行《条例》规定的义务,可以向上一级行政机关或者政府信息公开主管部门投诉、举报;如果认为行政机关信息公开的行为侵犯了其合法权益,相对人可以通过行政复议或行政诉讼来维护自身合法权益。这里规定了不同的救济途径,如果行政相对人或者利害关系人所选择的救济途径不同,其主体地位当然就不一样,所以,相关主体必须向管辖法院提起行政诉讼,方可成为政府信息公开之诉中的原告。

二、原告的范围类型

政府信息公开之诉的原告范围,其理论源自行政诉讼原告的范围,因此,探讨一下行政诉讼原告的范围,对于确定政府信息公开之诉原告的范围是很有必要的。按照学界的通说,"原告有下列类型:第一,公民;第二,法人;第三,其他组织"[4],即认为我国行政诉讼原告类型基本就这几类了。但国外

---

[1] 黄思铭主编:《中华人民共和国政府信息公开条例概论》,中国法制出版社2008年版,第111页。

[2] 杜睿哲主编:《行政法与行政诉讼法》,华中科技大学出版社2013年版,第397页。

[3] See State Council, Urgent Notification by the State Council on Enforcing More Rigorous Management over Land Requisitions and Demolitions and Relocations and Conscientiously Safeguarding the Legitimate Rights and Interests of the General Public, Chinese Law & Government, 2011, Vol.44(1), pp.34-38.

[4] 叶必丰主编:《行政法与行政诉讼法》,中国人民大学出版社2011年版,第264页。同样的论述还可见于更多学者编撰的著作中,如叶群声主编:《行政法律原理与实务》,中国政法大学出版社2013年版,第174-176页。

行政诉讼原告的规定则相对比较复杂,如有学者指出:"行政诉讼原告的范围,在国际上有宽有狭,因国而异。在英国,司法审查原告的范围很广,包括英王、检察官、地方政府和公民,而公民则必须限于对申诉事项'具有足够的利益'。在美国,提请司法复审的原告范围有扩大趋势,原来的'明显当事人'已由'利害关系当事人'所代替。前南斯拉夫的行政诉讼法允许公民、法人、国家机关、公设律师、社会自治律师、工会以及其他没有法人资格的社会组织作为原告起诉。如果违法的行政决定侵犯了国家利益和社会公共利益,检察机关和法律授权的国家机关有权作为原告向法院提起行政诉讼。"[1]可见,国外行政诉原告类型是比较复杂多样的,不仅仅有行政相对人,还有检察院和特别的国家机关可以提起公益行政诉讼。

1989年《行政诉讼法》生效之后,最高人民法院颁布《关于执行〈中华人民共和国行政诉讼法〉若干问题的解释》,其中第十二条的规定扩大了我国行政诉讼原告范围,即把原来行政诉讼原告仅限于行政相对人扩大到与"与具体行政行为有利害关系的公民、法人或者其他组织",这对于政府信息公开之诉原告类型的确定有积极意义,在很大程度上保障了与政府信息公开行为密切相关的权利人,比如被披露信息的公民、法人和其他组织。

(一) 根据法律地位划分的原告类型

根据《行政诉讼法》以及《条例》中关于原告的规定,政府信息公开之诉的原告可以分为两大类型:一是认为行政机关在政府信息公开工作中侵犯其合法权益的行政相对人,二是与政府信息公开行为有利害关系的人。美国《信息自由法》同样也规定:"政府信息公开诉讼的原告资格分两种情形:一种是依职权公开的文件,即对于应该在《联邦公报》上公布的文件和行政机关应该通过其他方式主动公开的文件,行政机关违反《信息自由法》的规定没有公开,公众在申请公开这些文件发生争议而起诉时,原告限制于受到不利影响的人;另一种是依申请公开的文件,即对于依申请公开文件而提起诉讼的,原告资格没有限制。甚至一个在美国的不合法的外国人也可以起诉。"[2]据此分类,美国政府信息公开诉讼的原告分为因主动公开而诉的原告和因申请

---

[1] 张焕光、胡建淼:《行政法学原理》,劳动人事出版社1989年版,第547-548页。
[2] 杨建生:《美国政府信息公开司法审查研究》,法律出版社2014年版,第51-52页。

公开而诉的原告两种,跟我国的分类方法有所不同。

与我国分类方法基本相同的有韩国《关于公共机关信息公开的法律》和日本《行政机关拥有信息公开法》的相关规定,两国的法律都规定了申请政府信息公开的申请人和被公开信息的第三人均享有提起行政诉讼的权利,即行政相对人和第三人都可作为原告。

在我国政府信息公开之诉的原告中,第一类原告是作为政府信息公开行为的行政相对人,即是向行政主体申请政府信息公开的行政相对人,包括公民、法人和其他组织。问题在于,谁才能成为政府信息公开活动的申请人?修订前的《条例》第十三条规定,公民、法人或者其他组织还可以根据自身生活、生产、科研等特殊需要,向国务院部门、地方各级人民政府及县级以上地方人民政府部门申请获取相关政府信息。反之,如果申请人申请公开与本人生产、生活、科研等需要无关的政府信息,行政主体可以不予提供,即其不能成为申请被公开的适格主体,同时申请人也不能成为适格的申请人,故而不能成为原告。尽管申请人认为行政主体认定其不是适格申请人侵犯了其合法权益而诉至法院,此时其可以成为形式上的原告,但也不能成为实质意义上的原告,对此在司法实践中多有争议。而在理论上,有学者认为:"任何公民无论基于何种原因,更不论与有关的政府信息是否有利害关系,均可以请求政府机关向其提供有关的政府信息。"[1]国际上也有专家指出:"现在再也不是公民需要证明他或她有获取信息的权利(如大多数行政程序法中所说的),而是政府需要证明其有理由不去公开信息。公民没有举证责任,这就意味着没有必要说明申请信息是为了何种目的。"[2]在随后的《条例》修订中,"三需要"的相关条款被删除,行政相对人也就没有此类的限制。

第二类原告就是政府信息公开行为中的第三人。这类原告的法律依据在我国新《条例》第十五条的规定中,即信息"涉及商业秘密、个人隐私等公开会对第三方合法权益造成损害的政府信息,行政机关不得公开"。如果行政主体决定要公开,第三方认为信息公开行为侵犯了其合法权益的,当然可以原告的身份提起诉讼。在美国信息公开之诉中,它是属于"对于依申请公

---

[1] 吕艳滨主编:《行政诉讼法的新发展》,中国社会科学出版社2008年版,第175页。
[2] [英]托马斯·哈特:《实现政府的透明度:为什么?如何做?》,载吕艳滨、[英]Megan Patricia Carter:《中欧政府信息公开制度比较研究》,法律出版社2008年版,第7页。

开文件而提起诉讼的"原告,这些原告有学者认为没有资格限制。[1]但根据美国《信息自由法》(b)的规定,"本法的规定不适用于下列文件",其中包括涉及保密的文件、仅仅涉及行政机关内部人员的规则和习惯的文件、涉及个人隐私和商业秘密等,[2]这些信息不得依《信息自由法》申请公开,如果违法公开了,作为这些信息的所有人或者利益相关人得以独立原告身份向法院起诉。这类原告无疑就是政府信息公开中的第三人,无论是我国的法律法规,还是国外的规定,都允许政府信息公开行为的第三人独立提起行政诉讼。如韩国《关于公共机关信息公开的法律》第二十一条第二款规定,第三人针对政府信息公开可以提出"非公开要求",如果公共机关依然做出公开决定时,第三人可以对该公共机关提出书面异议申请行政审判或行政诉讼。

与政府信息公开行为有利害关系的第三人应当享有参与诉讼的权利,这一理论在北京市第一中级人民法院受理的(2019)京01行终22号案得到了很好的体现。该案的基本案情及裁判理由如下:

原告王嵘于2017年11月9日,向北京市住房和城乡建设委员会(以下简称市住建委)邮寄提交北京市政府信息公开申请表,申请公开的内容为:"申请北京市平谷区洳苑嘉园项目预售资金监管明细。[线索提供如下,以便政府方便查询:建设单位:北京旭辉当代置业有限公司;位置:平谷区大兴庄镇A02-01、A02-02地块R2二类居住用地、R53托幼用地项目;预售许可证:京房售证字(2014)311号]。"市住建委于次日作出登记回执。经审查,市住建委认为原告申请公开的政府信息可能涉及商业秘密,于2017年11月15日向北京旭辉当代置业有限公司(以下简称"旭辉公司")发送政府信息征求第三方意见书。2017年11月16日,旭辉公司向市住建委出具情况说明、回函及集团信息保密管理制度,认为预售资金监管明细涉及全体业主个人信息及公司财产收入明细,均属于公司商业秘密,不同意公开。2017年11月30日,市住建委作出市住房城乡建设委〔2017〕第1188号—告《政府信息告知书》(以下简称《被诉告知书》),告知王嵘:"经查,您申请查询的信息涉及商业秘密,公开后可能损害第三方合法权益,经书面征求意见,权利人不同意公

---

[1] 杨建生:《美国政府信息公开司法审查研究》,法律出版社2014年版,第52页。
[2] 同[1],第341页。

开,且不公开不对公共利益造成重大影响,根据《条例》第十四条、二十一条第(二)项、二十三条的规定,我委不予公开。"市住建委将《被诉告知书》送达王嵘,王嵘不服,诉至一审法院。一审法院受理该案后,没有通知利害关系人旭辉公司参加诉讼,便判决撤销《被诉告知书》并责令市住建委在法定期限内对王嵘的政府信息公开申请重新作出答复。

市住建委不服一审判决,上诉至北京市第一中级人民法院。二审法院经审理认为,根据《行政诉讼法》第二十九条第一款的规定,公民、法人或者其他组织同被诉行政行为有利害关系但没有提起诉讼,或者同案件处理结果有利害关系的,可以作为第三人申请参加诉讼,或者由人民法院通知参加诉讼。本案中,被诉告知书认为王嵘申请公开的信息涉及第三方的商业秘密,经征求其意见后,不予公开。故第三方旭辉公司属于与《被诉告知书》存在利害关系的当事人,一审法院未通知其参加诉讼,属于遗漏当事人,依法应予发回重审。故二审法院裁定撤销北京市海淀区人民法院(2018)京0108行初484号行政判决并发回北京市海淀区人民法院重新审理。

(二)根据主体性质划分的原告类型

除了以上根据与行政机关的法律关系而划分两大类原告之外,还可以根据主体性质划分为以下三类,这是传统行政诉讼法原告理论中常见的划分方法。

第一类是公民。"现代意义上的公民,通常是指具有一个国家的国籍,根据该国宪法规定享有权利并承担义务的人。"[1] 在此,所谓公民,特指享有我国国籍、根据我国宪法享有权利并承担义务的中华人民共和国公民。根据1989年《行政诉讼法》第二十八条的立法精神,作为原告的公民可以分为有诉讼行为能力的公民和无诉讼行为能力的公民两大类:有诉讼行为能力的公民通常是指具有民事行为能力的公民,其应当达到一定年龄限度(通常都是年满18周岁)并且智力精神正常,这部分主体可以直接提起行政诉讼、参加政府信息公开司法审查活动;而不具有诉讼行为能力的公民包括"(1)不满10周岁的未成年人;(2)不能辨认自己行为的精神病人;(3)10周岁以上16周岁以下的未成年人;(4)不能完全辨认自己行为的精神病人;(5)16周

---

[1] 秦树理等主编:《公民意识读本》,郑州大学出版社2008年版,第4页。

岁以上不满18周岁不能以自己的劳动收入为主要生活来源的人"[1],这部分没有诉讼行为能力的公民必须由其法定代理人代为诉讼。这一规定及其理论同样适用于政府信息公开司法审查之诉中的原告资格确定之中。

第二类是法人。法人首先是一个民法概念,根据《中华人民共和国民法典》(简称《民法典》)第五十七条规定:"法人是具有民事权利能力和民事行为能力,依法独立享有民事权利和承担民事义务的组织。"由此可知,在实定法语境之下,法人是由法律认可的、具有独立法律人格的组织,其与自然人同为独立的民事主体。法人有自己的名称、组织机构和场所,有独立的财产或经费,具有民事权利能力和民事行为能力,能够独立地承担民事责任。[2] 这类主体通常包括机关、企业、事业单位和社团法人。但是,民法上的法人制度与行政法上的法人制度还是有所不同的,比如:"公法人和私法人设立的方式不同,公法人的设立往往要依照行政法上的特别规定。又如:民法上关于法人的解散和清算的规定也不能在行政法中适用。"[3] 在我国,公法人是按照相关行政组织法或者《社会团体登记管理条例》设立的[4],其设立条件要求高于私法人的设立,而私法人主要是依据《公司法》及相关规定而设立。社会团体作为行政法上的主体,具有与其他主体不同的特征,但其作为政府信息公开之诉中的原告,应具有与其他主体同样的法律地位和特征。

第三类是其他组织。行政法上"其他组织"的概念同样也是来自民法。"在我国民事生活领域,除了自然人和法人之外,实际上还有一类被称为'其他组织'的民事主体不仅可以参与民事交往,享有民事权利并承担民事义务,还可以参与民事诉讼,成为民事诉讼的当事人。"[5]《民法总则》中并没有对"其他组织"进行规定,但《民法典》第四章对"非法人组织"进行了界定,"其他组织"中的一部分应当属于"非法人组织"。此外,许多民事实体法和民事

---

〔1〕 黄杰主编:《行政审判实用全书》,法律出版社1993年版,第511页。
〔2〕 崔建远等:《民法总论》,清华大学出版社2013年版,第123页。
〔3〕 雷虹、张弘:《当代行政法与民法的冲突与和谐:渐趋私法的行政法比较研究》,辽宁大学出版社2009年版,第30页。
〔4〕 目前我国1 800多个全国性群众团体中,使用行政编制或由机构编制部门直接管理机构编制的群众团体约200多个。这类团体不在民政部门登记,其机关工作人员参照《公务员法》管理。任进:《行政组织法研究》,国家行政学院出版社2010年版,第269页。
〔5〕 同〔2〕,第154-155页。

程序法以及相关的司法解释都承认并明确界定了作为民事法律关系主体之一的"其他组织"。《中华人民共和国民事诉讼法》(简称《民事诉讼法》)第四十八条规定:"公民、法人和其他组织可以作为民事诉讼的当事人。"对"其他组织"的民事法律地位进行了明确规定之后,最高人民法院在《关于适用〈中华人民共和国民事诉讼法〉的解释》(2014年12月18日)第五十二条对"其他组织"作了进一步的阐释,即"《民事诉讼法》第四十八条规定的其他组织是指合法成立、有一定的组织机构和财产,但又不具备法人资格的组织"[1]。在《行政诉讼法》及其相关司法解释中也有对"其他组织"诉讼主体地位的规定,但对该概念的法律含义的理解,基本上沿用了民事法律上的解释。在政府信息公开之诉中,其他组织也可以依法向人民法院起诉,成为原告。

关于放宽原告资格,可在今后最高人民法院出台司法解释时,通过将信息公开案件纳入行政公益诉讼来界定。原告的界定,学界有一元论、二元论和多元论的观点。[2] 一元论者,意指只有特定的国家机关(检察机关)才是提起行政公益诉讼的适格主体。一元论的缺陷是很明显的,因为作为公权力机关,检察机关也有怠于履行职责的时候,制度之外还得再构建一个监督检察机关行使公益诉讼权力的制度,架屋叠床,徒耗社会司法资源。二元论者,意指只有特定的国家机关和社会团体才有原告资格,其他主体被排除在外,特定的国家机关通常特指检察机关,社会团体则无法统一观点,常常会陷入无休止的争论。笔者主张多元论的观点,即特定的国家机关、社会组织和公民均可以是行政公益诉讼的适格主体。这样的制度选择的优越性是显而易见的,它更能够及时、全面地维护公共利益。有学者担心,公益诉讼原告资格扩大化之后,"任何公民都可以对政府任何行为提起诉讼,……人人都可以一不高兴就起诉政府,法院必将陷入公民诉讼的汪洋大海"[3]。担心、害怕自己会陷入诉讼的海洋里的这种观点,是值得商榷的。一方面,一个理性的人

---

[1] 根据该司法解释的规定,这一类组织包括:(一)依法登记领取营业执照的个人独资企业;(二)依法登记领取营业执照的合伙企业;(三)依法登记领取我国营业执照的中外合作经营企业、外资企业;(四)依法成立的社会团体的分支机构、代表机构;(五)依法设立并领取营业执照的法人的分支机构;(六)依法设立并领取营业执照的商业银行、政策性银行和非银行金融机构的分支机构;(七)经依法登记领取营业执照的乡镇企业、街道企业;(八)其他符合本条规定条件的组织。

[2] 赵许明:《公益诉讼模式比较与选择》,载《比较法研究》2003年第2期,第68-74页。

[3] 杨涛:《行政公益诉讼需要合理边界》,载《民主与法制时报》2006年4月24日,第15版。

从来都是"无利不起早",他不可能平白无故地提起公益诉讼,毕竟公益诉讼不是说诉就诉,总得要一定的时间、精力和金钱作为代价的,但凡一个人舍得付出这些东西,说明该诉讼是值得的,并不存在无理闹诉的可能;如果真有人故意刁难政府,也可以设计一定的制度来过滤和防范。另一方面,最好的民主无异于直接民主,之所以后来产生了代议制和间接民主,是因为人口众多,无法人人都直接参与决策和管理,因此,以害怕直接民主为理由而拒绝社会公众参与公益诉讼是不可理喻的。据此,从最大限度保障申请人知的权利之角度出发,我们认为,在政府信息公开公益诉讼中,特定国家机关、社会团体组织和公民个人,都可以是公益诉讼的适格原告,只要其与政府信息公开行为有直接或者间接的利害关系即可。有学者甚至提出,"为了有效维护公共利益,必须赋予与行政行为没有直接利害关系的人提起诉讼的权利"[1],其意即公益诉讼原告当然包括了直接利害关系人和间接利害关系人。

第二节 政府信息公开司法审查的被告制度

司法作为最后一道防线,更有利于深刻地揭示问题。政府信息公开诉讼通常是针对政府应该履行信息公开职责却没有履行或履行瑕疵的行为,鉴于行政诉讼的受案范围,这种行为主要是指依申请公开行为。而且行政诉讼要求有明确的被告,这个被告即依申请公开政府信息的行政机关。[2] 谁可以成为适格被告?无论是在政府信息公开司法审查的理论研究中,还是在政府信息公开诉讼的司法实践中,这都是无法绕开的重要议题。

在现实中,就有这样的案例,由于诉讼主体中被告不适格而导致政府信息公开司法审查进行程序上的调整。案情如下:原告居住的房屋位于淮安经济技术开发区某项目房屋征收范围内。2013年5月23日,原告到淮安经济技术开发区处申请公开某项目房屋征收决定等政府信息,由"房屋征收办"收

---

[1] 黄学贤:《行政公益诉讼若干热点问题探讨》,载《法学》2005年第10期,第45-52页。
[2] 孟鸿志、张彧:《政府信息公开主体的重构——以"三张清单"制度为路径》,载《行政法学研究》2016年第1期,第3-13页。

下原告申请并出具收条,但至今未向原告作出任何答复也未提供政府信息。在诉至法院的诉状中,原告因要求淮安经济技术开发区房屋征收管理办公室履行法定职责,于是便以其为被告向法院提起行政诉讼。[1]

那么,在本案中到底哪个主体才是适格的被告?案件审理中,法院认为原告所诉房屋征收办不是适格的被告,经告知原告其同意变更被告,法院遂通知开发区管委会作为被告参加诉讼并依法向其送达了起诉状副本及应诉通知书。[2]

推而广之,到底哪个主体才是适格的被告?被告的范围包括哪些?下面笔者将进行详细论述。

一、被告的资格条件

政府信息公开诉讼的被告制度与理论源自行政诉讼中的被告制度及其理论,要想捋清政府信息公开之诉的被告是哪些主体?它们应当具备什么资格条件?必须从行政诉讼法学的被告理论角度展开,行政诉讼的被告理论是行政诉讼法学理论中非常重要的基本问题,它要比原告理论复杂和重要得多。在这一部分的论述里,我们至少需要解决以下几个问题:什么是行政诉讼的被告?行政诉讼的被告应当具备哪些条件?

(一)行政诉讼被告及其资格条件

不同的学者对行政诉讼被告的界定稍有不同,但核心内容基本一致。如有学者认为:"行政诉讼被告是指由原告指控其作出行政行为侵犯其合法权益的,经法院通知应诉的行政机关。"[3] 这是当前行政诉讼被告概念的通说,切合新修订的《行政诉讼法》将"具体行政行为"这一诉讼标的改为"行政行为"的规定,但其局限性也是明显的,即把被告仅局限于"行政机关"。而《行政诉讼法》修订之前的教材通常都这样界定"行政诉讼被告",即:"行政诉讼的被告是指被原告指控其具体行政行为侵犯原告的合法权益而向人民

---

[1] 淮安经济技术开发区人民法院《金某某与淮安经济技术开发区管理委员会履行法定职责案行政判决书》(2013)淮开行初字第0002号。

[2] 同[1]。

[3] 章剑生主编:《行政法与行政诉讼法》,北京大学出版社2014年版,第392页。

法院起诉,并由人民法院通知其应诉的行政机关和法律、法规授权的组织。"〔1〕在界定概念时冠有"具体行政行为"字样是 2015 年新《行政诉讼法》修订之前出版的教材通例,但前后两种界定并没有改变行政诉讼被告的实质内容,因此,专家、学者通常都认为,行政诉讼被告的资格条件包含以下几个方面:

第一,被告必须是行政主体。这是多数学者的观点〔2〕,但也有少数学者认为被告应当是行政机关,如前文所引章剑生教授的观点。章剑生教授认为:"被告是行政机关。这是行政诉讼被告的本质特征,也是决定某一组织能否成为行政诉讼被告的核心条件。行政机关是国家依法成立的,并独立享有和行使行政职权的国家机关,其担当着国家经常性的行政管理任务。"〔3〕如果仅限于如此论述,无疑不能如实描述现实中行政诉讼被告的资格条件和范围,章教授补充:行政诉讼中的被告主要是行政机关。法律、法规、规章授权的组织虽然不属于行政机关,但它依法被赋予一定的行政职权后,具有与行政机关相同的法律地位,《行政诉讼法》也认可其有作为被告的资格。"〔4〕也就是说,章剑生教授最后也认同了行政诉讼被告不仅局限于行政机关,也包括法律、法规、规章授权的组织,即大多数学者所主张的"被告必须是行政主体"的观点。他的这一观点比较符合现行法律的规定,并与司法实践对于行政诉讼被告范围的认定比较吻合。

笔者也赞同行政诉讼被告广义说的观点,即行政诉讼被告应当是行政主体,不能局限于行政机关。众所周知,行政机关是与立法机关、司法机关、军事机关相对应的另一种国家机关,它的含义是非常明确的。在现实生活中,能够成为行政诉讼被告的显然不止行政机关,还包括法律、法规、规章授权的组织。同理,在政府信息公开活动中,掌握有政府信息并应当主动公开或者根据申请而公开政府信息的主体当然不仅仅限于行政机关,其他根据法律法规授权的组织、享有一定行政权力的单位都应当是政府信息公开司法审查中

---

〔1〕 叶必丰主编:《行政法与行政诉讼法》,中国人民大学出版社 2011 年版,第 266 页。
〔2〕 如石佑启教授认为:"被告须是具有国家行政职权的机关或者组织。"参见石佑启主编:《行政法与行政诉讼法》,中国人民大学出版社 2008 年版,第 306 页。姜明安教授也认为:"行政诉讼法被告的法定条件主要有三:一是必须是行政主体。"参见姜明安主编:《行政法与行政诉讼法》,北京大学出版社、高等教育出版社 2015 年版,第 450 页。
〔3〕 章剑生主编:《行政法与行政诉讼法》,北京大学出版社 2014 年版,第 392 页。
〔4〕 同〔3〕。

的被告。

第二，被告是作出被诉行政行为的行政主体。有学者进一步指出，被告应当是原告认为其行政行为侵犯了原告合法权益的机关或者组织。[1] 做出某一行政行为才有可能成为被告，没有实施一定的法律行为，就不可能产生、变更或者消灭一定的行政法律关系，就不会与行政相对人或者第三人产生权利义务关系，因此，行政诉讼的被告必须是做出一定行政行为的行政主体。仅是实施了一定的行政行为尚不足以成为被告，必须是原告认为行政行为侵犯了其合法权益并向法院起诉，这样的行政主体才能成为被告。

"在不履行法定职责之诉中，应该履行法定职责的行政机关是被告。"[2] 行政行为有作为和不作为之分，作为的行政行为可以侵犯原告的合法权益，不作为的行政行为同样可以侵犯原告的合法权益。因积极作为的行政行为导致原告合法权益受到侵害的，原告当然可以把行政主体诉至法院，由此而成为被告；因消极不作为导致原告合法权益受到侵害的，有义务作为而不作为的行政主体，当然也有可能被诉至法院，成为被告。同样的法理，在政府信息公开活动中，因不当公开政府信息或者有义务公开而不公开政府信息的行政主体，则有可能成为政府信息公开司法审查之诉中的被告。

第三，被告须是由人民法院通知应诉的行政主体。原告诉至法院后，根据《行政诉讼法》第四十九条的规定，如果不符合起诉条件，法院是不能立案受理的。其中一个条件是"有明确的被告"，所谓明确的被告"是指作为原告的公民、法人或其他组织提起行政诉讼时应指明是哪个或哪些行政主体的行政行为侵犯了其合法权益"[3]。没有明确的被告，法院就无法确认原告到底与哪个行政主体产生了行政法律关系，到底哪个行政主体应该成为被告，也就无法通知被告出庭受诉。所以，原告起诉时首先要明确谁是被告，然后由人民法院通知其出庭应诉，如果法院经审查认为原告起诉的对象不是适格的被告，法院会建议原告变更主体，然后再通知被告出庭应诉。正如前文所述的案例，原告诉至法院时以"房屋征收办"为被告的，因为在申请政府信息公

---

[1] 石佑启主编：《行政法与行政诉讼法》，中国人民大学出版社2008年版，第306页。
[2] 章剑生主编：《行政法与行政诉讼法》，北京大学出版社2014年版，第392页。
[3] 姜明安主编：《行政法与行政诉讼法》，北京大学出版社、高等教育出版社2015年版，第482页。

开时,原告是向"房屋征收办"递交申请书的,但经过法院审查,发现"房屋征收办"并不具备被告主体资格,经告知原告其同意变更被告,于是法院便通知开发区管委会作为被告参加诉讼。

在美国的司法审查中,适格的被告主要由以下几个方面构成:首先,1976年《联邦行政程序法》经过修改,在第702节放弃了主权豁免原则(即代表合众国主权的国家和政府免于被诉:笔者注)。自此,国家和政府在司法审查中可以作为被告。[1] 其次,美国《联邦行政程序法》第703节规定:司法审查的诉讼可以对美国、对机关以其机关名称,或者适当的官员提起。这就规定了国家、行政机关及其官员(或者工作人员)都可以成为司法审查中的被告,原告可以选择国家、机关或其官员作为被告,也可以在三个主体之间进行合并然后再提起诉讼。最后,在联邦最高法院1947年的一个判例中,确定了司法审查可对下级官员单独起诉的原则,即原告无须长途跋涉到首都华盛顿对政府部门总长提起诉讼,原告可以选择原告居住地、被告居住地、行为发生地任何一处法院,针对该政府部门的下级官员提起诉讼。[2] 因此,在美国的司法审查中,国家、政府、行政机关及其官员,都是适格的主体,只要原告认为以上主体侵犯了原告合法权益,均可以到法院提请司法审查。

(二)政府信息公开之诉被告的资格条件

政府信息公开之诉的被告与行政诉讼的被告一样,都是《行政诉讼法》第二条和第二十六条所确立的"行政机关和法律、法规、规章授权的组织"。因此,确定政府信息公开之诉的被告须依照《行政诉讼法》所规定的被告资格条件。

首先,政府信息公开之诉的被告必须是具有政府信息公开行政职能的行政机关或组织。分析《条例》的相关规定可知,具有政府信息公开行政职能的行政主体有以下两类:一是行政机关,也就是各级人民政府及其工作部门,作为政府信息公开行政职能集中行使的主体;二是法律、法规授权的具有管理

---

[1] 根据美国《联邦行政程序法》第702节的规定,美国法院受理的诉讼,不是寻求金钱赔偿,而是被告行政机关或其官员或职员,以官方身份的或在法律掩饰下的作为或不作为时,不得以该诉讼反对美国或美国是必不可少的当事人为理由而驳回,或拒绝给予救济。美国在这类诉讼中可以被指名作为被告,也可以对美国作出不利判决或命令。参见王名扬:《美国行政法》(下),中国法制出版社1995年版,第641页。

[2] 王名扬:《美国行政法》(下),中国法制出版社1995年版,第640-642页。

公共事务职能的组织。新《条例》第五十四条条文中尽管没有把规章授权的组织也涵括进去,但是根据新《行政诉讼法》的立法精神,规章授权具有管理公共事务职能的组织也应当具有信息公开之行政职能,也属于被告一类。

英国《信息自由法》(2000)规定:人民享有获悉英国"官方持有之信息"的权利。具有政府信息公开行政职能的所谓"官方"(public authority)大概可以分为以下三类:第一类为列名于附表一(sch.1)的政府中央、地方机关、全国卫生机构、教育机构及警察机关;第二类为受托行使公权力之第三人,并经国务大臣指定者;第三类为由列名附表一之机关百分百所有之公营公司。那么,在英国,成为政府信息公开之诉被告的主体则是比较广泛的。

其次,政府信息公开之诉的被告必须是实施了与政府信息公开相关的行政行为。没有行为就没有诉讼,包括作为和不作为,因为没有行政行为,就不会与原告产生行政争议,就不会引起司法审查。具有政府信息公开职能的行政主体,在进行政府信息公开时,有公开或者不公开两种行为类型,前者可能会引起行政行为间接相对人(利害关系人)提起行政诉讼,后者可能会引起直接相对人提起政府信息公开之诉。

最后,政府信息公开之诉的被告必须是被原告指控并由人民法院通知应诉的行政主体。正如前文所引之案例所示,"房屋征收办"是负责接受原告申请的机构,但其所实施的行政行为均是行政委托,即受到淮安经济技术开发区管理委员会的委托而开展房屋征收工作,其相伴而生的政府信息公开工作自然也受开发区管委会的委托,根据此理,人民法院在受理此案时即不通知"房屋征收办"出庭应诉,而是要求原告变更被告并通知被告出庭应诉。这里还涉及一个"被告适格与政府信息公开主体"的问题,即行政主体可以成为适格的被告,即它具有当事人的"权利能力",但它不一定就是某具体案件的适格被告,因为它不一定是正确的政府信息公开主体。"在政府信息公开行政诉讼中,确定被告是否适格,离不开对政府信息的公开主体的界定,也就是某一具体的政府信息由哪一个具体的行政机关负责公开。"[1]因为不是这个行政主体制作、保管的信息,信息公开也就成了无源之水,对应到旧《条例》第十七条就是这般规定:"行政机关制作的政府信息,由制作该政府信息的行政机

---

[1] 李广宇:《政府信息公开诉讼:理念、方法与案例》,法律出版社2009年版,第44-45页。

关负责公开;行政机关从公民、法人或者其他组织获取的政府信息,由保存该政府信息的行政机关负责公开。法律、法规对政府信息公开的权限另有规定的,从其规定。"这就确定了"谁制作谁公开、谁保存谁公开"的原则,从而在一定程度上避免行政主体之间互相推诿、扯皮,置申请人于无所适从的境地。"谁制作谁公开、谁保存谁公开"的理想很丰满,但现实却很骨感,制作机关、保存机关与牵头机关很难界定,各行政主体之间互相推诿依然大量存在。为了有效应对,新修订的《条例》第十条在法律上予以阐释:首先,明确对制作机关与保存机关进行了界定,即依公权力自行制作信息的系制作机关,依职权从私主体处获取信息的系保存机关;当某一行政机关从其他行政机关处直接获取信息时,其并非上述的保存机关,也就不承担相关信息公开义务,比如当规划部门通过认定违法建设意见函的形式向相关城管执法部门抄送时,城管部门就不存在相应的公开义务,也就不能成为诉讼中的被告。其次,既存在制作机关,同时又存在保存机关时,应当由制作机关承担公开义务,比如建设工程规划许可证的制作机关为规划部门,保存机关为住房和城乡建设部门,此时应由规划部门承担法定公开义务。最后,多个行政机关共同制作某一个特定政府信息的,应由牵头机关负责公开。

"谁制作谁公开、谁保存谁公开"的原则,在政府信息公开司法审查实践中也得到了贯彻实施。比如,在山东高级人民法院公布的十大政府信息公开典型案例中,刘某诉临清市人民政府信息公开案就是很好的明证。基本案情及法院的裁判理由如下:

2013年10月9日,刘某通过EMS快递方式向临清市人民政府(以下简称临清市政府)申请公开《关于2012年国民经济和社会发展计划的决议》(以下简称《决议》)信息内容。临清市政府于2013年10月25日作出《关于刘某申请政府信息公开的答复函》,该答复函认定刘某所申请信息属于临清市人大机关作出,可到临清市人大办公室予以查阅。刘某不服,提起行政诉讼。

聊城市中级人民法院经审理认为,根据《中华人民共和国地方各级人民代表大会和地方各级人民政府组织法》第八条第(二)项的规定,"县级以上的地方各级人民代表大会行使审查和批准本行政区域内的国民经济和社会发展计划、预算以及它们执行情况的报告之职权";同时根据该法第五十九条第(五)项规定,"县级以上的地方各级人民政府行使执行国民经济和社会发展计划的职权"。本案中刘某申请公开的《决议》，是临清市政府"2012年国民经济和社会发展计划"得以有效实施和执行的前提，尽管该《决议》是由临清市人大机关作出，但临清市政府作为该计划的执行实施主体，依法应获取并保存了《决议》信息。临清市政府作为信息保存机关，属于法律规定的公开义务主体，应向刘某进行公开。遂判决撤销临清市政府作出的《关于刘某申请政府信息公开的答复函》；判令临清市政府在判决生效之日起十五个工作日内对刘某的信息公开申请重新作出答复。

本案当事人申请公开的信息虽然系权力机关制作，但属于政府机关实施"国民经济和社会发展计划"必须依据的重要文件，理应予以保存。本案的典型意义就在于，根据《条例》的规定，政府信息公开应坚持"谁制作、谁公开；谁保存、谁公开"的原则，政府信息的制作机关和保存机关都负有信息公开的义务，申请人可自主选择向制作机关或保存机关提出申请。

二、被告的范围类型

政府信息公开司法审查被告的范围，同样来自行政诉讼被告范围及其分类，因此，这部分的论述须从行政诉讼被告的范围和分类谈起。行政诉讼被告理论与行政主体理论密切相关，欲洞察政府信息公开司法审查的被告范围，亦离不开对行政主体理论和法律规定的考察。关于行政主体与行政诉讼被告之间的关系，有学者认为："只有合法的行政主体，才可能成为适格的行政被告。因此，合法行政主体的标准，也就成了适格行政被告的标准。"但是，在逻辑上"行政主体标准是个实体问题，是主体与法律的关系问题，是解决主体的法律性质、法律地位和法律权限的问题。而被告资格标准，则是程序问题，是主体与行为、后果的关系问题，是解决行为的责任归属问题。"[1]尽管该学者强调行政主体与行政诉讼被告是两个完全不同的概念，但两者之间的理论传承和密切关系是不能忽视的。

（一）行政诉讼被告的范围与分类

毫不夸张地说，行政主体的范围就是行政诉讼被告的范围；行政主体的

---

[1] 杨小军：《行政被告资格辨析》，载《法商研究》2003年第6期，第54-61页。

分类有哪些,行政诉讼被告的分类就有哪些。行政主体分为职权性行政主体和授权性行政主体,前者是指"凡行政职权随组织的成立而依宪法和组织法自然取得,无须经其他组织授予的行政主体",后者是指"行政职权并不因组织的成立而依照宪法和组织法获得,而来自有权机关以法律、法规形式授予的行政主体。"[1] 行政诉讼被告的范围也是据此划分。

第一类的行政诉讼被告当然是职权性行政主体。职权性行政主体是依据宪法和相关组织法的规定,于其成立时就具有相应的行政职权,并依法取得行政主体资格的组织,即该行政主体的设立是以实现相应的行政管理职能为宗旨。这一类的行政主体主要有:(1)国务院;(2)国务院组成部门;(3)国务院直属机构;(4)国务院部、委管理的国家局;(5)地方各级人民政府;(6)地方各级人民政府的职能部门;(7)县级以上地方各级人民政府的派出机关。[2] 但是,并不是这七大类的行政主体都必然可以成为行政诉讼的被告,尤其是国务院,理论上是可以成为行政诉讼的被告,但实际上,根据宪法和法律,国务院的职权主要是规定行政措施、制定行政法规、发布决定和命令,向全国人大或者全国人大常委会提出议案,领导和管理全国地方各级国家行政机关的工作,极少会针对具体的行政相对人做出什么行政行为,不可能与具体行政相对人产生行政法律关系,而且《行政诉讼法》第十三条第二项对此也有规定:行政法规、规章或者行政机关制定、发布的具有普遍约束力的决定、命令不可诉。因此,在司法实践中,国务院根本不可能成为现实中的行政诉讼被告,中华人民共和国历史上也未曾出现过以国务院为被告的诉讼案件。而以国家部委为被告的行政诉讼案件则屡见不鲜。[3]

《行政诉讼法》第二条规定:"公民、法人或者其他组织认为行政机关和行政机关工作人员的行政行为侵犯其合法权益,有权依照本法向人民法院提起诉讼。"按照字面理解,似乎行政机关或者行政机关工作人员均可在行政诉讼中作为被告,实际上,在行政诉讼司法实践中,列为被告的仅是行政机关,

---

[1] 叶必丰主编:《行政法与行政诉讼法》,中国人民大学出版社2011年版,第28-29页。
[2] 石佑启主编:《行政法与行政诉讼法》,中国人民大学出版社2008年版,第33页。
[3] 据《人民法院报》报道,2014年5月到2015年5月,北京法院受理的以国家部委为被告的一审行政案件10 407件,行政诉讼救济渠道进一步畅通。参见:郭京霞等《北京高院发布"民告官"案件审查报告》,载《人民法院报》2015年5月13日,第001版。

并不列具体实施了该被诉行政行为的工作人员,所以,行政机关工作人员的行政行为侵犯了原告合法权益的,也只有行政机关才可以作为被告。

第二类行政诉讼被告就是法律、法规、规章授权的组织。这在《行政诉讼法》第二条第二款中有明确的规定。第二类被告系由宪法、组织法以外的法律、法规和规章的规定而获得相应行政职权而取得行政主体资格,进而成为适格的被告,如行政机关的内部机构、派出机构,以及法律、法规、规章授权的企事业单位、社会团体及其他社会组织等。[1]法律法规既然规定这些主体享有一定的行政职权,那它们在行使权力的过程中就会产生行政法律关系,就有可能会成为行政诉讼中的被告。新修订《条例》的增设条款就对依照法律、法规对外以自己名义履行行政管理职能的行政机关设立的派出机构、内设机构作出明文规定,指出可以由该派出机构、内设机构负责与所履行行政管理职能有关的政府信息公开工作。

行政诉讼被告与行政主体这种密切的关系其实是必然的,因为适格的诉讼被告必然建立在适格的行政主体的基础上。从一般法理学的角度上来讲,对于公民个人权利行使的规则是"法无禁止即自由",而对于代表公权力的机关和组织权力行使的规则是"法无授权即不可为"。所以,不是适格行政主体即没有相应的行政职能、不可实施相应的行政行为;而没有相应的行政行为,则不会产生行政法律关系;没有行政法律关系则没有行政争议。没有行政争议,哪来的行政诉讼和行政诉讼被告呢?严格区分行政诉讼被告和行政主体的观点当然值得肯定,但抹杀两者这种水乳交融的密切关系则是更值得警惕。在政府信息公开司法审查之诉中,被告的类型与行政主体的划分也是密切相关的。

关于行政诉讼被告范围的扩大问题,学界也有较大的争议。有学者认为:"我国行政诉讼法规定行政机关和法律、法规授权组织可以作为行政诉讼的被告。最高人民法院《若干解释》(2000年)又进一步将行政诉讼的被告范围扩大到行政机关和法律、法规、规章授权的组织。考虑到我国的组织法规范并不健全,为了维护行政管理相对人的合法权益,监督行政管理权的依法运行,目前应当尽可能扩大行政诉讼的被告范围。将行政机关之外的各类授

---

〔1〕 石佑启主编:《行政法与行政诉讼法》,中国人民大学出版社2008年版,第33页。

权组织列为行政诉讼的被告,适用《行政诉讼法》的有关规定解决其与行政相对人之间的行政争议,有利于化解社会矛盾,维护社会稳定。"[1]但也有学者对这种行政主体、行政诉讼被告扩大化不予认同,余凌云教授认为:"传统上对行政主体权利能力的阐释都以行政权为核心,以授权有据、能够独立行使为标准。所以,行政主体范围一开始便锁定行政机关与法律、法规授权的组织。之后,鉴于规章授权的情况,《若干解释》(2000年)又补充认可了'规章授权'的组织。甚至将来继续延伸至规范性文件授权,以解释像'中国证监会'等类似情形,似乎也无可厚非。"[2]章志远教授更是质疑道:"当最高人民法院再次'大笔一挥',将规范性文件授权的组织也纳入行政诉讼的被告范围之后,行政主体的外延岂不是又要'进一步'扩大?如此随意的变化不禁使人们会发出以下一连串疑问:究竟什么是行政主体?识别行政主体的标准何在?行政主体的外延到底有多大?"[3]余凌云教授对于行政诉讼被告的扩张似乎有一种无奈但又不得不接受的情绪,字里行间似乎看出其对行政诉讼被告的扩张并不持欢呼的态度;而章志远教授则是性情中人,用揶揄的笔调调侃了行政诉讼被告扩张趋势的现实。笔者认为适当扩张行政诉讼被告范围有利于对行政相对人的合法权益的救济,但也不能过于激进,对行政诉讼被告范围的扩大是较为保守的态度。旧《条例》将与人民群众利益密切相关的公共企事业单位纳入参照执行的范围,在诉讼实践中并没有达到预期的效果,《条例》对此处的修改就是最好的说明。

其实,行政诉讼被告扩张的现象并非是我国独有,应当说,这是一种世界潮流和国际趋势。有学者指出:国外行政诉讼被告制度多是出于诉讼便利,存在大量的"形式被告",一般由作出行政行为的机关或官员作被告,无法确定时由行政主体作被告。[4]例如,德国《行政法院法》第七十八条规定,被告可以是行政行为作出机关或者行政机关所属的联邦、州或者机构,且原告只需"指出有关行政机关即可"。可见,在有关国家和地区,法院一般不会苛求

---

[1] 马怀德:《行政法与行政诉讼法学案例教程》,知识产权出版社2014年版,第243页。

[2] 余凌云:《行政法讲义》,清华大学出版社2014年版,第121-122页。

[3] 章志远:《当代中国行政主体理论的生成与变迁》,载《贵州警官职业学院学报》2007年第1期,第9-16页。

[4] 薛刚凌、王霁霞:《论行政诉讼制度的完善与发展——〈行政诉讼法〉修订之构想》,载《政法论坛》2003年第1期,第137-146页。

原告证明被告适格,而原告只要证明该机关存在即可。[1] 以上所引,均是西方较为发达国家行政诉讼被告的情况,他们对行政诉讼被告并没有特别严格的限制和规定,基本上都是为了方便公民诉讼、维权的需要而设计。至于美国,如前文所述,美国的行政诉讼称为司法审查,其司法审查中的被告的范围是极为广泛的;根据美国《联邦行政程序法》第七百零二节和第七百零三节的规定,被告的范围包括国家、政府、行政机关及其官员等。[2] 如果以上主体在政府信息公开活动中侵犯了公民的知情权,都有可能成为司法审查中的被告。

行政诉讼被告有理论上的分类和法定的分类两大类别,理论上的分类就是根据行政主体的分类来划分的,已如上文所述。法定的分类就是按照法律的规定来划分,留待下文在论述政府信息公开司法审查被告分类中再详述。

(二) 政府信息公开之诉被告的范围及分类

政府信息公开之诉的被告,其范围和分类的理论渊源于行政诉讼被告的理论,因为政府信息公开之诉,只是行政诉讼受案范围的一种类型,在具体运用中,只需在行政诉讼被告理论适当之处冠以政府信息公开称谓即可。因此,对于与行政诉讼被告相同的部分,则参照行政诉讼被告理论的论述,本书则不再赘述。

根据《行政诉讼法》第二条、第二十六条以及新《条例》第二条、第四条、第五十一条、第五十四条、第五十五条的规定,政府信息公开之诉被告的范围包括:(1)行政机关,即各级人民政府及县级以上人民政府的工作部门;(2)受理政府信息公开复议申请的复议机关;(3)法律、法规、规章授权的具有管理公共事务职能的组织。根据这一范围,我们可以将政府信息公开之诉的被告分为以下几种类型:

第一类是行政机关。行政机关是政府信息公开之诉中最常见的被告,因为如前文所述,80%以上有价值的信息都掌握在行政机关手中,依职权主动公开或者依申请被动公开的行政行为,都是行政机关职责范围内的内容,政府信息公开的受众据此都有可能与行政机关产生行政法律关系,因此,这类

---

[1] 梁凤云:《〈行政诉讼法〉修改八论》,载《华东政法大学学报》2012年第2期,第102-110页。
[2] See Evelyn M. Maeder, Susan Yamamoto, Paula Saliba. The influence of defendant race and victim physical attractiveness on juror decision-making in a sexual assault trial. Psychology, Crime & Law, 2015, Vol.21(1), pp.62-79.

被告应该是政府信息公开之诉被告中最广泛的一类。行政机关即上文所述的职权性行政主体,包括国务院等七大类主体,但根据新《条例》第三条,国务院办公厅是全国政府信息公开工作的主管部门,即全国政府信息公开最高行政机关就是国务院办公厅,因此,国务院本身并不具体负责有关政府信息公开工作,具体工作均由国务院办公厅负责,包括推进、指导、协调、监督全国的政府信息公开工作等,因此,国务院尽管理论上也可以成为行政诉讼被告,但实践中国务院无法与具体行政相对人产生行政法律关系,自然不能成为政府信息公开之诉中的被告。根据《条例》的规定,政府信息公开分为主动公开和依申请公开两类,主动公开的主体包括县级以上各级人民政府及其部门、乡(镇)人民政府,而依申请公开则是向国务院部门、地方各级人民政府及县级以上地方人民政府部门申请获取相关政府信息。因此,这一类被告包括:国务院办公厅、国务院部门、地方各级人民政府及县级以上地方人民政府部门、乡(镇)人民政府等。

这里还需要讨论的是政府信息公开内设机构。这类机构是根据新《条例》第四条成立的,是专门负责本行政机关政府信息公开日常工作的机构,"是各行政机关中具体负责政府信息公开工作的内设机构"[1]。在政府信息公开工作中,负有公开职能和公开责任的是各级行政机关,而不是工作机构,工作机构的存在仅是行政机关为了更好地履行信息公开职能而设立的。因此,政府信息公开工作机构在性质上并不是一个独立的行政主体,不能成为政府信息公开之诉中的被告。行政相对人或者利害关系人对行政机关信息公开行为不服,提请人民法院司法审查的,应以该行政机关为被告,而不是以该政府信息公开工作机构为被告。但是有一点是要注意的,依据新《条例》第十条的规定,如果政府信息公开内设机构依照法律、法规对外是以自己名义履行行政管理职能的,可以由该内设机构负责与所履行行政管理职能有关的政府信息公开工作。

第二类被告是受理政府信息公开复议申请的复议机关。《行政诉讼法》第二十六条第二款的规定:"经复议的案件,复议机关决定维持原行政行为的,作出原行政行为的行政机关和复议机关是共同被告;复议机关改

---

〔1〕 莫于川、林鸿潮主编:《政府信息公开条例实施指南》,中国法制出版社2008年版,第44页。

变原行政行为的,复议机关是被告。"换言之,经复议的案件,无论复议机关是否改变原行政行为,都是被告。而新《条例》第五十一条规定,公民、法人或者其他组织认为行政机关在政府信息公开工作中侵犯其合法权益的,可以依法申请行政复议或者提起行政诉讼。只要原告不服信息公开的行政行为而申请行政复议,复议机关无论是否改变原行政行为,复议机关都是政府信息公开之诉中的被告。所以,复议机关也是政府信息公开之诉中的一类被告。

《若干问题的规定》第四条规定:如果政府信息公开与否的答复依法报经有权机关批准的,则以有权批准机关为被告;如果政府信息是否可以公开系由国家保密行政管理部门或者省、自治区、直辖市保密行政管理部门确定的,以有关国家保密机关为被告;如果行政机关在公开政府信息前与有关行政机关进行沟通、确认的,以有关行政机关为被告。这几种情形,在法理上与经过行政复议的被告确定相似,所以归于同一类。

第三类被告是法律、法规、规章授权的具有管理公共事务职能的组织。关于这类组织是否具有行政主体资格、可否作为适格的被告,在各国的行政诉讼司法实践是基本一致的。日本学者盐野宏认为:"承担政府的说明责任的,当然并不限于国家和地方公共团体。除了国家和地方公共团体以外,还有根据国民主权的原理应当对国民承担说明责任的法人,现在,在各国都将位于国家和地方公共团体周边的法人规定为信息公开法制的对象。"[1]位于国家和地方公共团体周边的法人显然包括了具有管理公共事务职能的组织。这类组织能够成为行政诉讼的被告始于1989年《行政诉讼法》的规定。2015年5月1日开始生效的新《行政诉讼法》第二条明确规定了规章授权的组织也可以作为行政诉讼的被告,尽管新修订的《条例》规定仍是法律、法规授权的具有管理公共事务职能的组织,但根据下位法不得违反上位法的原则,新《行政诉讼法》的规定适用于政府信息公开之诉中被告的确定,因此,如果原告认为规章授权的组织在实施政府信息公开行政行为时侵犯了其合法权益,也可以规章授权的组织为被告诉至法院。

新《条例》第五十四条规定"法律、法规授权的具有管理公共事务职能的

---

[1] [日]盐野宏:《行政法总论》,杨建顺译,北京大学出版社2008年版,第218页。

组织公开政府信息的活动,适用本条例",因此,法律、法规、规章授权的具有管理公共事务职能的组织无疑也是政府信息公开诉讼中的被告。在淮安经济技术开发区人民法院(2013)淮开行初字第0002号案中,法院通过判决充分说明了这一法理。基本案情及裁判理由分析如下:

原告金馨诉称:其居住的房屋位于淮安经济技术开发区机场路文明街19号及19号2幢,在南昌路项目房屋征收范围内。2013年5月23日,原告到被告处(淮安经济技术开发区管理委员会,以下简称"开发区管委会")申请公开南昌路项目房屋征收决定等政府信息,由房屋征收办收下原告申请并出具收条,但至今被告未向原告作出任何答复也未提供政府信息,明显构成行政不作为。原告认为,被告负有公开政府信息的法定职责,依法应当向原告公开申请获取的相关政府信息。原告向被告提出政府信息公开申请完全符合法律规定。被告未在法定期限内公开原告要求的公开的信息,明显构成行政不作为,依法应予纠正。

被告开发区管委会辩称,管委会不是适格的被告主体,原告起诉管委会错误。管委会并非一级人民政府,根据国务院《国有土地上房屋征收与补偿条例》等相关法律规定,管委会不是原告所诉信息公开的主体,原告要求履行信息公开错误。受理原告申请的机构已经及时向原告作出答复和解释,相关信息已在征收现场公示栏予以公示,履行了信息公开义务。原告起诉缺乏事实及法律依据,请求法院驳回原告诉讼请求。

法院经审理认为,《江苏省经济技术开发区管理条例》第二条、第八条、第九条规定:开发区管委会对开发区实行统一领导和管理,行使制定开发区总体规划和发展计划报上级批准后组织实施的职权;负责开发区内的基础设施建设和管理……开发区管委会作为政府的派出机构,虽然不是一级政府,但是其具有上述地方性法规授权的公共事务管理职能。旧《中华人民共和国政府信息公开条例》第三十六条规定:"法律、法规授权的具有管理公共事务职能的组织公开政府信息的活动,适用本条例。"因此,就原告所主张的信息公开主体而言,开发区管委会是适格的。开发区管委会辩称的其主体不适格,理由不能成立,法院不予采纳。故法院判决如下:判令开发区管委会于判决生效后十五日内对原告金馨申请事项作出答复处理。

第三节　政府信息公开司法审查的受案范围

受案范围确定了起诉人救济请求权的边际,确定了行政机关接受司法监督的范围,也确定了法院司法审查的广度。有学者认为,在理论上可以对政府信息公开诉讼的受案范围做如下归纳:一是行政机关主动公开中的作为行为,如在主动公开中侵犯了第三人的商业秘密和个人隐私,或者不按照法律法规规定的适当方式公开。二是行政机关主动公开中的不作为。三是相对人申请公开中的不作为行为。即申请人申请信息公开,行政机关逾期不予答复,不予公开、部分内容不应当公开而只部分公开、请求更正与申请人相关的信息而不予更正等,属于此类行为。四是相对人申请公开中的作为行为。[1]理论上的这一分类对我们理解人民法院应当受理的政府信息公开争议有极大的帮助。

实践中由于政府信息公开行政争议的类型较为丰富,且政府信息公开工作有着逐步推进的过程,这对受案范围会存在一定的影响。对政府信息公开案件的受案范围问题,实践中还可能存在认识误区,突出地表现在将政府信息公开的受理标准作为政府信息公开行政案件的受案标准,混淆了政府信息公开申请的受理范围和行政案件的受案范围,变相地提升了信息公开行政案件的立案门槛。因此,必须根据《条例》和《行政诉讼法》的立法精神,结合当前政府信息公开行政诉讼的特点和我国现行的司法国情,在实现保障权利救济与监督依法行政的平衡、司法救济必要性与可行性平衡的基础上,依法、积极、稳妥地界定政府信息公开行政案件的受案范围。所谓"依法",就是忠实于《行政诉讼法》和《条例》的指导思想、基本原则和具体要求,坚持受案范围的法律标准;所谓"积极",就是要充分保障公民、法人或其他组织依法获取政府信息,切实保障合法的信息获取权和信息使用权,防止非法增设信息公开

---

[1] 黄学贤、梁玥:《政府信息公开诉讼受案范围研究》,载《法学评论》,2010年第2期,第71-76页。

壁垒;所谓"稳妥",就是要充分认识到政府信息公开是一项具有广泛而深远影响的新制度,观念转变、制度衔接、工作跟进需要一个渐进的过程,不能忽视客观条件,提出不切实际的要求。

一、理论上的受案范围

政府信息公开司法审查的范围是政府信息公开工作中的各种可诉的行政行为,包括各种作为和不作为的行政行为。每一个司法审查的案件都因原被告对某些政府信息在到底该不该公开方面有争议,可见司法审查中,几方主体所共同面对的政府信息是司法审查的争议焦点。因此,在研究司法审查的范围时,不得不认真对待须臾不离原被告和司法机关视野的各类政府信息。毕竟,能起诉时的争议必定首先指向了某些具体的信息。为此,笔者把可能纳入政府信息公开司法审查视野的各类政府信息放到一起研究,并对应当公开和不可公开、主动公开和依申请公开的政府信息分类,以便更好地把握政府信息公开司法审查的规律。

(一)应当公开的政府信息

在世界各国的政府信息公开制度里,通常都有"公开为原则,不公开为例外"的规定,并且成为政府信息公开制度的一种基本理念和价值追求。对此,有学者认为:"从世界范围看,政府信息公开一般遵循'公开为原则,不公开为例外'的基本价值理念和立法原则,要求政府信息公开法对于豁免公开的范围作出明确规定,并尽可能减少行政机关的自由裁量权,以保障公民的知情权和信息获取权,进而推动政府信息公开工作顺利进行。"[1] 这样的价值理念和立法原则在世界各国政府信息公开制度中已经成为一种潮流:有的国家明确在法律文本中做出规定,有的国家通过案例来昭示了该立法原则,有的国家在司法实践中确立了该价值理念。[2] 有学者对该原则进行解释认为:

---

[1] 黄伟群:《政府信息公开保密审查制度研究》,人民出版社2014年版,第2页。

[2] 新西兰《官方信息法》第五条规定:所有的政府信息都应该向公众公开,除非有充足的理由保密。芬兰《政府活动公开法》第一条规定:除本法或者其他法律另有其他特别规定外,官方文件必须公开。参见周汉华主编:《政府信息公开条例专家建议稿——草案、说明、理由、立法例》,中国法制出版社2003年版,第52页。

"政府机关拥有的与其行政管理职能相关的信息,原则上都是应当公开的,除非法律有例外规定。"[1]尽管该解释中有些概念不够周延,但基本含义还是突显了"以公开为原则,不公开为例外"的核心内容了的。笔者认为,该原则意指在行政主体所保有的信息范围内,如果没有特别的法律规定不能公开者,均一律予以公开。

为什么要确立这样的政府信息公开原则呢?有学者认为:"由于政府信息公开实践中的一个最大难题在于合理地确定公开与不公开的范围,为避免国家机关工作人员以各种借口扩大不公开的范围,架空政府信息公开制度,有必要将公开作为原则确立下来。"[2]在现实生活中,的确有不少行政机关及其工作人员怠于履行其信息公开义务的现象发生,能不公开的尽量不公开,能推诿的尽量推诿,抱着多一事不如少一事的为官心态,无视公民的知情权,架空了政府信息公开制度。因此,确立并认真贯彻落实该原则是非常必要的。尽管在我国《条例》正式颁布时,该原则未能成为条例中的条款,但在具体条款中实际上还是贯彻了这一精神的。[3] 如新《条例》第五条明确了"以公开为常态,不公开为例外"之规定,第十九条至二十六条规定了主动公开的基本要求和公开的内容,这些规定都是非常原则性的规定,如"涉及公民、法人或者其他组织切身利益的""需要社会公众广泛知晓或者参与的"等等,其所涵盖的信息量相当大,仅从字面上来理解即可保证了相关主体对政府信息的需求;第十九条、二十条对各级政府或者政府工作部门应当重点公开的信息,而且根据立法原意,这里的"重点公开的信息"并不等于"全部信息",即除了重点公开的信息之外,尚有其他依法应当公开的政府信息;此外,《政府信息公开条例》还规定,除了涉及国家秘密、商业秘密和个人隐私的信息不能公开之外,其余都可以公开。[4] 实际上,我国在具体条文和司法实践中,贯彻的是"公开为常态,不公开为例外",所以,除非法律有特别规定,行政机关所保有的政府信息,一律应当予以公开。

---

[1] 李广宇:《政府信息公开诉讼:理念、方法与案例》,法律出版社2009年版,第82页。
[2] 周汉华主编:《政府信息公开条例专家建议稿——草案、说明、理由、立法例》,中国法制出版社2003年版,第49页。
[3] 曹康泰主编:《中华人民共和国政府信息公开条例读本》,人民出版社2007年版,第15页。
[4] 《政府信息公开条例实用问答》编写组:《政府信息公开条例实用问答》,中国法制出版社2007年版,第12页。

这部分包括主动公开的信息和依申请公开的信息,分别归类于各级行政机关编制的主动公开、依申请公开的政府信息公开指南和公开目录。根据新《条例》第十二条的规定,各级行政机关应当编制、公布政府信息公开指南和政府信息公开目录。政府信息公开指南应当包括政府信息的分类、编排体系、获取方式,政府信息公开工作机构的名称、办公地址、办公时间、联系电话、传真号码、电子邮箱等内容;政府信息公开目录,应当包括政府信息的索引、名称、内容概述、生成日期等内容。具体的政府信息内容要结合本级行政机关的职能权限,结合该《条例》第十九至二十条的规定来具体确定。公开指南和政府信息公开目录须定时更新。

公共企事业单位信息公开的内容则由国务院各部委根据具体行业管理性质来确定。如 2007 年国家环保总局公布了《环境信息公开办法(试行)》,该规章除了规定各级行政机关和政府工作部门的环境信息公开义务之外,还详细规定了各企业的环境信息公开义务,其中第二十条规定了对相关企业的强制性信息公开内容;2008 年住房和城乡建设部制定了《供水、供气、供热等公用事业单位信息公开实施办法》、2010 年教育部制定了《高等学校信息公开办法》等等。[1] 以上所列各规章都规定了不同公共企事业单位应当公开的与人民群众生活、工作密切相关的各类信息。

各级行政机关及其公共企事业单位依法应当主动公开或者依申请公开以上相关政府信息,如果在司法实践中以上主体不公开,相关主体对其不公开信息行为有异议的,可以提请人民法院进行司法审查。

(二)不予公开的政府信息

1. 各国政府信息公开制度中不予公开的规定

在政府信息公开制度中,总有一部分政府信息是不宜向公众公开的,因为这部分信息需要特别保护,如果任由公民自由获取,必然会侵害到国家、社会的公共利益以及他人的合法权益,因此,在保障和实现公民的知情权时,必然会把某些政府信息列入不可公开的范围。这种部分信息不予公开的例外,是一项国际惯例。

在美国《信息自由法》的规定中,就排除了以下几类不适用该法的规定的

---

[1] 朱芒:《公共企事业单位应如何信息公开》,载《中国法学》2013 年第 2 期,第 151 页。

信息:(1)涉及国防和外交机密,根据总统令属于保密的文件;(2)仅属行政机关内部人员的规则和习惯的文件;(3)其他法律明确特别规定免予公开的文件;(4)商业秘密和专属个人的商业或金融信息;(5)行政诉讼中行政主体一方内部的备忘录和信件;(6)个人隐私;(7)公开即会导致明显违法后果的为执法目的而编制的档案和信息;(8)金融机构向行政机关呈送的业务和财务状况报告;(9)有关油井的地质和地球物理的信息和资料,包括地图。[1]美国的这一例外机制在全球范围内算是规定得比较完善的,对世界各国政府信息公开制度的影响也比较大。其以肯定概括和否定列举相结合对例外信息进行规定的方式为各国政府信息公开制度所借鉴和采纳。瑞典作为第一个承认公民享有申请政府信息公开权利的国家,也列举了部分可以不公开的信息,即瑞典《出版自由法》第二条规定:对于查阅官方文件自由和权利,国家可以基于七项需要和理由加以限制。但这里的"限制"并不是"禁止",符合一定的条件还是可以公开的。加拿大《信息获取法》和《私人秘密法》规定,特殊种类的信息可以免于公开,或者不得向未经授权的人公开。加拿大免于公开的规定有强制性豁免和自由裁量豁免两大类,强制性豁免就是无条件豁免,是指符合这一标准的信息一概不能公开,如:(1)外国政府、国际组织、地方政府及其分支机构秘密获得的信息;(2)骑警队在执行地方治安工作时获得的秘密信息;(3)属于个人隐私的个人信息;(4)第三方的商业秘密;(5)法律明确规定不得公开的信息。同样,澳大利亚《情报自由法》也规定了九大类信息属于例外事项,不可以向社会公众公开。英国《信息自由法》则规定了25类例外信息,韩国《关于公共机关信息公开的法律》第七条规定了八类政府信息不予公开,日本《行政机关拥有信息公开法》第五条规定了6类不予公开的信息。[2]可见各国对不可公开的政府信息均有相关规定的,只是有的规定得严格细致,有的规定得含糊笼统,行政机关在适用法律过程中具有较大的自由裁量权。

2. 我国不予公开的政府信息类型

我国旧的《条例》体现了"公开为原则,不公开为例外"的精神,虽然开始

---

[1] 美国《信息自由法》第(b)(1)—(9)条款。
[2] 石国亮:《国外政府信息公开探索与借鉴》,中国言实出版社2011年版,第53-65页。

没有明文规定,但在规定各级各类行政主体应当公开和重点公开各类政府信息的同时,也从多方面规定了不予公开的政府信息。……《条例》规定政府在信息公开前"应当依照《中华人民共和国保守国家秘密法》(以下简称《保密法》)以及其他法律、法规和国家有关规定对拟公开的政府信息进行审查",同时规定"行政机关公开政府信息,不得危及国家安全、公共安全、经济安全和社会稳定"。《条例》授权政府可以根据"国家有关规定"对涉及"三安全一稳定"和"两秘密一隐私"的政府信息进行自我审查,赋予了政府自我设密和自由决定政府信息公开的种类、程度和范围。[1] 我国新《条例》在随后的修改中予以明确,并在第十四、十五、十六条对不可公开的政府信息进行了规定,具体分析之,共有以下几个方面的政府信息不属于公开的范围:

第一,危及国家安全、公共安全、经济安全和社会稳定的信息不得公开。这在旧的《条例》第八条的就有规定,学者们多称之为"三安全一稳定"的规定。有学者认为,这一条款规定于《条例》的总则部分,而不是规定在具体信息公开的范围一章里,可见其是一项政府信息公开的原则,并不是一项政府信息公开的例外规定,也就是说,"三安全一稳定"不是一类不能公开的信息,而是行政机关在公开政府信息时,应该充分考虑政府信息公开之后会不会引发"三安全一稳定"的问题。[2] 如有学者认为:应该说,不得危及"三安全一稳定"是政府信息公开的一项基本原则。问题在于,如何认定政府信息公开是否危及"三安全一稳定"。"三安全一稳定"中的核心概念具有高度不确定性,不宜作为法律概念被直接适用,甚至在最广泛的意义上,"三安全一稳定"几乎可以涵盖政府职能的所有方面,而且绝大部分政府信息都可以与其挂钩。如果行政机关将其援引为政府信息豁免公开的理由的话,政府信息公开的范围将被大大限缩,甚至整个制度都面临被架空、被虚化的危险。[3] 由此观之,该学者不赞同引用第八条来作为拒绝公开政府信息的理由,也就是说,行政机关在公开政府信息时,应当遵循"三安全一稳定"的原则,但不能以此

---

[1] 贺海仁:《获取政府好信息与法治政府——以不予公开政府信息为分析对象》,载《河北法学》2014年第8期,第42-52页。有学者认为,除此之外,还包括"过程性信息、影响国家利益或公共利益(社会公共利益)、执法信息和内部公开事项、工作秘密等"。参见余凌云:《行政法讲义》,清华大学出版社2014年版,第359页。

[2] 李广宇:《政府信息公开诉讼:理念、方法与案例》,法律出版社2009年版,第102页。

[3] 林鸿潮:《行政法与行政诉讼法案例研习》,中国政法大学出版社2013年版,第144页。

为标准来审查政府信息是否可以公开。笔者认为,"三安全一稳定"既是政府信息公开的原则,也是一条标准,属于不可公开的政府信息的标准之一,是一个独立的、不可公开的政府信息的例外情况。我们不能仅凭该条款被规定在第一章总则之中,而不属于第二章公开的范围就断然认定其仅是原则,不是不可公开的一种例外情况。从政府信息公开总的立法精神来讲,任何危及国家安全、公共安全、经济安全和社会稳定的信息均不应公开,信息公开是更好地为人民谋求福祉,如果公开之后,非但不符合谋求福祉之愿景,反而对"三安全一稳定"带来危害,是不符合信息公开的立法精神的。此外,旧《条例》第八条规定,行政机关公开政府信息,"不得"危及国家安全、公共安全、经济安全和社会稳定。而新《条例》在分则中对其予以修改,在第十四条中规定"公开后可能"危及国家安全、公共安全、经济安全和社会稳定的信息,不予公开。由于政府信息公开处理过程中有可能面临拿不准是否会危及"三稳定一安全"的情况,新《条例》用词的修改使得表述在文义上更准确。同时,改变了之前"不得"危及国家安全、公共安全、经济安全和社会稳定之僵化而模糊的规定,扩充了适用"危及国家安全、公共安全、经济安全和社会稳定的信息不得公开"的正当性基础。

第二,涉及国家秘密的政府信息不得公开。新《条例》第十四条规定,依法确定为国家秘密的政府信息不予公开。我国《保密法》第二条的规定:"国家秘密是关系国家安全和利益,依照法定程序确定,在一定时间内只限一定范围的人员知悉的事项"。从条款关于国家秘密的规定中,我们可以看到,"国家秘密必须具备三要素,即关系国家的安全和利益,依照法定程序确定,在一定时间内只限一定范围的人员知悉"[1]。国家秘密概念里包含着几个非常关键的概念,如"国家"的概念,还有"国家安全"和"国家利益"的概念,这几个概念都比较含糊、不好确定,但限于本书的主题和篇幅,不可能在此深入研究这些概念。《保密法》第九条规定了八项涉及国家政治、经济、国防、外交等领域的安全和利益的国家秘密,即国家事务重大决策中的秘密事项、国防建设和武装力量活动中的秘密事项、外交和外事活动中的秘密事项以及对外承担保密义务的秘密事项、国民经济和社会发展中的秘密事项、科学技术

---

[1] 刘冬主编:《保密概论》,哈尔滨工程大学出版社2009年版,第1页。

中的秘密事项、维护国家安全活动和追查刑事犯罪中的秘密事项、经国家保密行政管理部门确定的其他秘密事项、政党的秘密事项。从以上规定,可见我国《保守国家秘密法》所规定的属于国家秘密的事项是非常宽泛的,表述都很原则化且缺乏确定性。国家秘密以及定密的标准同样极为宽泛,而且缺乏明确性。为了配合保密法的实施,新条例第十七条(旧《条例》第十四条)还规定在信息公开之前首先要就信息是否涉密问题进行事前审查,如果无法确定是否涉密,应"报有关主管部门或者同级保密工作部门确定"。因此有学者慨叹:"浓郁的保密气息弥漫在《条例》之中,这种立法趣味本身就透露出对国家秘密的极度敬畏,几乎不敢触碰。"[1]国家秘密几乎成了政府信息公开的紧箍咒,国家随时都可以通过国家保密制度紧紧地控制着政府信息公开制度。因此,有学者毫不掩饰地指出:"当前的信息公开仍是《保密法》控制下的信息公开"[2]

第三,不符合一定条件的第三人的商业秘密不得公开。根据我国《条例》的规定,这里所指的"一定条件"是指得到了第三人的同意或者是基于公共利益的需要。为什么要保护第三人的商业秘密呢?首先,这一规定源于《宪法》第五十一条的规定,即"中华人民共和国公民在行使自由和权利的时候,不得损害国家的、社会的、集体的利益和其他公民的合法的自由和权利"。据此,公民在申请政府信息公开的时候,自然也不能侵犯第三人的商业秘密,因此,如果未经第三人同意,行政机关不得公开涉及第三人商业秘密的政府信息。其次,从商业秘密的权利归属来看,行政机关在进行行政管理过程中需要第三人提交一定的商业信息,这些信息尽管保存在行政机关这里,但其所有者依然归属于第三人,是否可以向其他人公开,仍由第三人自主决定。只有这样才能避免被他人利用从事一些不利于第三人的活动。最后,保护第三人的商业秘密其实就是为了保护行政机关的利益。[3] 如果行政机关随意公开第三人的商业秘密并造成第三人损害的,当由行政机关承担赔偿责任,由此也会导致第三人对行政机关的行政管理失去信任,以后不会再向行政机关提供

---

[1] 余凌云:《行政法讲义》,清华大学出版社 2014 年版,第 362 页。
[2] 王锡锌:《政府信息公开语境中的"国家秘密"探讨》,载《政治与法律》2009 年第 3 期,第 2-11 页。
[3] 李广宇:《政府信息公开诉讼:理念、方法与案例》,法律出版社 2009 年版,第 90 页。

确实可靠的信息,使行政机关的管理陷入困境。

那么,什么是商业秘密?如何认定政府信息中哪些是商业秘密?根据我国《反不正当竞争法》第九条的规定:"本法所称的商业秘密",是指那些"不为公众所知悉,具有商业价值并经权利人采取保密措施的技术信息、经营信息等商业信息。"另外,根据国家工商行政管理局《关于禁止侵犯商业秘密行为的若干规定》,所谓"技术信息和经营信息"包括"设计、程序、产品配方、制作工艺、制作方法、管理诀窍、客户名单、货源情报、产销策略、招投标中的标底及标书内容等信息"。据此,我们可以归纳出商业秘密的特征或者说商业秘密的要素如下[1]:(1)秘密性。根据最高人民法院《关于审理不正当竞争民事争议案件适用法律若干问题的解释》(2007)的规定,如果有关信息不为其所属领域的相关人员普遍知悉和容易获得即认为具有"秘密性"。如果人人得而知之,便不构成秘密了。(2)价值性。价值性是指某项技术信息或经营信息能为持有者带来经济利益或竞争优势,如,能够使企业节省开支、降低成本、提高产品质量,或者实现保护环境、安全生产的目标,并能为企业创造利润、增强或保持企业的竞争优势、竞争对手愿意投资去获取相关信息等。[2] (3)保密性。保密性是指权利人为防止信息泄露采取了一定的合理的保护措施。[3] 未采取任何保密措施的信息,不能认定为商业秘密。因此,像要求公开"商品房成本"这样的政府信息公开,就因为有可能会对企业商业秘密的侵犯和对公平竞争环境的影响而被拒绝。[4]

第四,涉及个人隐私未经同意的政府信息不得公开。个人隐私是个人生活安宁的一种保障,社会和谐稳定有赖于普罗大众们安定地生活,我国《宪法》对个人隐私没有直接的规定,但从公民的人身自由、人格尊严权、住宅安宁权、通信自由和通信秘密等权利的规定来看,可以体现宪法对公民个人隐私权的保护。那么,什么叫个人隐私?哪些信息是个人隐私?

---

[1] See Lorrie Willey, Janet C Ford, Barbara Jo White, Danial L Clapper. Trade Secret Law and Information Systems: Can Your Students Keep a Secret? Journal of Information Systems Education, 2011, Vol. 22(3), pp.271-278.

[2] 曹新明主编:《知识产权法学》,中国人民大学出版社2011年版,第238页。

[3] 曲三强主编:《现代知识产权法概论》,北京大学出版社2014年版,第133页。

[4] 裴蓓:《政府信息公开中的"商业秘密"的认定问题——广州"房价成本"事件引出的思考》,载《山东警察学院学报》2007年第4期,第16-19页。

有学者认为:"个人隐私又称私人生活秘密或私生活秘密,是指私人生活安宁不受他人非法干扰,私人信息保密不受他人非法搜集、刺探和公开。隐私包括私生活安宁和私生活秘密两个方面。"〔1〕保护个人隐私就是不刺探、不公开他人的私生活秘密,就是保护个人的生活安宁。个人隐私这一概念起源于公民隐私权的保护,学界通说认为,个人隐私"是指公民个人私生活中不愿向他人或社会公开的内容。"〔2〕很显然,个人隐私是公民个人不愿向社会公开、不愿让人知悉的完全属于其个人的、与公共利益无关的信息,这些信息一旦公开,必然会对其个人生活产生不利影响。因此,每一个现代文明国家,都非常注重对个人隐私的保护。

个人信息和个人隐私并不是同一概念,前者的内涵和外延都要大于后者,因为有不少个人信息并不属于个人隐私。根据《最高人民法院、最高人民检察院、公安部关于依法惩处侵害公民个人信息犯罪活动的通知》(2013 年 4 月 23 日)第二条规定:公民个人信息包括公民的姓名、年龄、有效证件号码、婚姻状况、工作单位、学历、履历、家庭住址、电话号码等能够识别公民个人身份或者涉及公民个人隐私的信息、数据资料。然而,并不是所有以上的个人信息都构成个人隐私。有学者认为,只有"涉及个人私生活的敏感信息属于个人隐私"〔3〕,但何谓"敏感信息"则语焉不详。一般来讲,属于个人隐私、不愿向外界公开的个人信息有如个人存款、欠债多少等经济情况,或者个人疾病、夫妻家庭关系等与人的身份和名誉等有关的其他事件。〔4〕如果随意公开这些个人信息,定然会影响到个人的社会声誉、影响其商业经营情况。有学者归纳总结指出,有可能构成个人隐私的信息包括以下几个方面:(1)个人的生理信息。包括先天遗传的一些信息或者其后天成长过程中形成的一些信息,如是否是私生子、是否是抱养等信息,就不宜公开。(2)身体隐私。特别是私密处以及身体缺陷部分的信息,当事人更不愿意公开。(3)健康隐私。包括是否患有疾病以及精神健康状况、心理健康状况等。(4)财产隐私。

---

〔1〕 张新宝:《隐私权的法律保护》,群众出版社 2004 年版,第 7 页。相同观点参见王利明:《隐私权概念的再界定》,载《法学家》2012 年第 1 期,第 108-120 页。

〔2〕 张坡、王玉国主编:《民事诉讼法》,吉林大学出版社 2014 年版,第 59 页。

〔3〕 张新宝:《从隐私到个人信息:利益再衡量的理论与制度安排》,载《中国法学》2015 年第 3 期,第 38-59 页。

〔4〕 国务院法制办公室:《中华人民共和国公安法典》,中国法制出版社 2014 年版,第 28 页。

我国有"钱财不外露"的传统,一旦让外人知道自己财富状况,就有可能会引起生活的不安宁。(5)家庭隐私。包括家庭成员构成情况、婚姻状况、个人情感生活情况以及订婚的消息等。在农村里,因订婚消息过早泄露而让居心叵测的人从中作梗,最终导致婚礼不成的事情屡见不鲜。(6)个人经历隐私。包括婚史、性史、恋爱经历、社会交往经历、工作经历,甚至包括违法犯罪经历等。(7)基因隐私。(8)其他隐私。[1] 以上的学者观点并不能代表法律就这样规定,现实中关于个人隐私的信息应当包括哪些还没有具体的法律规定,上文所引的司法解释条文也仅是对"公民个人信息"的界定。因此,在政府信息公开司法实践中,关于哪些个人信息应当认定为个人隐私还有较大能动性和不确定性,对于公民个人隐私的保护和知情权的保障都极为不利。

(三) 主动公开政府信息的行政行为

1. 主动公开政府信息是行政主体的基本义务

行政主体主动公开政府信息的行为。主动公开政府信息是《条例》赋予行政主体的一项基本义务,同时也是我国政府信息公开制度的显著特点,并逐渐成为我国政务工作制度。

法律法规为什么要赋予行政主体主动公开政府信息的义务?而且要进行制度化?它的法理基础在哪里?笔者认为主动公开的法理基础包含在国际法律文件所确认的公民信息自由中。公民的信息自由权利源自1946年联合国大会第59(1)号决议,该决议肯定了信息自由是公民的一项基本权利,它宣告:"信息自由是一项基本人权,也是联合国追求的所有自由的基石。"后来,这一权利被包括在《联合国人权宣言》第十九条所规定的表达自由中。[2]随后,联合国人权委员会在2000年《联合国观点与表达自由特别报告》中指出,公民信息自由权包括了以下内容:第一,公共机构有义务公开信息,"信息"包括公共机构所拥有的所有记录,而不论其储存形式;第二,信息自由意味着公共机构出版并广为传播涉及公众重大利益的文件,如公共机构运作的信息以及影响公众的任何决定;第三,信息自由应包括教育公众的内容,并传

---

[1] 王利明著:《人格权法研究》,中国人民大学出版社2005年版,第595-603页。

[2] 周汉华主编:《〈中华人民共和国政府信息公开条例草案〉(专家建议稿)》,中国法制出版社2003年版,第32页。

播如何行使获得信息权利的信息;第四,不得以保全政府的面子或者掩盖违法行为为目的拒绝公开信息;第五,应要求所有的公共机构设立公开、透明的内部机制,以保证公众行使获得信息的权利;第六,获得政府信息的成本不能太高,以致申请人不敢提出申请或者扭曲法律的目的。[1] 公共机构公开信息是公民实现信息自由权利的前提,因为社会上大多数有价值的信息都掌控在公共机构手里,因此,赋予公共机构主动公开信息是公民信息自由的应有之义;这种义务不仅仅是指公开其所掌握的信息,还应当包括对公民如何获得信息的教育,以使公众能有效地实现信息自由权利;这种义务应该通过比较方便公众获得信息的方式来履行,而不是置公众是否可能获得于不顾,甚至于歪曲了法律的原意。

政府主动公开信息对于公民信息自由权利的实现的意义是显而易见的,正因为如此,世界上先进发达的国家都有政府主动公开相关信息的规定,政府必须以某种方式向公民、向社会大众主动公开其制作和保有的相关信息,以便公众知晓、开发和利用。因为"这种主动公开制度的设计可以减少公众单个申请政府信息的成本,也可以降低政府机关处理大量申请的负担",还可以"促进民主政治、防止行政腐败……通过将政府运行的组织、职能、程序规定、作决定依据的政策等信息向公众公开,使公众得以了解政府的基本运作规则,有效参与政治生活、监督政府"[2]。主动公开政府信息制度对于民主、法治建设来讲是非常重要的,是依法行政、推进民主政治的有力武器。

譬如《美国法典》第五篇第五百五十二(a)(1)规定(即美国《信息自由法》)为了指导公众,行政机关应当在《联邦公报》上及时公布并分别说明:(A)行政机关所在地说明,获取信息程序及人员说明;(B)行政机关运行和决策的程序说明;(C)对所有文件、报告、调查的范围和内容的说明;(D)法律授权制定的普遍适用的实体性规则,以及行政机关制定和通过的普遍适用的一般政策或解释的说明。[3] 此处的规定,既规定了美国行政机关应当履行的主动公开政府信息的义务,又为其详细规定了应当公开的政府信息范围和

---

[1] 周汉华主编:《〈中华人民共和国政府信息公开条例草案〉(专家建议稿)》,中国法制出版社2003年版,第33页。

[2] 同[1],第70-71页。

[3] 杨建生:《美国政府信息公开司法审查研究》,法律出版社2014年版,第333页。

类型。此外,在《美国法典》第五篇第五百五十二(a)(2)还规定了行政机关另一项主动公开的义务,即(A)裁决案件的最终裁决意见,包括附议意见、反对意见和裁决书;(B)行政机关制定的没有在《联邦公报》上公布的政策说明和解释;(C)影响社会公众的行政机关员工手册和指示。[1] 这些规定对于美国行政机关主动公开政府信息的义务及公开的范围是非常明确的。

新西兰《政府信息法》第二十条第一款也规定,司法部应该以出版物的形式公布所有部、组织的下列信息:(1)机构设置、职能、责任;(2)由其持有的文件各类的一般性描述;(3)作决定、建议所依据的政策、原则、规则、准则和相类似文件的描述;(4)公众想从部、组织处获得信息时需要利用的信息,包括负责人及所需材料信息。[2] 新西兰政府信息主动公开的义务统一由司法部履行,即由司法部统一发布相关的政府信息。主动公开的范围包括各种机构设置及其职能,各政府机构所持有文件的一般性介绍,即所有发往各行政机构的文件或者由各行政机构所制作的文件,都必然要通过司法部向社会主动公开,至于其他政策、原则、法律规范等,更不在话下了。

德国《联邦信息自由法》第十一条同样规定了行政机关主动公开政府信息的义务,即(1)行政机关应当编制目录,记载该机关已经掌握的信息及信息的目的;(2)不含有个人数据的组织计划和案卷计划应当按照本法规定向公众公开;(3)行政机关应当将前两款所规定的计划及目录以及其他适当信息以电子数据形式向公众公开。但在德国行政机关的主动公开中,只要求其主动公开信息的目录,以及信息的目的、信息的详细内容未能言明;行政机关的组织计划以及案卷计划也应当依法主动公开,其组织计划相当于我国行政机关的年度计划或者社会经济发展规划,而案卷计划应当与我国的解决某项具体社会问题的议案差不多。

对于行政机关主动公开政府信息的义务,我国台湾地区所谓"行政程序法"第四十五条也有规定:除非涉及国家机密,否则列举之八类由行政机关持有或保留之资讯应主动公开。台湾地区行政主管部门所谓"政府资讯公开法

---

〔1〕 杨建生:《美国政府信息公开司法审查研究》,法律出版社2014年版,第334页。
〔2〕 周汉华主编:《〈中华人民共和国政府信息公开条例草案〉(专家建议稿)》,中国法制出版社2003年版,第74页。

草案"第九条规定,除依第十九条规定限制公开外,十一类政府资讯应主动公开。[1] 台湾地区行政机关除了涉及国家机密的政府资讯之外,其余资讯都应当主动公开,这就将行政机关的所有资讯都要置于阳光之下,接受人民的审查监督。这是一项强制性的规定,行政机关没有自由裁量的余地,只要不是涉及国家机密的资讯,一律毫无例外地对外公开。

政府信息主动公开制度能得到世界先进发达国家和地区的首肯和采用,必定有其合理性,作为社会主义国家的我们也是积极采纳和推动主动公开政府信息制度,并在短时间就取得了举世瞩目的成就。

新中国成立以来,在中国共产党的领导下,我国政府信息主动公开工作有着优良的传统,主动公开制度是我国政府工作长期经验的总结。我国"政府在主动公开上做了大量的工作,积累了不少好的做法和经验,应得到继承和发展。比如,对一些重点问题、热点问题以及与人民群众利益关系最密切的问题,在政务公开工作制度中都提出了主动公开的要求"[2]。主动公开是我国对行政机关政府信息公开工作的强制性要求,新《条例》第六条规定:"行政机关应当及时、准确地公开政府信息。行政机关发现影响或者可能影响社会稳定、扰乱社会和经济管理秩序的虚假或者不完整信息的,应当发布准确的政府信息予以澄清。"这一条文规定了行政机关主动公开政府信息的普遍义务,还特别强调了当社会上出现虚假或不完整信息时,行政机关更应该主动公开准确信息的特别义务。这一条文不仅规定了行政机关主动公开的义务,还指出了行政机关主动公开对于社会稳定的重要意义。紧接着,新《条例》第三章第十九条至二十六条对各级政府应当主动公开的内容提出了明确要求,相应的各级政府部门,对于条例中所列举的这些内容必须公开。新《条例》除了对主动公开作出原则性规定之外,还对不同的行政机关和工作部门做出了重点公开的规定。第十九条是原则性规定,即所有行政机关都应当公开的内容,包括四个方面:凡涉及公民、法人或者其他组织切身利益的政府信息;需要社会公众广泛知晓或者参与的事项信息;反映本行政机关履行职责基本情况的信息;法律、法规和国家有关规定应当主动公开的其他政府

---

[1] 法治斌:《资讯公开与司法审查》,台北:正典出版文化有限公司2003年版,第11页。
[2] 辽宁省政务公开工作协调小组办公室:《〈中华人民共和国政府信息公开条例〉学习读本》,辽宁人民出版社2007年版,第22页。

信息。满足其中任何一项条件的信息都必须主动公开。在原则性要求的基础上，还分别对不同类型政府机关主动公开的重点进行列举，即重点公开的政府信息。[1] 我国政府信息公开条例这样的规定是"抽象和具体"相结合，即总的来讲，凡是行政机关都应当按照第六条的规定主动公开相应的政府信息，但具体不同的各级行政机关又有各自重点公开的政府信息，这样的规定是非常合理的。

此外，对于法律法规授权的具有管理公共事务职能的组织公开政府信息的活动，新《条例》第五十四条规定，适用该条例的相关规定。新《条例》第五十五条的规定："教育、卫生健康、供水、供电、供气、供热、环境保护、公共交通等与人民群众利益密切相关的公共企事业单位，公开在提供社会公共服务过程中制作、获取的信息，依照相关法律、法规和国务院有关主管部门或者机构的规定执行。全国政府信息公开工作主管部门根据实际需要可以制定专门的规定。"若"公共企事业单位"未依照相关法律、法规和国务院有关主管部门或者机构的规定公开在提供社会公共服务过程中制作、获取的信息，公民、法人或者其他组织可以向有关主管部门或者机构申诉，接受申诉的部门或者机构应当及时调查处理并将处理结果告知申诉人。

2. 可能涉诉的因主动公开政府信息的行政行为

依法主动公开相关政府信息的行政行为，当然不可能涉诉，也不会成为政府信息公开司法审查的客体，但如果不主动公开或者不当公开，则有可能会成为司法审查的客体。针对不主动公开政府信息的司法审查，在世界范围内有不少立法。

在上述国家或地区的政府信息公开制度中，主动公开是各国行政机关的职责，如果其不依法公开则有可能会引起法院对其不当行政行为的司法审查。譬如，在美国，"美国《信息自由法》规定了行政机关应该通过三种方法向公众公开信息：必须在《联邦公报》上公布的信息；通过其他途径公布供公众查阅和复制的信息；根据公众的申请而提供的信息"[2]。前面两种公开方式显然就是主动公开方式，主动公开是法律赋予行政机关的一项基本义务，

---

[1] 辽宁省政务公开工作协调小组办公室：《〈中华人民共和国政府信息公开条例〉学习读本》，辽宁人民出版社2007年版，第23页。

[2] 杨建生：《美国政府信息公开司法审查研究》，法律出版社2014年版，第46页。

如果行政机关怠于履行或者不当履行，显然会导致不利后果。实际上，"行政机关应当公开信息而没有公开，以及行政机关拒绝公众的申请不予公开的，公众向法院起诉请求法院责令行政机关公开信息"[1]，所以，当行政机关不依法主动公开相关政府信息时，公众可以向法院起诉，请求法院责令行政机关公开相关信息，即如果行政机关不主动公开政府信息，该不作为的行政行为就有可以成为司法审查的客体。

"国外对故意隐瞒、封锁政府信息的行为也追究行政法律责任和刑事法律责任。对行政责任的追究，有两种规定方式，或者直接规定在信息自由法之中，或者规定在一般的行政程序法或其他行政法之中。"[2]不主动公开政府信息只是一种结果，原因可能有怠于履行职责或者故意不履行职责，有的过于繁忙、无暇公布，有的则故意隐瞒和封锁，两种情形都会导致政府信息未能得到公开，导致公众未能正常获取信息。事实上，两种情形其实都应当予以惩罚。《保加利亚公共信息获取法》第四十二条就规定，未能遵守第三十一条第三款的义务的，对自然人处以50到100列弗，对法人处以100到200列弗的罚款。这里都规定了行政机关及其工作人员未能履行公开信息义务的，所应受到的处罚。要对行政机关或者其工作人员进行处罚，当然得通过一定的司法审查程序，因为在我们看来，行政责任可以由行政内部通过行政程序来进行追究，但行政法律责任显然要经过司法审查才能追究。同样地，《罗马尼亚自由获取公共利益信息法》第二十一条规定，权力机关或者公共机构任命的人员故意或者变相拒绝履行本法的规定，构成违法并导致责任者，要追究其纪律责任。[3] 国外这种针对行政机关不主动公开政府信息的处罚，到底是通过行政程序处罚还是通过司法审查程序处罚，其实要根据具体案件的情况，如果属于行政机关内部自查自纠，当然通过行政程序进行处罚，如果是被其他主体诉至法院，当然要通过司法审查程序进行处罚。

---

[1] 杨建生：《美国政府信息公开司法审查研究》，法律出版社2014年版，第46页。

[2] 周汉华主编：《〈中华人民共和国政府信息公开条例草案〉（专家建议稿）》，中国法制出版社2003年版，第183页。

[3] 以上《保加利亚公共信息获取法》和《罗马尼亚自由获取公共利益信息法》相关条文参见《政府信息公开条例草案的说明、理由和立法例》第183页。另，《罗马尼亚自由获取公共利益信息法》第二十一条所引原文为"……构成违法并导致责任者的纪律责任。"笔者认为应是笔误，故作如是修改。

在我国的政府信息公开司法审查中,对于这种不主动公开政府信息的行为,现在还没有相关规定可以提请司法审查。尽管新《条例》第五十三条规定,如果行政机关不依法履行政府信息公开义务或者不及时更新公开的政府信息内容、政府信息公开指南和政府信息公开目录的,由上一级行政机关责令改正;情节严重的,对负有责任的领导人员和直接责任人员依法予以处分;构成犯罪的,依法追究刑事责任。第一处罚应属于内部告诫的性质,第二种处罚也属于行政内部处分,而第三种处罚则是属于刑事诉讼的范围,不是本书所指的司法审查。但如果行政机关怠于公开政府信息或者公开的是错误的政府信息,致使行政相对人遭受损失的,也可以根据《行政诉讼法》的规定,提起普通的行政诉讼。在这种情况下,行政机关不主动公开或者不当公开政府信息的行为就可以成为司法审查的客体。

在江苏省如东县人民法院受理的(2014)东行初字第213号案中,对于行政主体不主动公开依法应当公开的政府信息的行为进行了司法审查,并将该不主动公开的行为定性为违法。该案的基本案情及裁判理由如下:

2014年5月22日,原告钱圣祥向被告如城街道办事处提出信息公开申请,要求公开"如皋市如城镇大明村1、2、3、7、11、12、14组等163户房屋拆迁补偿明细"。2014年6月6日,被告答复称,对于原告钱圣祥要求公开的信息,被告如城街道办事处已于2014年3月下旬至5月下旬通过"群众意见征询表"的形式,书面向163户拆迁户征询,经查,除钱维国、钱圣祥同意公开,其余161户均不同意公开原告钱圣祥所申请的内容。故拒绝主动公开及向原告钱圣祥公开上述信息。

原告钱圣祥认为:其所申请公开的信息依法应属政府主动公开范围。《中华人民共和国政府信息公开条例》第十二条规定,乡镇人民政府应当在其职责范围内,确认主动公开政府信息的具体内容,并重点公开征收或征用土地、房屋拆迁及其补偿、补助费用的发放、使用情况。被告如城街道办事处未履行法定的主动、重点公开信息的职责违法。故诉至法院。

被告如城街道办事处辩称:原告钱圣祥申请的163户房屋拆迁补偿费用明细属于《中华人民共和国政府信息公开条例》第二十三条所规定的个人隐私范畴。因此,被告如城街道办事处依照法律规定向第三人(即大明村1、2、3、7、11、12、14组等163户被拆迁户)书面征询意见。由于前期有他人就同样的事项进行过信息公开申请,故被告如城街道办事处依据之前涉及本事项的对第三方当事人进行书面意见征求结果,于2014年6月6日对原告钱圣祥所申请公开的事项进行了答复,并告知其不予公开的事实和理由。

法院经审理认为:被告如城街道办事处在对如皋市如城镇大明村集体土地征用土地过程中所制作或保存的相关涉征地、房屋拆迁及补偿、补助费用发放、使用情况,属于其在履行行政管理职责过程中形成或获取,并以一定形式记录并保存的信息,这些信息符合《中华人民共和国政府信息公开条例》规定的政府信息的特征,属于政府信息。依照条例第十二条规定精神,乡(镇)人民政府应在其职责范围内主动并重点公开涉征收或者征用土地、房屋拆迁及其补偿、补助费用的发放、使用情况方面的信息。被告如城街道办事处作为上述信息的制作或保存机关依法应在其行政区域内以一定的形式主动公开上述信息。

此外,针对不主动公开政府信息导致严重后果的,我国目前还有"行政问责制"。经过2003年那场"非典"疫情后,自从那些隐瞒疫情不报、封锁消息,甚至以官方身份正式"辟谣"的行政官员被撤职之后,我国逐渐形成了"行政问责制"。但"行政问责制"仅仅是行政机关内部处理,还远不是司法审查。[1] 所以,在实定法层面上,这种不主动公开政府信息的行为,还未能正式成为司法审查的客体。但在逻辑层面上,如果引进了政府信息公开公益诉讼[2],这种不主动公开的行为,显然可以作为司法审查的客体。有学者针对行政机关不主动公开政府信息是否可诉指出:"有人认为,该条款(指旧《条例》第三十三条第二款:笔者注)关于提起行政诉讼的规定针对的只是依申请公开,对主动公开的行为不可诉。笔者解读不出这种含义。"[3] 在2015年新

---

[1] "行政问责,即是对不履行法定行政义务或未承担相应行政责任的行政机关及其行政人员进行定向追究的一种事后监督。它的根本目的是对行政失范行为的监督和预防,主要手段包括各种形式的行政和司法的追究,目前的运行方式主要是撤职、引咎辞职、官员问责等。"参见李广斌:《行政问责制研究》,2008年版,第25页。目前,成为我国行政问责依据的法律政策规范主要有:《党内监督条例(试行)》(2004年)、《中国共产党纪律处分条例》(2004年)、《全国推进依法行政实施纲要》(2004年4月)、《中华人民共和国公务员法》(2006年),目前行政问责制正向法制化和规范化发展,但还远不是司法审查。

[2] 关于政府信息公开公益诉讼,留待后文详述。

[3] 李广宇:《政府信息公开行政诉讼的受理问题》,载《人民法院报》2008年7月25日,第6版。

《行政诉讼法》修订之前，人们对于不主动公开政府信息行为是否可诉的争议焦点是它到底是不是具体行政行为，因为不主动公开行为没有具体的行政相对人，因此不能形成行政法律关系，故不少学者认为不可诉。但新《行政诉讼法》修订之后，突破了"具体行政行为"这一局限，以此为理由将不主动公开行为排除在可诉之外，显然已经不成立。[1] 另外，笔者认为，不主动公开政府信息导致严重后果的情形，应当属于行政不作为，相关受害人可以援引行政不作为理论，提请普通行政诉讼，要求国家赔偿。但在实定法上及在司法实践层面，这样的诉讼主张很难得到人民法院的支持。

与主动公开相关的另一种有可能成为政府信息司法审查客体的是不当公开政府信息的行为。不当公开有两种情形：一种是行政机关发布了错误的政府信息，导致了相关主体的权益受损；另一种是行政机关发布的信息侵犯相关主体隐私和商业秘密，导致利害关系人权益受损。

在行政机关主动公开错误信息以及虚假信息，以致相关主体受到损害的情况下，可否提请司法审查，是一个需要探讨的问题。比如2003年的"非典"疫情，由于地方政府和卫生部门刻意隐瞒相关疫情，并一而再，再而三地对外公布"非典"无危害或者危害不足惧这样的信息，致使不少不明真相的公民依然到疫情重灾区出差或者旅游，致使公民的生命健康受到严重损害。[2] 此外，最近几年我国各地也发生了一些因行政机关公布虚假信息而引发的诉讼，如"2009年，南京市的胡某以当地国土资源局发布的某地块出让、转让、变更及对土地登记等信息为虚假信息为由，请求法院判决发布虚假信息的行政行为为违法"[3]。又如据《中国青年报》报道：2014年4月10日17时起，兰州市发生自来水苯超标事件。2014年4月11日12时，新华社发布消息

---

〔1〕 许莲丽：《论政府信息主动公开的行政诉讼》，载《河北法学》2009年第10期，第68-72页。

〔2〕 据报道，2002年12月15日，广东河源市出现一种怪病（即"非典"），当地产生恐慌，河源市疾控中心在当地《河源报》上声明，河源并没有发生流行性病毒疫情。随后，广东省卫生厅组织专家前往调查并将调查报告印发到地级以上卫生单位，却没有向社会公布。2003年2月11日广州市政府召开新闻发布会，强调"疫情已经得到了有效控制"，但实际上疫情还在扩散，死亡和感染人数不断剧增。在"非典"疫情初期，行政机关怠于公开政府信息或者公开的是虚假信息，导致了无数人民群众生命健康受到损害。参见梁庆寅主编：《非典：反思与对策》，中山大学出版社2003年7月版，第255-258页。

〔3〕 王鹏：《对政府公开虚假信息行为的司法审查》，载《华北电力大学学报（社会科学版）》2014年12月第6期，第73页。

称,4月10日17时兰州自来水苯含量高达118微克/升,22时苯含量为170微克/升,11日2时检测值为200微克/升,超出国家限值10微克/升20倍。新华社刊发消息之后,兰州市政府才于4月11日16时30分召开新闻发布会,且当天下午14时40分才通知媒体,大多数媒体未能赶到远离城区30多千米的新闻发布会现场,致使从4月10日有市民反映水有异味到政府召开新闻发布会的差不多24小时里,水污染的真相都只是掌握在少数人手里,兰州市民都被蒙在鼓里。而且在新闻发布会上,兰州市政府、甘肃省环保厅只是回应称:未来24小时,自来水不宜饮用,其他生活用水不受影响,并未提及4月10日至新闻发布会这段时间水污染情况。[1] 此事件导致市民恐慌、抢购矿泉水纯净水,还有市民感觉身体不适等后果。面对这种损害,公民该如何向有过错的政府主张权利。因行政机关怠于公开政府信息或者发布虚假、错误的信息而遭受损害的公民,可否提请政府信息公开司法审查进而要求国家赔偿？在学者认为:"既然知情权在法律或宪法层面的证成是政府信息公开诉讼得以存在、成立的逻辑前提……由此一来,行政机关应当主动公开政府信息而没有主动公开,就必定侵犯公民、法人或者其他组织的合法权益……即可提起行政诉讼。"[2]我们认为,不当公开与前面的不主动公开在行为性质上有本质的不同。不主动公开是行政不作为,不当公开是行政作为,只不过是其发布的信息是虚假的或者是错误的。在"非典"疫情初期和兰州自来水苯超标事件中,行政机关的行为都包括了两种情形,即既有怠于发布信息的情形,又有发布虚假或者错误信息的情形。[3] 根据《条例》第六条:"行政机关应当及时、准确地公开政府信息"的规定,行政机关公开政府信息,必须及时、准确,发布错误或者虚假的信息,显然违反了政府信息公开"准确性"的要求,由此造成相关主体权益损害的,相关主体当然可以根据新《条

---

[1] 张鹏、马富春、孙谦:《三问兰州自来水苯超标事件真相》,载《中国青年报》2014年4月12日,第1版。

[2] 许莲丽:《保障公民知情权——政府信息公开诉讼的理论和实践》,中国法制出版社2011年版,第92页。

[3] 根据《国家突发公共事件总体应急预案》规定,突发公共事件发生之后,行政机关应当在第一时间向社会发布简要信息,随后发布初步核实情况、政府应对措施和公众防范措施等,并根据事件处置情况做好后续发布工作。突发公共事件的信息发布应当及时、准确、客观、全面。参见曹康泰主编:《中华人民共和国政府信息公开条例读本》,人民出版社2009年版,第37页。

例》第五十一条(旧《条例》第三十三条)的规定,提请人民法院对其进行司法审查并要求国家赔偿。因此,不当公开的行政行为,应当是政府信息公开司法审查的客体。

最后,不当公开的另一种情形是政府信息公开的行为侵害了第三人的合法权益,如侵害第三人的商业秘密或者个人隐私。这种行为的可诉性是比较明显的,司法实践中也司空见惯,我国的法律法规规定得也比较明确。旧《条例》第十四条规定,行政机关在履行主动公开信息义务时,应当依照《保密法》以及其他法律、法规和国家有关规定对拟公开的政府信息进行审查,除非经权利人同意公开或者行政机关认为不公开可能对公共利益造成重大影响的,否则涉及商业秘密、个人隐私的政府信息,不能公开。如果擅自公开了第三人的商业秘密或者个人隐私,第三人可以提请人民法院对其进行司法审查。因此,这类主动公开的行为是政府信息公开司法审查的客体。域外关于政府信息公开的行为侵害了第三人的合法权益的司法审查机制也有较为完备的规定,以美国为例,在美国《信息自由法》的规定中,行政机关在提供或者出版裁决意见、政策说明、解释、员工手册、指示或其他档案副本时,可以删除个人身份识别细节,以防止对个人隐私构成不当侵犯。[1]《信息自由法》(b)(6)条更是明确规定:本法的规定不适用于下列文件,即公开将构成明显不当侵犯个人隐私权的人事的、医疗的和类似的档案。如果行政机关在主动公开过程中,公开了公民个人上述方面的隐私,公民当然可以诉至法院,提请司法审查。

综上所述,在政府信息公开工作中,怠于公开或者公开虚假、错误的信息,以及公开第三人(利害关系人)的商业秘密、个人隐私的行政行为,都可以成为政府信息公开司法审查的客体,相关主体都可以诉至法院,提请司法审查。

(四)依申请公开政府信息的行政行为

1. 申请政府信息公开的法理基础及法律规定

在公民申请政府信息公开的理由说明上,美国《信息自由法》的立法说明堪称经典。国会发现,《信息自由法》之所以被签署成为法律,是因为美国人民认为:我们的宪政民主、我们的自治系统以及我们承诺的人民主权依赖于

---

[1] 杨建生:《美国政府信息公开司法审查研究》,法律出版社2014年版,第334页。

被统治者的同意;除非它是知情的同意,否则被统治者的这种同意是毫无意义的。[1] 在这里,"国会发现"其实就是"人民发现"或者"美国人民坚信"。他们认为,美国的宪政民主、自治系统和人民主权的实现,必须建立在人民同意的基础,但如果这种同意是在人民被蒙蔽的情况下的同意,则是毫无意义的。因此,公民知情权的保障与实现对于美国现代民主生活来讲,意义非常重大。而美国公民知情权的保障,可通过政府主动公开相关信息,也可以通过公民申请获取信息来实现。因此,申请政府信息公开是保障公民知情权的题中应有之义,是美国宪政民主、自治系统和人民主体得以实现的保障。因此,该法(d)条款规定"除本法特别规定的情形外,本法不得拒绝或限制公众申请获取文件",从而确保了公民请求行政机关公开政府信息的权利。如果公民申请政府信息公开未果,根据美国行政法的相关规定,"一般人民于提起诉讼前,均须先'用尽行政救济之管道'。《资讯自由法》亦然,特别明文规定须先向被申请机关之首长提起诉愿。……申请人对诉愿决定不服时,得向法院提起司法诉讼。"[2] 行政复议是司法审查必经的前置程序,如果申请人对不利决定不服的,必须先向行政首长申请行政复议,对复议决定不服的,可向法院提请司法审查。

台湾地区学者认为:世界上承认人民有请求政府资讯公开之权利者,始于18世纪北欧之瑞典。时至今日,由于福利国家或给付行政思想之兴起,政府之功能急速扩张,其所需处理之事务已多至无法逐一列举之地步。事实上且因行使职权之需要,政府机关更掌握及储存大量之资讯。反之,人民或私人团体所拥有者多仅系一鳞半爪,其难窥其全貌,有时甚至真伪难辨。在如此资讯一面倒之前提下,不仅容易造成人民误解,甚至曲解政府美意,使得政府施政有沦为黑箱作业之可能。因此为求人民表意自由之真正发扬,借由资讯公开法制之建立,以形塑透明、公开、负责之政府及其施政,即有绝对之必要。[3] 18世纪以前,人民知的权利尽管还不甚明确,但人们已经隐约感到知的权利的重要,18世纪之瑞典即已经承认人民有请求政府公开资讯的权利,而社会发展到今天,政府职能已经渗入社会每个角落,行政管理已经深度介

---

[1] 杨建生:《美国政府信息公开司法审查研究》,法律出版社2014年版,第325页。
[2] 法治斌:《资讯公开与司法审查》,正典出版文化有限公司2003年版,第31页。
[3] 同[2],第4-5页。

入了人们的日常生活,政府由此掌控了社会上大多数的资讯。由于"有权力就有可能腐败",我们不能把身家性命、人民福祉完全寄托于政府及其官员的自觉品质之上,必须防范政府及其官员懒政、庸政之情形,因此,人民必须保有申请政府信息公开之权利,唯其如此,才能知晓政府及其官员的所作所为,确保人民自己不被蒙蔽。

我国台湾地区所谓"政府资讯公开法"(2005年12月28日)第一条规定人民在政府资讯方面享有如下权利:(1)政府资讯申请提供权;(2)政府资讯申请更正、补充权;(3)申请资讯被拒绝之行政救济权。该法既规定了人民享有的申请政府信息公开的权利,又规定了行政救济权利,如果行政机关拒绝提供政府信息,人民认为其拒绝提供行为侵犯了其合法权益,则可以提请行政救济。这里所规定者尽管是"行政救济",但如果人民对行政决定不服,"自应依诉愿法及行政诉讼法之相关规定处理"[1]因此,在我国台湾地区的相关规定中,拒绝人民申请政府信息公开的行为,当是司法审查的客体。

为了确保公民知情的权利,在《条例》颁布之前,我国诸多法律都对政府信息公开作了相关的规定。如《行政处罚法》(2021版)第四十四条规定,行政机关在作出行政处罚决定之前,应当告知当事人作出行政处罚决定的事实、理由及依据,并告知当事人依法享有的权利,即行政机关应当履行告知或者公开政府信息的义务(处罚的理由和依据)、以尊重和保障公民的知情权。行政机关既然有此义务,行政相对人当然就具有申请其公开相关处罚事实、理由和依据的权利。此外,《行政许可法》《招投标法》以及《土地管理法》等都有相关政府信息公开之义务及行政相对人申请公开之权利的规定。

上述诸多法律对行政相对人政府信息知情权的零星规定,并不能很好地保障公民的知情权,因为相关法律的规定只是针对特定的行政相对人,而广泛意义上的大多数公民的知情权则不能保障,这是《条例》得以产生的主要原因。经过多年的发展,人们认识到针对政府信息公开,应该有一个一般性的规定,对于公民的政府信息公开请求权亦应该有一个全面、完整地规定,因此,旧《条例》在第十三条规定:公民、法人或者其他组织还可以根据自身生产、生活、科研等特殊需要,向国务院部门、地方各级人民政府及县级以上地

---

[1] 法治斌:《资讯公开与司法审查》,正典出版文化有限公司2003年版,第30页。

方人民政府部门申请获取相关政府信息。而且还在第三十三条赋予相关主体诉权，公民、法人或者其他组织认为行政机关不依法履行政府信息公开义务的，或者认为行政机关在政府信息公开工作中的具体行为侵犯了其合法权益的，也可以向法院提起行政诉讼。因此，无正当理由拒绝公开政府信息的行为，是政府信息公开司法审查的客体。

2. 行政机关不公开政府信息的行为类型

根据最高人民法院《若干问题的规定》第一条的规定，人民法院应当受理并对其进行司法审查的拒绝政府信息公开申请的行政行为主要有以下几种类型：

第一种类型是行政机关拒绝公开的行为。即行政机关收到申请人的申请之后，做出行政决定拒绝向申请人公开相关政府信息。"行政主体拒绝行政相对人信息请求权的行为无疑是一个具体行政行为，而这个拒绝的结果便必然导致行政相对人对该拒绝行为的不认同。在这种情况下，在行政相对人和行政主体之间就形成了一个争议。"[1]这样的争议是最标准的政府信息公开的争议，是政府信息公开司法审查最典型的诉讼客体。在上述江苏省如东县人民法院受理的(2014)东行初字第213号案中，就有拒绝公开的行为。

第二种类型是行政机关逾期不予答复的行为。即申请人向行政机关提交申请之后，行政机关在法定处理期限内未作出答复的行为。这是标准的行政不作为的行为。周佑勇教授认为：行政不作为是与行政作为相对应的一种行政行为类型，其构成除必须具备行政行为的一般构成要件之外，还要求以行政作为义务的存在为前提条件，并具备作为之可能性、程序上逾期不为等主客观要件。[2]在行政机关逾期不予答复的情形中，行政机关是适格行政主体，且有法律法规赋予的公开政府信息的职责和义务，其又具备作为的可能性，事实上又逾期而不为等。根据行政法及行政诉讼法的原理，也理当是行政诉讼的客体，亦是政府信息公开司法审查之客体。

比如，在江苏省涟水县人民法院受理的(2014)淮涟行初字第0013号案中，原告李佐仁于2013年11月3日用挂号信寄给被告涟水县人民政府《请

---

[1] 梁玥：《政府信息公开诉讼研究》，山东人民出版社2013年版，第256页。
[2] 周佑勇：《行政不作为构成要件的展开》，载《中国法学》2001年第5期，第64-73页。

求获取政府信息申请书》,要求被告公开刘其举参加房改时的全部材料和房改的结果资料,同时要求被告向原告提供加盖公章的复印件。被告收到原告的申请后,答应在15个工作日内给予原告回复,但涟水县人民政府在法定期间没有向原告履行公开信息职责,故李佐仁诉至法院请求判令被告限期履行职责。

  法院经审理认为:根据《条例》第十三条的规定,原告有权申请负有公开政府信息职责的行政机关予以公开,且原告要求公开的房改信息是由被告设立的临时机构涟水县住房制度改革领导小组下设的办公室在具体履行职责中形成的,鉴于涟水县住房制度改革工作已经结束,被告涟水县人民政府应当是公开房改信息的责任承担者,但被告在收到原告要求公开信息的申请后,没有认真审查原告所申请公开的政府信息是否属于本政府在履职过程中制作或获取并保存的信息,以及就该信息是否可以公开或已经公开等方面做出相应的处理或答复,属于逾期不予答复的行为。故依照《行政诉讼法》第五十四条(三)项的规定,判被告涟水县人民政府在本判决生效后30日内对原告李佐仁要求公开政府信息的申请依法做出处理。

  第三种类型是行政机关做出不当答复的行为。即申请人向行政机关提交申请之后,行政机关提供的政府信息不符合其在申请中要求的内容,或者不以法律、法规规定的适当形式提供政府信息的行为。有台湾地区的学者认为,这种情形属于政府信息公开申请的"未获满足",即:"不仅于行政机关对于人民依法申请之案件,予以驳回或于法定期间内应作为而不作为情形,属于未获满足;于变更、缩减人民申请内容再予准许,或于其申请内容外额外增加不利益(例如附款),或对其申请以资料不足为由一再退回要求补件或不予受理,或以仍须查询仍须调查事实而不当搁置,或以申请不合程式一再退回要求重提等情形,均属申请未获满足"[1]。针对行政机关实施的这种行为提起的诉讼,可称之为"未获满足"之诉。

  在上述江苏省如东县人民法院受理的(2014)东行初字第213号案中,就有被告不当公开的行为,即原告钱圣祥申请公开的是"如皋市如城镇大明村1、2、3、7、11、12、14组等163户房屋拆迁补偿明细",但被告仅向原告公开了

---

[1] 翁岳生主编:《行政法》,中国法制出版社2009年,第1450页。

获得同意公开的10户的房屋拆迁补偿费用明细,这个公开行为显然与原告申请公开的信息范围不相符合。明显属于不当答复。

第四种类型是行政机关不予更正相关政府信息的行为。即申请人认为行政机关提供的与其自身相关的政府信息记录不准确,要求该行政机关予以更正,该行政机关拒绝更正、逾期不予答复或者不予转送有权机关处理的行为。行政机关在行政管理过程中,对采集、制作相关信息,难免出现纰漏,如果申请人有证据证明行政机关提供的与其自身相关的政府信息记录不准确的,当然有权要求该行政机关予以更正,这个亦属于个人信息保护的范畴。"由于我国尚没有制定个人信息保护法律,考虑到个人信息保护问题日益迫切,又与政府信息公开密切相关,在制定《条例》时就增加了这样一个'搭车条款'。"[1]在申请人申请更正之时,如果行政机关拒绝更正、逾期不予答复或者不予转送有权机关处理的,当然可以诉至法院,请求人民法院予以司法审查。

(五)侵害第三人或者利害关系人合法权益的政府信息公开行为

侵害第三人或者利害关系人合法权益的政府信息公开行为,有可能发生在主动公开工作中,也有可能发生在依申请公开政府信息工作中。前一种类型已经在前文中有所论述,这里不再赘述,本部分重点讨论的是在依申请公开中的侵害行为。针对这种侵害第三人利益的政府信息公开之诉,又称为"反信息公开之诉",因此,侵害第三人合法权益的政府信息公开的行为,也是司法审查的客体。

我国新《条例》第三十二条(旧《条例》第二十三条)规定:行政机关认为申请公开的政府信息涉及商业秘密、个人隐私等公开后可能损害第三方合法权益的,行政机关应当书面征求第三方的意见。据此规定,行政机关在政府信息公开工作中,有对申请进行审查、对拟公开的政府信息进行审查的义务,以确保向社会公众、向申请人公开的政府信息不至于侵害了第三人的合法权益。如果发现申请人申请公开的政府信息涉及第三人的商业秘密和个人隐私的,必须以书面的方式征求第三方的意见,如果第三方不同意公开的,不能公开(除非因公共利益需要),否则将有可能引发行政诉讼,成为司法审查的对象。

---

[1] 李广宇:《政府信息公开诉讼:理念、方法与案例》,法律出版社2009年版,第24页。

这种诉讼与一般的要求公开政府信息的诉讼不同,后者是原告诉请人民法院责令行政机关依法公开其想获取的政府信息,前者则是要求人民法院阻止行政机关公开政府信息。这种诉讼学界称之为"反信息公开诉讼"。这种诉讼起源于行政机关实施的政府信息公开行为侵害了第三人的合法权益。

在美国司法审查中,也有类似的诉讼,即"反《信息自由法》的诉讼,是指向行政机关提供信息的人,提起诉讼禁止行政机关向第三者提供其向行政机关提供的秘密信息。起诉的原告一般是企业或公司的经营者。这类诉讼的目的与《信息自由法》规定的公开行政机关信息的目的相反,所以称为反《信息自由法》的诉讼。"[1]由此可见,在美国司法审查制度中,行政机关公开的信息涉及侵权的,也是司法审查的对象。

二、实践中的受案范围

政府信息公开诉讼的受案范围上文已经做了一些论述,但那是从理论的角度来论述的,即仅仅探讨了政府信息公开之诉应以哪些信息公开行为为诉讼客体或诉讼对象,并没有具体论述实务中的受案范围。下面笔者将根据法律、法规、司法解释的规定,以最高人民法院《若干问题的规定》为主从实定法的层面来展开对受案范围的论述。

(一)人民法院应当受理的政府信息公开争议

1. 申请人向行政机关申请获取政府信息,行政机关拒绝提供的,公民、法人或者其他组织认为行政机关的拒绝行为侵犯其合法权益的。新《条例》第二十七条的规定:"除行政机关主动公开的政府信息外,公民、法人或者其他组织可以向地方各级人民政府、对外以自己名义履行行政管理职能的县级以上人民政府部门(含本条例第十条第二款规定的派出机构、内设机构)申请获取相关政府信息。"据此规定,各级行政机关均有义务受理公民、法人或者其他组织政府信息公开的申请,根据新《条例》第三十三条的规定,能当场答复的,应当当场答复,不能当场答复的,则应当自收到申请之日起20个工作日内予以答复。行政机关提供所申请公开的政府信息有两种方式:一是当场答

---

[1] 王名扬:《美国行政法》(下),中国法制出版社2005年版,第1006页。

复;二是20个工作日内答复。因此,行政机关拒绝提供的情形也有两种:一是当场拒绝;二是在20个工作日内答复申请人时拒绝提供。申请人认为以上两种拒绝提供政府信息的行为侵犯其合法权益的,均可以向人民法院提起行政诉讼。

2. 向行政机关申请获取政府信息,行政机关拒绝提供、逾期不予答复的。这种争议与上文所述第一种争议不同:第一种争议行政机关对申请人是作出了答复的,只不过是拒绝提供相关政府信息的答复;这种不予以答复的行为,是行政机关对申请人的申请法定期间内不置可否,收到申请书之后便不了了之,既不向申请人公开信息,也不答复其不予公开。这是明显的行政不作为,申请人根据上述规定,可以向人民法院提起行政诉讼。

这种不予答复的行为在司法实践中屡见不鲜,比如在云南省杨建坤诉陆良县国土资源局案中,因行政主体逾期不予答复,被法院判决认定行为违法。

杨建坤系云南省陆良县马街镇马街居委会13组村民,2010年陆良县远大房地产公司征收马街居委会13组的集体土地。陆良县国土资源局(以下简称"县国土局")对上述征收行为进行了处罚。2015年5月,杨建坤向县国土局口头申请公开该处罚决定。县国土局拒绝后,杨建坤通过EMS快递方式向县国土局邮寄了《信息公开申请书》,请求依法公开对陆良远大房地产公司的行政处罚决定。县国土局逾期未作答复。杨建坤遂提起本案诉讼。一审法院认为,虽然县国土局认为杨建坤不是行政处罚的当事人,但县国土局还是应当根据《条例》的规定,履行相应的答复义务,否则应属于行政不作为。遂判决:由陆良县国土局在判决生效后15日内对杨建坤的申请履行书面答复或公开义务。一审宣判后,双方当事人均未上诉。

3. 认为行政机关公开的内容不符合要求。这种情形与前面的两种情形不同,前两者是拒绝公开或者逾期不予答复,此者是行政机关履行了其公开的义务,但公开的内容与申请人所申请公开的政府信息不相符合,或者未按法律、法规规定的适当形式公开。这种行为相当于"答非所问"式的公开,在司法实践也是比较常见,比如,在云南省李荣玲等诉富民县住房和城乡规划建设局政府信息公开案中,由于相关主体公开的信息与申请人申请的范围不符被法院判定败诉。基本案情和判决理由如下:

2014年5月14日,李荣玲、刘斌、胡琼(以下简称"李荣玲等三人")向富民县人民政府提交《查询申请》,要求查询:"《关于富民县永定供销社违法建设综合楼的调查报告的办理情况的回复》"的政府信息。2014年5月19日,富民县人民政府办公室书面答复三原告:"你三人送交的《查询申请》已按《中华人民共和国政府信息公开条例》转县监察局、县住建局、县城管局,由三家部门按相关规定办理。"2014年5月27日,富民县住房和城乡规划建设局(以下简称"富民住建局")作出《关于申请人刘斌、胡琼、李荣玲三人提出要求查询昆城管(2014)4号〈关于富民县永定供销社违法建设综合楼项目调查情况的再次报告〉回复的答复意见》(以下简称《答复意见》)。李荣玲等三人对富民住建局作出的《答复意见》不服,提起本案行政诉讼,要求判令富民住建局依法公开李荣玲等三人申请的政府信息。

一审法院认为,李荣玲等三人要求富民住建局向其公开的《关于富民县永定供销社违法建设综合楼的调查报告的办理情况的回复》,是富民住建局在工作中获取的内部信息,不属于《政府信息公开条例》所指的应公开的政府信息。李荣玲等三人要求判决富民住建局向其公开,不予支持。遂判决驳回李荣玲等三人的诉讼请求。李荣玲等三人不服,提出上诉。二审法院认为,富民住建局虽依李荣玲等三人提交的《查询申请》作出了《答复意见》,但是该答复针对的内容并非李荣玲所申请的内容。富民住建局应当根据李荣玲等三人所提交《查询申请》上要求公开的政府信息进行审查并作出针对性的答复。遂判决:一、撤销一审判决,二、撤销富民住建局作出的《答复意见》,责令富民住建局重新作出答复。

4. 认为行政机关公开政府信息侵犯其商业秘密、个人隐私的。根据新《条例》第十五条规定:"涉及商业秘密、个人隐私等公开会对第三方合法权益造成损害的政府信息,行政机关不得公开。"据此规定,行政机关对拟主动公开或者依他人申请公开的政府信息有进行事先审查的义务,如果发现信息涉及第三方的商业秘密或者个人隐私的,应当征求第三方的意见,经第三方同意公开之后才能公开,否则第三方可以向人民法院提起行政诉讼。当然,如果不公开可能对公共利益造成重大影响,行政机关也可以不经第三方同意自行公开,在这种情况下,第三方同样可以请求人民法院对其公开行为进行司法审查。

比如,在上文所述的江苏省如东县人民法院受理的(2014)东行初字第

213号案中,就有被告在决定公开政府信息之前向有关第三人进行征询并认定所申请公开的信息属于第三人个人隐私而不予公开的事实。当然,申请公开的信息是否属于个人隐私则最后由人民法院裁断。

又,在山东省王某诉青岛市李沧区人民政府政府信息公开案中,行政机关认为原告所申请公开的信息涉及第三人商业秘密,公开主体须依法向第三人征询是否可以公开。当然,原告所申请公开的信息是否属于商业秘密,则以法院裁判为准,并不以行政主体的认定为准。基本案情及法院裁判理由如下:

山东省王某系青岛市李沧区九水路社区居民,其在青李拆许字(2010)第2号房屋拆迁许可证范围内有合法房屋一处。2010年4月30日,王某与李沧现代商贸区建设办公室签订编号为"九308"号中海地块房屋拆迁补偿协议一份,协议约定回迁时间为2013年5月20日前。因一直未被安置,王某于2014年11月25日向青岛市李沧区人民政府(以下简称"李沧区政府")提出政府信息公开申请,申请获得李沧区政府与第三人青岛中海华业房地产有限公司(以下简称"中海公司")签订的回购或代建协议和改建协议信息。11月27日,李沧区政府向第三人中海公司发出(2014)第1101号《政府信息公开第三方意见征询函》,征求中海公司是否同意公开王某申请的信息。12月1日,中海公司向李沧区政府发出《关于政府信息公开第三方意见征询函的复函》,称王某申请涉及公司商业秘密,不同意公开。12月12日,李沧区政府作出(2014)第1101号《李沧区政府信息公开不予公开告知书》,告知其申请获取的政府信息属于商业秘密或公开可能导致商业秘密被泄露的政府信息,不予公开。王某不服,提起行政诉讼。

青岛市中级人民法院经审理认为,根据《条例》第二十三条"行政机关认为申请公开的政府信息涉及商业秘密、个人隐私,公开后可能损害第三方合法权益的,应当书面征求第三方的意见;第三方不同意公开的,不得公开。但是,行政机关认为不公开可能对公共利益造成重大影响的,应当予以公开,并将决定公开的政府信息内容和理由书面通知第三方"及第二十二条"申请公开的政府信息中含有不应当公开的内容,但是能够作区分处理的,行政机关应当向申请人提供可以公开的信息内容"的规定,本案的审理焦点应为王某申请公开的信息是否涉及第三人的商业秘密,是否应予公开。《若干问题的规定》第五条第一款规定,被告拒绝向原告提供政府信息的,应当对拒绝的根据以及履行法定告知和说明理由义务的情况举证。本案中,李沧区政府认为王某申请获取的政府信息属于商业秘密或公开可能导致商业秘密被泄露的政府信息,不予公开,但其并未向法院提交《回购协议》或能够证明《回购协议》涉及第三人商业秘密的相关证据材料,亦不能充分说明如《回购协议》涉及第三人商业秘密,是否可以作区分处理。因此,李沧区政府以王某所申请的《回购协议》涉及商业秘密为由作出(2014)第1101号《李沧区政府信息公开不予公开告知书》,主要证据不足,依法应予撤销。因本案现有有效证据不能证明《回购协议》是否涉及第三人商业秘密,尚需被告进一步调查、裁量,因此对王某请求判令李沧区政府直接公开该《回购协议》的诉讼请求不予支持。遂判决撤销李沧区政府作出的涉案《李沧区政府信息公开不予公开告知书》;判令李沧区政府依法重新作出答复。

该案申明,在涉及第三人个人隐私或者商业秘密政府信息公开活动及诉讼活动中,公开主体均须征询第三人是否同意公开,如果不同意公开的,公开主体和第三人须提供能够证明相关信息属于个人隐私或者商业秘密的证明,否则有可能要承担败诉责任。

5. 认为行政机关提供的与其自身相关的政府信息记录不准确,要求该行政机关予以更正,该行政机关拒绝更正、逾期不予答复或者不予转送有权机关处理的。如有学者所述:要求行政机关更正行政机关提供的、与其自身机关的政府信息,属于个人信息保护的范围[1],比如年龄、民族、婚姻状况等个人信息,如果记录不正确,将会影响公民的民事权利和民事行为能力,进而严重影响公民个人的相关权益,因此,赋予公民诉权以保护个人信息的准确性。当然,法人或者其他组织遭遇此种情形的,也同样拥有向法院提起行政诉讼的诉权。

6. 认为行政机关在政府信息公开工作中的其他行政行为侵犯其合法权益的。受案范围采用列举的方式把各种可诉的行政争议明确规定下来,其明确性、可操作性强是显而易见的,但往往也存在无法穷尽和挂一漏万

---

[1] 李广宇:《政府信息公开诉讼:理念、方法与案例》,法律出版社2009年版,第24页。该学者在此只提及了"个人信息保护的范畴",没有提及法人或者其他组织的信息,实际上《条例》所保护的不仅仅是公民个人的信息,还包括了法人或者其他组织的信息。

的可能,因此,技术上在立法时通常还会在列举之余再规定一个兜底条款,以确保能在最大范围内保障公众的知情权。有学者认为,这项规定包含两层含义:一是在现有规定下,如果还有其他依法可以提起行政诉讼的案件,人民法院应当受理。最高人民法院的这一司法解释,毕竟是对《行政诉讼法》《条例》的理解和解释,它也许还未能完全正确地理解以上法律法规的立法原意,说不定在哪个条款还隐含着某类争议也是可诉的,随着社会的发展,还未被列举出来的隐含着的某种争议也许会在未来的什么时候被发现并被认为应当依法受理,所以该司法解释中做了如是规定。二是在《条例》之外,其他法律法规规定了可以提起诉讼的其他政府信息公开行政案件,也应当受理。"在政府信息公开的范围以及司法审查的范围方面,许多国家均选择了循序渐进、逐步扩大的路径。……口子亦不宜一下子开得过大……但随着社会的进步与实践的成熟,法律、法规对于受案范围的规定肯定会有发展。"[1]因此,规定着这样一项兜底条款对于应对未来法治发展的到来是非常必要的。而且,司法解释主体在做出该受案范围的司法解释时,其仅仅依据了《行政诉讼法》和《条例》,其他行政法律法规并没有被纳入解释的范畴,鉴于解释主体人力、物力、智力的局限,难免会产生其他行政法律法规规定的可以提起诉讼的其他政府信息公开情形,做出这样的规定也是非常明智的。

此外,《若干问题规定》还列明,如果公民、法人或者其他组织认为政府信息公开行政行为侵犯其合法权益造成损害的,可以一并或单独提起行政赔偿诉讼。这也算是政府信息公开之诉中的一种类型,即政府信息公开损害赔偿之诉,可在提请对信息公开行为的合法性进行司法审查时一并提起行政赔偿诉讼,也可以单独提起行政赔偿诉讼,极大地方便了人民群众的维权行动。

(二)人民法院不予受理的几种情形

人民法院受案范围的确定,实质上是对某些类型的行为是否具有可诉性的认定,属于人民法院受案范围的行为,即具有可诉性的行为,不属于人民法

---

[1] 江必新、李广宇:《政府信息公开行政诉讼若干问题探讨》,载《政治与法律》2009年第3期,第12-27页。

院受案范围的,即不具有可诉性。"行政行为可诉性,也被称为行政行为'可审查性',是指行政主体作出的行政行为可以被诉诸法院进行行政诉讼或司法审查的属性。"[1]相反,如果行政行为不具有可诉性,即不能诉诸法院进行行政诉讼,人民法院自然不能对其进行司法审查。有学者对行政行为的可诉性解释得更加具体明确,即"所谓行政行为的可诉性,是指行政主体作出的行政行为在一定条件下可诉诸法院行政诉讼或司法审查程序的一种本质属性"[2]。详言之,可诉性是具备一定条件的、可诉至法院提请司法审查的行政行为的一种本质属性。反之,如果该行政行为不具备一定的条件,即不可诉,因而要排除在受案范围之外。该学者在其论文中又指出:"可诉性是行政行为的本质属性,如果行政行为不具有可诉性,则不成其为行政行为。"[3]那么,不可诉的行为显然就不是行政行为了。结合行政行为理论,即行政行为最重要的特征在于其"处分性"(或者称"处理性"),重在强调其对权利义务的"处分"或者变更当事人的法律地位[4],我们可以断定,排除在政府信息公开之诉受案范围之外的行为,显然是对申请人的权利义务没有实质性影响的行为。最高人民法院对此的规定如下:

1. 不产生实际影响的告知行为。这种告知行为是由于申请人申请内容不明确,导致行政机关要求申请人作出更改、补充,从而明确申请公开的内容,当然不构成对申请人权利义务的处理,并不产生新的权利义务,因此不是政府信息公开的行政行为,自然不可诉。在第一种需要排除的行为类型中,最高人民法院就首先指出这一点,即不是对申请人的权利义务有实际影响的信息公开行政行为不可诉。

2. 要求行政机关提供公开出版物,行政机关予以拒绝的。政府信息公开申请的本质特征是申请人的申请指向行政机关公开相关的政府信息。而政府公报、报纸、杂志、书籍等公开出版物显然只是载体本身,而不是政府信息本身。政府信息公开申请必须首先要申请某些政府信息,然后才要

---

[1] 茅铭晨:《行政行为可诉性研究——理论重构与制度重构的对接》,北京大学出版社2014年版,第1页。
[2] 郝明金:《行政行为可诉性研究》,中国政法大学2004诉讼法学博士论文,第23页。
[3] 同[2],第25页。
[4] 江必新主编:《新行政诉讼法专题讲座》,中国法制出版社2014年版,第7页。

确定公开的载体。

3. 要求行政机关为其制作、搜集政府信息，或者对若干政府信息进行汇总、分析、加工，行政机关予以拒绝的。制作和搜集政府信息显然不是政府信息的公开，而是获得已经公开的政府信息，行政机关只有公开的义务，而没有替申请人制作和收集的义务。申请人的申请超越了行政机关的职责范围，如果行政机关予以拒绝，显然不可诉。

4. 当事人、利害关系人以政府信息公开名义申请查阅案卷材料，行政机关告知其应当按照相关法律、法规的规定办理的。案卷材料的查阅应由其他法律法规规定，而不应由《条例》来调整，申请人可循其他法律法规的程序去办理，却不能以政府信息公开的名义进行阅卷。

第四节 政府信息公开滥用诉权的司法审查

一、滥用申请权和滥用诉权的关系

滥用申请权和滥用诉权这两个概念有所不同，二者相互独立又互有联系。一方面，在政府信息公开案件中，滥用申请权是指申请人大量、反复地提出信息公开申请，目的并非为了实现其知情权，其最终追求的是通过对相关政府部门的正常工作增加麻烦、宣泄愤懑，增加政府部门的工作运作成本，并对其予以施压，从而变相地使政府部门实现与其知情权保障无关的其他个人诉求。实践中，若政府部门并未使得申请人潜在的、于法无据的诉求得以实现，在此基础上，申请人并不必然会选择提起政府信息公开之诉，即滥用申请权与滥诉并不必然联系。虽然没有进入诉讼，从资源的合理利用角度视之，仍需要对该类滥用申请权的案件予以规制，此时规制的任务应当由相关的行政机关来完成。

另一方面，滥用申请权和滥诉又时常相互联系。在政府信息公开类案件中，当事人滥用申请权并不依赖于参与诉讼，而滥用诉权在大部分情况下确实存在滥用申请权的前提性条件。[1] 此外,从政府信息公开案件进入诉讼的角度视之,知情权就是诉的利益本身[2],即恶意申请人为了实现其与政府信息知情权无关且不存在法律、情理依据之诉求的目的,当恶意申请信息公开这条路径不能较好地为其排忧解难时,向法院提起诉讼是其"寻求救济"的另一种方式,此时诉讼滥用也应运而生。例如,在陆红霞案中,原告陆红霞不间断地向政府及其相关部门申请获取所谓政府信息,真实目的并非为了获取和了解所申请的信息,而是借此表达不满情绪,并向政府及其相关部门施加答复、行政复议和诉讼的压力,以实现拆迁补偿安置利益的最大化。对于拆迁利益和政府信息之间没有法律上关联性的问题,行政机关已经反复进行了释明和引导,但原告陆红霞这种背离《条例》立法目的,任凭个人主观意愿执意不断提出申请的做法,显然已经构成了获取政府信息权利的滥用。[3] 在行政机关未给予其"满意的答复"后又转而诉诸法院寻求"最后的救济"。

陆红霞案的基本案情及法院裁判理由如下:

原告陆红霞因不服被告南通市发展和改革委员会(以下简称"南通市发改委")政府信息公开答复,向南通市港闸区人民法院提起诉讼。

原告陆红霞诉称:原告向被告南通市发改委申请公开"长平路西延绿化工程的立项批文",被告作出被诉答复并提供了通发改投资〔2010〕67号《市发改委关于长平路西延工程的批复》。原告认为自己申请公开的是"长平路西延绿化工程",而被告公开的却是"长平路西延工程",虽只有两字之差,但内容完全不同。请求依法撤销被告作出的通发改信复〔2013〕14号《政府信息公开申请答复书》并责令重新作出答复。

被告南通市发改委辩称:(1)被诉答复适用依据正确、程序合法、内容适当、符合法律规定。被诉答复公开的《市发改委关于长平路西延工程的批复》

---

〔1〕 实践中,相对独立的政府信息公开的申请滥用和诉讼滥用,又有可能经常纠结在一起。这可以从两个维度来观察。就当事人维度而言,其很有可能为了达到与政府信息知情权没有实质性关联的目的,不仅滥用申请,还以种种理由,提起相关的诉讼请求,以增加制造麻烦、报复、发泄、制度试验、施加压力和成本以图其他不正当目的实现等的效果,从而同时构成诉讼滥用。就诉讼维度而言,在政府信息公开领域,申请滥用可以独立于诉讼滥用而存在,但诉讼滥用基本上不太可能离开申请滥用而存在。参见沈岿:《信息公开申请和诉讼滥用的司法应对——评"陆红霞诉南通市发改委案"》,载《法制与社会发展》2016年第5期,第21-33页。

〔2〕 李广宇:《政府信息公开判例百选》,人民法院出版社2013年版,第5-7页。

〔3〕 江苏省南通市港闸区人民法院(2015)港行初字第00021号。

包括长平路西延工程的道路、桥涵、管线、绿化及附属设施等建设内容,包含了原告陆红霞申请公开的内容。(2)原告及其家人存在明显滥用政府信息公开申请权的行为,违背了《政府信息公开条例》的目的和宗旨,其行为不具有正当性。请求驳回原告的诉讼请求。

南通市港闸区人民法院一审查明:2013年11月26日,原告陆红霞向被告南通市发改委申请公开"长平路西延绿化工程的立项批文"。同年11月28日,被告作出通发改信复〔2013〕14号《政府信息公开申请答复书》并提供了通发改投资〔2010〕67号《市发改委关于长平路西延工程的批复》。

南通市港闸区人民法院在审理过程中依职权向南通市人民政府法制办公室、南通市中级人民法院、如东县人民法院调查,查明以下事实:据不完全统计,2013至2015年1月期间,原告陆红霞及其父亲陆富国、伯母张兰三人以生活需要为由,分别向南通市人民政府、南通市城乡建设局、南通市发展和改革委员会、南通市住房保障和房产管理局、南通市规划局、南通市国土资源局、南通市公安局、南通市公安局港闸分局等共提起至少94次政府信息公开申请,要求公开南通市人民政府财政预算报告、所拥有公车的数量、牌照号码及公车品牌、政府信息公开年度报告、南通市拘留所被拘留人员2013年度伙食费标准、拘留人员权利和义务告知书、城北大道工程征地的供地方案、农用地转用方案、城北大道拆迁工程是否由南通市港闸区人民政府出资、南通市港闸区城市建设开发总公司是否由南通市港闸区人民政府出资成立、港闸区人民政府2007年度财政预算决算报告、城北大道工程前期征地拆迁费用1.5亿元资金的来源、使用情况及资金列入哪一年财政预算、港闸区人民政府以何种形式授权南通市港闸区城市建设开发总公司实施城北大道工程中征地拆迁等前期工作、陆红霞通过短信、电话向南通市城乡建设局顾队长及举报平台举报违法施工后有无按照《建筑工程施工许可管理办法》的规定责令违法施工单位停止施工、拆迁安置房屋所有权人的认定依据、长平路西延绿化工程的建设项目规划选址意见书、南通市港闸区天生港镇街道国庆村15组登记在陆富(付)相名下的土地使用证所记载的地籍号地块是否征用、2014年3月8日21时44分唐闸派出所调查过程中具体是哪位天生港镇街道干部多次用什么号码的电话要求派出所将哪些参与稳控的人员放回、唐闸派出所在该所询问室对弘祥拆迁公司员工刘彬进行询问的监控录像、2014年

7月12日收到陆红霞《刑事控告书》后是否受案等政府信息。

在以上提出的政府信息公开申请中,原告陆红霞、张兰分别向南通市人民政府、南通市港闸区人民政府申请公开"南通市人民政府2013年度政府信息公开工作年度报告、南通市港闸区人民政府2007年度《财政预算决算报告》"等内容相同的信息;陆富国、张兰分别向南通市人民政府、南通市发展和改革委员会、南通市住房保障和房产管理局、南通市港闸区审计局等单位申请公开"城北大道工程征地的供地方案、农用地转用方案、征收土地方案、补充耕地方案、城北大道的立项批文、城北大道工程的拆迁计划和拆迁方案、房屋拆迁公告、房屋拆迁许可证、城北大道工程拆迁管理费的审计内容及该工程拆迁管理费的总额"等内容相同的信息。

原告陆红霞及其父亲陆富国、伯母张兰在收到行政机关作出的相关《政府信息公开申请答复》后,分别向江苏省人民政府、江苏省公安厅、江苏省国土资源厅、南通市人民政府、南通市审计局等复议机关共提起至少39次行政复议。在经过行政复议程序之后,三人又分别以政府信息公开答复"没有发文机关标志、标题不完整、发文字号形式错误,违反《党政机关公文处理工作条例》的规定,属形式违法;未注明救济途径,属程序违法"等为由向南通市中级人民法院、如东县人民法院、港闸区人民法院提起政府信息公开之诉至少36次。

南通市港闸区人民法院一审认为:获取政府信息和提起诉讼是法律赋予公民的权利。为了保障公民知情权的实现,行政机关应当主动公开政府信息,以提高政府工作的透明度。旧《条例》第十三条还进一步明确,除行政机关主动公开的政府信息外,公民、法人或者其他组织还可以根据自身生产、生活、科研等特殊需要,向国务院部门、地方各级人民政府及县级以上地方人民政府部门申请获取相关政府信息。为了监督行政机关依法行政,切实保障公民依法获取政府信息,公民认为行政机关在政府信息公开工作中的行政行为侵犯其合法权益的,可以依法提起行政诉讼。而需要指出的是:任何公民享有宪法和法律规定的权利,同时必须履行宪法和法律规定的义务;公民在行使自由和权利的时候,不得损害国家的、社会的、集体的利益和其他公民的合法自由和权利;公民在行使权利时,应当按照法律规定的方式和程序进行,接受法律及其内在价值的合理规制。

旧《条例》第一条规定,制定本条例的目的是"保障公民、法人和其他组织依法获取政府信息,提高政府工作的透明度,促进依法行政,充分发挥政府信息对人民群众生产、生活和经济社会活动的服务作用"。因此,保障社会公众获取政府信息的知情权是《条例》的最主要的立法目的之一。而有关"依法获取政府信息"的规定,表明申请获取政府信息的权利也必须在现行法律框架内行使,应当按照法律规定的条件、程序和方式进行,必须符合立法宗旨,能够实现立法目的。

本案原告陆红霞所提出的众多政府信息公开申请具有以下几个明显特征:一是申请次数众多。仅据不完全统计,自2013年开始原告及其家人向南通市人民政府及其相关部门至少提出94次政府信息公开申请,2014年1月2日当天就向南通市人民政府提出了10件申请。二是家庭成员分别提出相同或类似申请,内容多有重复。如原告与其父亲陆富国、伯母张兰多次分别申请市、区两级人民政府年度财政预算报告、数十次申请城北大道工程相关审批手续等信息。三是申请公开的内容包罗万象。诸如政府公车数量、牌照、品牌,刑事立案,接警处置中使用的电话号码及监控录像,拘留所伙食标准等信息,且有诸多咨询性质的提问,原告对部分信息也明知不属于《条例》规定的政府信息范畴。四是部分申请目的明显不符合《条例》的规定。原告申请政府信息和提起诉讼的目的是向政府及其相关部门施加压力,以引起对自身拆迁补偿安置问题的重视和解决。

上述特征表明,原告陆红霞不间断地向政府及其相关部门申请获取所谓政府信息,真实目的并非为了获取和了解所申请的信息,而是借此表达不满情绪,并向政府及其相关部门施加答复、行政复议和诉讼的压力,以实现拆迁补偿安置利益的最大化。对于拆迁利益和政府信息之间没有法律上关联性的问题,行政机关已经反复进行了释明和引导,且本案中被告南通市发改委已向原告提供了其所申请的政府信息。原告这种背离《条例》立法目的,任凭个人主观意愿执意不断提出申请的做法,显然已经构成了获取政府信息权利的滥用。

保障当事人的诉权与制约恶意诉讼、无理缠诉均是审判权的应有之义。对于个别当事人反复多次提起轻率的、相同的或者类似的诉讼请求,或者明知无正当理由而反复提起的诉讼,人民法院对其起诉应严格依法审查。本案原告陆红霞所提起的相关诉讼因明显缺乏诉的利益、目的不当、有悖诚信,违背了诉权行使的必要性,因而也就失去了权利行使的正当性,属于典型的滥用诉权行为。

首先,原告陆红霞的起诉明显缺乏诉的利益。诉的利益是原告存在司法救济的客观需要,没有诉讼利益或仅仅是为了借助诉讼攻击对方当事人的不应受到保护。本案原告的起诉源于政府信息公开申请,作为一项服务于实体权利的程序性权利,由于对获取政府信息权利的滥用,原告在客观上并不具有此类诉讼所值得保护的合法的、现实的利益。

其次,原告陆红霞的起诉不具有正当性。《行政诉讼法》(1989)第二条明确规定:"公民、法人或者其他组织认为行政机关和行政机关工作人员的具体行政行为侵犯其合法权益,有权依照本法向人民法院提起诉讼。"显然,行政诉讼是保护公民、法人和其他组织合法权益的制度,原告陆红霞不断将诉讼作为向政府及其相关部门施加压力、谋求私利的手段,此种起诉已经背离了对受到侵害的合法权益进行救济的诉讼本旨。

再次,原告陆红霞起诉违背诚实信用原则。诚实信用原则要求当事人实施诉讼行为、行使诉讼权利必须遵守伦理道德,诚实守诺,并在不损害对方合法利益和公共利益的前提下维护自身利益。骚扰、泄愤、盲目、重复、琐碎性质的起诉显然不符合诚实信用原则的要求。原告本已滥用了政府信息公开申请权,所提起的数十起诉讼要么起诉理由高度雷同,要么是在已经获取、知悉所申请政府信息的情形下仍坚持提起诉讼,这种对诉讼权利任意行使的方式有违诚实信用原则。

针对原告陆红霞所提起的频繁诉讼,人民法院也多次向其释明《条例》的立法目的、政府信息的含义,并多次未支持其不合法的申请和起诉,原告对法律的规定显然明知,也应当知道如何正确维护自身的合法权益。原告在明知其申请和诉讼不会得到支持的情况下,仍然一再申请政府信息公开,不论政府及相关部门如何答复,均执意提起行政复议和行政诉讼。行政资源和司法资源的有限性,决定了行政机关和人民法院只能满足当事人有效的行政和司法需求。原告的申请行为和诉讼行为,已经使行政和司法资源在维护个人利益与公共利益之间有所失衡,《条例》的立法宗旨也在此种申请—答复—复议—诉讼的程序中被异化。原告已经背离了权利正当行使的本旨,超越了权利不得损害他人的界限。纵观本案及相关联的一系列案件,无论是原告所提出的政府信息公开申请还是向该院所提起的诉讼均构成明显的权利滥用。

在现行法律规范尚未对滥用获取政府信息权、滥用诉权行为进行明确规制的情形下,该院根据审判权的应有之义,结合立法精神,决定对原告陆红霞的起诉不做实体审理。为了兼顾维护法律的严肃性、有效利用公共资源和保障原告依法获取政府信息、提起诉讼的权利,对于原告今后再次向行政机关申请类似的政府信息公开、向人民法院提起类似的行政诉讼,均应依据《条例》的现有规定进行严格审查,原告须举证说明其申请和诉讼是为了满足自身生产、生活、科研等特殊需要,否则将承担不利后果。

据此,南通市港闸区人民法院根据修改前的《中华人民共和国行政诉讼法》(1989)第二条、最高人民法院《关于执行〈中华人民共和国行政诉讼法〉若干问题的解释》第三十二条第二款、第四十四条第(十一)项、第九十七条、参照《中华人民共和国民事诉讼法》第十三条之规定,于2015年2月27日裁定驳回原告陆红霞的起诉。

陆红霞不服一审裁定,向南通市中级人民法院提起上诉称:一、一审法院审理本案违反法定程序。一审法院调查上诉人父亲陆富国、伯母张兰信息公开、行政复议、行政诉讼的行为超越法定职权;一审法院剥夺了上诉人陈述、辩论的权利,也剥夺了当庭举证、质证的权利。二、一审法院认定上诉人滥用获取政府信息权和滥用诉权,裁定驳回上诉人起诉错误。上诉人与父亲陆富国、伯母张兰均为独立的民事主体,各自对自己的行为承担责任,一审法院将三人行为混同不当;上诉人与陆富国、张兰先后有五件行政案件胜诉,所提起的行政诉讼具有诉的利益、目的恰当,并不违背诚信原则;根据《行政诉讼法》《条例》等法律法规的规定,陆红霞的起诉符合行政诉讼的受理条件,法院应当实体审理。三、一审法院超越职权,没有权力对陆红霞今后的信息公开申请提出限制,亦无权要求行政机关和其他人民法院对陆红霞的信息公开申请、行政诉讼进行严格审查。请求二审法院撤销一审裁定,责令一审法院继续审理本案。

南通市中级人民法院经过审理,确认了一审查明的事实并认为:

一、一审法院并未违反法定程序。

《行政诉讼法》(1989)第三十四条规定:"人民法院有权向有关行政机关

以及其他组织、公民调取证据。"最高人民法院《关于行政诉讼证据若干问题的规定》第二十二条规定:对涉及国家利益、公共利益或者他人合法权益的事实认定的,人民法院有权向有关行政机关以及其他组织、公民调取证据。本案中,针对上诉人陆红霞是否存在滥用获取政府信息权、滥用诉权的行为,一审法院依职权调取陆红霞及其父亲、伯母有关信息公开申请、行政复议和行政诉讼的材料,符合相关法律、司法解释的规定。

一审法院在2015年2月27日庭审中,将调取的证据材料当庭向上诉人陆红霞出示,陆红霞亦发表了质证意见和诉讼主张,陆红霞认为一审法院剥夺其陈述、辩论的权利和当庭举证、质证的权利与事实不符。

二、一审法院认定陆红霞存在滥用获取政府信息权和滥用诉权行为依法有据,裁定驳回陆红霞的起诉并无不当。

上诉人陆红霞与陆富国是父女关系,陆富国申请信息公开、提起行政复议及行政诉讼均由陆红霞经手或作为委托代理人。张兰系陆红霞伯母,两人均住南通市港闸区怡园新苑,与港闸区政府均存在房屋拆迁补偿争议。陆红霞、张兰分别向南通市人民政府申请公开"南通市人民政府2013年度政府信息公开工作年度报告"申请表,以及陆富国、张兰分别向南通市人民政府、南通市住房保障和房产管理局申请公开"城北大道工程征地的供地方案""城北大道工程拆迁计划和方案、房屋拆迁公告、房屋拆迁许可证"申请表内容完全一致。2014年陆富国与张兰分别向法院提起的每起行政诉讼的诉状,除当事人不同外,其他内容高度雷同或者一致。三人基于共同目的,以各自名义分别实施申请信息公开、提起行政复议和行政诉讼的行为,可视为陆红霞等三人的共同行为。

2012年底上诉人陆红霞与港闸区政府产生拆迁争议,2013年开始,陆红霞三人先后提起至少94次政府信息公开申请,2014年1月2日当天就向南通市人民政府提出10件申请。其中,所提申请多有相同或类似,如重复申请市、区两级人民政府年度财政预算报告、20余次申请城北大道相关审批手续等信息。申请公开的内容繁多、形式各异,如政府公车数量、牌照及品牌,接警处电话号码及监控录像,拘留所伙食标准等信息,且很多系以信息公开的名义进行咨询询问。陆红霞持续申请公开众多政府信息,借此表达自己不满情绪,通过重复、大量提起信息公开的方式给有关部门施压,从而达到实现拆迁补偿安置利益最大化目的。这种行为已经明显偏离了公民依法、理性、正当行使知情权和监督权的正常轨道，超过了正当行使知情权的合理限度，背离了政府信息公开制度的初衷与立法目的，故一审法院认定陆红霞滥用获取政府信息权是适当的。

公民在行使权利的时候，不得损害国家的、社会的、集体的利益和其他公民的合法权利。作为权利之一的获取政府信息公开权和诉权当然也不能滥用。上诉人陆红霞的起诉源于政府信息公开申请，其起诉的理由多以被诉答复无发文机关标志、标题不完善、无发文字号、程序违法为由，反复多次提起相同或类似的诉讼请求。陆红霞不当的申请和起诉多次未获人民法院的支持，而其仍然频繁提起行政复议和行政诉讼，已经使有限的公共资源在维护个人利益与他人利益、公共利益之间有所失衡，超越了权利行使的界限，亦有违诚实信用原则，已构成诉讼权利的滥用，一审法院驳回其起诉并无不当。

三、一审法院对上诉人陆红霞今后的信息公开申请及行政诉讼进行适当限制是适当的。

旧《条例》第十三条规定：除行政机关主动公开的政府信息外，公民、法人或者其他组织还可以根据自身生产、生活、科研等特殊需要，向国务院部门、地方各级人民政府及县级以上地方人民政府部门申请获取相关政府信息。《条例》第二十条规定了政府信息公开申请应当包括申请人的姓名或者名称、联系方式；申请公开的政府信息的内容描述；申请公开的政府信息的形式要求。《条例》没有规定申请人在提出政府信息公开申请时要说明使用信息的用途、理由等，故政府信息主管部门和工作机构在实务中不得随意增设申请人的义务。但上诉人陆红霞持续、琐碎、轻率甚至带有骚扰性质的滥用获取政府信息权、滥用诉权的行为，超越了权利行使界限，应当对其设定一个限制反复的约束。一审法院从维护法律的严肃性、促进公共资源的有效利用出发，同时也为了保障诉讼权利平衡、保障陆红霞依法获取政府信息，对其今后再次申请类似信息公开、提起行政诉讼设定了一定的条件，符合《条例》的立法精神和目的。

据此，南通市中级人民法院依照《行政诉讼法》（1989）第六十一条第（一）项之规定，于2015年7月6日裁定驳回陆红霞的上诉，维持了一审裁定。

二、滥用申请权的判定标准和规则

政府管理、决策的透明度越广，行政机关信息的公开度越高，则更便于取得社会公众对政府机关的信任，进而演变为一种良性循环。但近年的司法实践表明，政府信息公开出现了制度异化的现象，相较于信访、行政诉讼，申请政府信息公开能够更方便地让公民的诉求展示在公权力机关面前。导致政府信息公开制度被异化的主要原因在于：对于申请者而言，申请信息公开的施压模式可能是与公权力抗衡的一种最优的选择策略。滥用信息公开申请权[1]的判定标准直接影响到申请人知情权的行使，所以研究滥用申请权的重心在于判断标准的确定。关于滥用政府信息申请权的认定，学界中存在不同的探讨。[2] 大体上看，学界的观点都结合主客观两个方面展开，但值得关注的是，在具体判定中，由于主观方面具有模糊性、难把控性的特征，对于判定标准的确定应当去模糊性而偏客观性，使得行政机关、司法机关在判定申请人是否滥用信息申请权时能够有章可循，从而降低滥用信息申请权的标准被"滥用"的风险。

权利都具有扩张、异化的本性及被滥用的风险，权利的行使是透过权利主体的具体行为来完成的，判定有无权利滥用时需要注重对权利主体的客观行为及主观目的考察来探析，只有当申请人的行为造成了一定的严重后果

---

〔1〕 针对文中提到的少数人提起非正常申请的现象，不同的研究者使用了不同的名称，如《最高人民法院公报》刊登的"陆红霞案"中将上述现象称之为"知情权的滥用"或"获取政府信息权利的滥用"，而部分学者又称之为"政府信息公开申请权的滥用"，参见肖卫兵：《论政府信息公开申请权滥用行为规制》，载《当代法学》2015年第5期，第14-22页。这些名称有细微的差别，从本质上看在滥用范畴使用政府信息公开申请权比较贴切，因此本书将此类名称统一为"滥用政府信息公开申请权"。

〔2〕 有论者提出构成要件的主客观"两要件说"。参见梁艺：《"滥诉"之辩：信息公开的制度异化及其矫正》，载《华东政法大学学报》2016年第1期，第177-191页。章剑生教授认为："滥用诉权判断的标准是主观上有过错或者恶意，客观上有为了获取违法利益而实施的诉讼行为。"参见章剑生：《行政诉讼中滥用诉权的判定——陆红霞诉南通市发展和改革委员会政府信息公开答复案评释》，载《交大法学》2017年第2期，第168-176页。王锡锌教授则提出从主观、手段和后果三方面进行分析，分别测试申请人是否"属于恶意利用信息公开程序"、申请行为是否"以符合某种体面、正直、尊严等要求而做出行为"以及是否"导致无意义的资源浪费，或资源投入和效用完全不成比例，或行政机构满足申请将会影响其他法定职责的履行"。参见王锡锌：《滥用知情权的逻辑及展开》，载《法学研究》2017年第6期，第41-60页。

后,实施规制措施才具有必要性。我们认为在判定信息申请权滥用时需要谨慎对待,以最大限度保护公民信息知情权为目标,且符合政府信息公开的制度本意。在认定滥用申请权时,我们认为需要考量如下几个重要因素:

(一) 客观申请行为是否具有合法性

在客观方面,滥诉行为表现为申请不具有合法性,行为超出了必要限度使得公共资源过度损耗。由于政府信息知情权蕴含着公共利益的性质[1],公务机关应当适度接受申请信息公开所带来的烦琐流程、耗时答复等问题,这是由信息公开案件的性质所决定的,也是行政机关的职责所在。然而,恶意当事人反复、大量地申请信息公开,客观上会滋扰行政机关甚至司法机关工作的正常开展,导致行政资源、司法资源白白地浪费。将常见的滥用申请权的客观行为类型化,通常表现为如下三种情况:

第一,申请的信息量巨大、申请频次过高。如果行政机关并未贯彻《条例》第五条所确立的"信息公开为常态,不公开为例外"之原则,即行政机关自身在政务公开工作中存在纰漏[2],导致当事人知情权无法得以保障,此时当事人申请公开大量的信息具有正当性基础。若当事人申请的是已经公开后的信息,在行政机关告知其获取方式及途径后,仍不分行政主体、不论信息性质而多次、重复申请,通常表现为数人一申请、一人数申请、数人数申请而引起的申请狂潮。2019年修改的《条例》中规定对于"申请公开政府信息的数量、频次明显超过合理范围"的,行政机关可以选择不予处理、延迟答复或收取信息处理费。[3] 第三十五条中规定"行政机关认为申请理由合理,但是无法在本条例第三十三条规定的期限内答复申请人的,可以确定延迟答复的

---

〔1〕 政府信息的知情权利实质上包括了两个方面的含义:一是法定的获取和知晓的权利;二是申请获取和知晓的权利。前者是法律规范的应然状态,后者则是实现应然状态在程序上的保障,二者相辅相成,构成了知情权内容的完整性。法定的知晓权利是绝对权,不应受到限制,但申请的权利是一种相对权,需要行政机关的配合方能实现,这就必然会在申请人与被申请人之间形成权利义务关系,也必然存在权利行使的正当性问题。参见高鸿:《滥诉之殇引发的再思考》,载《中国法律评论》2016年第4期,第37-42页。

〔2〕 例如,公共机构主动公开不够、依申请公开总是推诿或"挤牙膏式"公开等情况。

〔3〕《条例》第三十五条:"申请人申请公开政府信息的数量、频次明显超过合理范围,行政机关可以要求申请人说明理由。行政机关认为申请理由不合理的,告知申请人不予处理;行政机关认为申请理由合理,但是无法在本条例第三十三条规定的期限内答复申请人的,可以确定延迟答复的合理期限并告知申请人。"第四十二条:"行政机关依申请提供政府信息,不收取费用。但是,申请人申请公开政府信息的数量、频次明显超过合理范围的,行政机关可以收取信息处理费。"

合理期限并告知申请人。"对于需要延迟答复的情况,该规定并却未明确最多可以延长的天数。值得注意的是,直接将商业性申请、申请信息量庞大的情况都统一评判为滥用信息知情权是不妥当的,申请数量繁多的情况下,确实会增加行政机关的工作量甚至会有引发群体性争议,但信息的数量并非判定滥用申请权的实质因素。《条例》也并未规定申请数量具备某一上限,即只要满足申请公开的相关条件,行政机关都应当予以受理。因此,申请数量多且烦琐不能直接推断出当事人具有主观的恶意,即申请的信息量大并不当然构成滥用申请权,还需要结合主观标准(通过申请信息公开来获得特殊利益的意图)来进行综合判断。[1]

第二,多人串谋申请。该方式是指两人以上基于非法的主观意图,事先同谋达成合意,向行政机关申请大量信息公开的行为。从比较法的角度看,国外对这种行为已有对应措施对其予以规制。[2] 我国的司法实践也有回应,在"陆红霞案"中南通法院认定当事人滥用申请权的表现形式之一为:家庭成员分别多次提出大量相同或相似的申请;又如"佘恩如案",法院以佘恩如和纪爱美(妻)在申请表上填的住址及电话号码都一致,由此认定夫妻二人具有串谋的故意,所以法院对两人的行为作出统一的认定、评价。

第三,提供模糊的信息申请。《条例》第三十条规定:"政府信息公开申请内容不明确的,行政机关应当给予指导和释明,并自收到申请之日起7个工作日内一次性告知申请人作出补正,说明需要补正的事项和合理的补正期限。答复期限自行政机关收到补正的申请之日起计算。申请人无正当理由逾期不补正的,视为放弃申请,行政机关不再处理该政府信息公开申请。"通常情况下,若公民确实想要获取政府信息,其申请的信息内容会是明确且完整的,如果申请公开的信息模糊不清,内容烦琐且信息本身与申请者并无关联性,在行政机关给予指导和释明后,申请人拒绝提供明确的信息,仍然继续重复申请,由此可知其申请意图不是为了取得信息本身的价值,而是挤压行

---

[1] 对涉及大量信息的申请,许多国家也不尽然认定为滥用申请权。日本《群马县信息公开条例》的解释认为,即使数量众多的申请可能会明显加重行政机关的工作负担,只要申请人主观上不是出于滋扰公务机构的恶意,就不视为滥用,而只能以延期答复的方式处理。参见吕艳滨:《日本对滥用政府信息公开申请权的认定》,载《人民司法》2015年第15期,第14—17页。

[2] 英国《信息自由法》第十二条第四款规定,多人共同造成的答复总成本均算作其中每一人所造成的行政负担。

政资源、司法资源进而影响行政机关和法院正常运行,并干扰其他公民正常行使知情权,对此可以判定为滥用申请权。

(二)主观意图是否具有正当性

正如沈岿教授所言:"如果一项申请有着严肃而正当的目的,即便可能给公共机构带来沉重负担,也不应视为无理纠缠。"[1]但如果当事人主观带有恶意性,则另当别论了。《条例》中并没有强制要求当事人申请信息公开时必须说明真实意图,2019年新《条例》直接删除了"三需要"的规定[2],进一步体现了《条例》保障公众信息知情权的立法精神。如果申请人的真实动机不是希望通过获取政府信息而满足其知情权,而只是其为了获取个人特别需求的"试金石",那么其申请信息公开的真实目的在于宣泄自己的不满情绪、引起社会舆论,使得行政机关不堪重负后实现其不正当的目的。滥用申请权主要在涉及房屋拆迁、土地使用权转移、行政征收、环境保护等案件中较为突出。例如,在房屋拆迁案件中,当事人对提供的补偿费不满,进而去申请公开其他居民补偿协议、建设用地规划许可证明、拆迁许可材料等与征地拆迁内容有关的各类信息。实践中也有一些历史遗留问题,由于发生的时间太久,相关事由已经不在法定期限之内了,当事人为了开启复议或诉讼之门,进而大量、反复地申请政府信息公开……申请人真实的意图并非获取信息本身,是为了制造社会效果,实现其背后的非法诉求,此时当事人的申请行为就失去了受到保护的合法性基础。以上种种原因,都是申请人的主观恶意的体现,这些申请人实际上并不具有明确的诉的利益,其主观的恶意与信息公开制度保障公民知情权的立法精神背道而驰。

值得注意的是,行为人的主观意图是由客观行为表现出来的,在判定当事人主观意图是否正当时,不可仅凭"主观"来判断主观,应结合申请人的言

---

[1] 沈岿:《信息公开申请和诉讼滥用的司法应对——评"陆红霞诉南通市发改委案"》,载《法制与社会发展》2016年第5期,第21-33页。

[2] 2008年《条例》第十三条规定的"三需要"作为法规范认可的正当用途,可否作为甄别申请人动机适当与否的依据,学界存在不同看法。沈岿教授认为,申请人无论将其所申请的信息用于何处,行政机关均不应考究。参见沈岿:《信息公开申请和诉讼滥用的司法应对——评"陆红霞诉南通市发改委案"》,载《法制与社会发展》2016年第5期。但章剑生教授指出,第十三条具有预防行政相对人获取权滥用之旨意,保留这一限制具有必要性。参见章剑生:《政府信息获取权及其限制——〈政府信息公开条例〉第十三条评析》,载《比较法研究》,2017年第2期。

行举止,充分考量申请人的具体行为方式,若认为申请人具有非法的主观意图,则需以客观的事实与理由加以说明。例如,针对大量申请信息公开的情况,需要考虑相关因素(申请的用途、目的)而综合判断,不可因其中存在少数申请不满足要求而草率地认定其全部申请都违法。

(三)造成损害后果的严重性判断

"即便申请行为在主观上和行为方式上都基于可以理解的理由,但如果从政府公共资源的配置看,申请行为可能导致无意义的资源浪费,或资源投入和效用完全不成比例,或行政机构满足申请将会影响其他法定职责的履行,这样的申请也可能构成纠缠或者骚扰性的申请,尽管行为人在主观上并没有恶意。"[1]从现实的角度视之,案多人少、经费支撑、设施配置都会将司法资源及行政资源有限性的现状展现出来。为了防止对公民知情权构成过度的限制,要认定构成滥用申请权,必须存在一定程度的损害后果。若虽有反复申请、多次申请等不当行为,在行政机关据新《条例》第三十条之规定不予处理后,当事人便停止了再申请,那此时并未损耗过多的行政资源,并未造成严重的损害后果。相反,若申请人多次、大量申请信息公开,挤压行政资源、司法资源进而影响行政机关和法院正常运行,并严重干扰其他公民正常行使知情权,申请行为所造成的危害后果超出了合理限度,为社会公众所不能接受。[2] 其中,对于"合理限度"的判断可借助比例原则展开分析。具体而言,在判断滥用政府信息申请权时需考虑申请次数、申请数量、公共资源承担等相关因素。如申请信息公开的具体数量,实际上,在新《条例》中并无具体的数量上限要求,此处就存在自由裁量的空间。用逆向思维的角度看,如果行政机关并未贯彻《条例》第五条所确立的"信息公开为常态,不公开为例外"之原则,即行政机关自身在政务公开工作中存在纰漏[3],导致当事人知情权无法得以保障,此时当事人申请公开大量的信息具有正当性基础。在综

---

〔1〕 王锡锌:《滥用知情权的逻辑及展开》,载《法学研究》2017年第6期,第41-60页。
〔2〕 申请行为对社会造成负担的可接受程度,亦是域外判定滥用行为的考察因素之一。例如,日本总务省《信息公开法审查基准》规定:"要判断滥用行为是否成立时,需结合申请的方式、对公务机构正常开展工作所造成的妨碍和在公众中产生的不良影响这三方面判断是否超出了社会所能容忍的范围。"参见吕艳滨:《日本对滥用政府信息公开申请权的认定》,载《人民司法》2015年第15期,第14-17页。
〔3〕 例如,公共机构主动公开不够、依申请公开总是推诿或"挤牙膏式"公开等情况。

合考虑到申请次数、申请数量、公共资源承担[1]等相关因素后，进而再作出是否为滥用的认定。

概言之，不能随意扩张滥用信息公开申请权的认定范围而背离《条例》的立法本意，对滥用政府信息申请权的判定要结合主观标准（通过申请信息公开来获得特殊利益的意图）和客观标准（多次、大量申请信息公开，挤压行政资源、司法资源进而影响行政机关和法院正常运行，并干扰其他公民正常行使知情权）及造成的实际损害后果来综合判断。

申请权滥用是政府信息公开制度的一种异化现象，除了确立滥用申请权的判定标准，还应当采取相应的配套措施予以规制。

1. 出台施行意见。针对《条例》的施行，建议仍由国务院办公厅发布相关实施意见，系统地规定行政机关可以拒绝答复的法定事由，特别是针对轻率、烦琐的申请行为，行政机关应当积极、主动地承担认定申请人滥用权利的事实之职责，收集当事人滥用知情权的相关证据材料，判定申请人是否具有滥用申请权行为。行政机关在作出判定滥用申请权决定之前需取得上级行政机关的同意。此外，由于我国行政机关在答复时经常存在简化说理的弊端，因此，从保护申请人知情权的角度出发，可以要求行政机关向申请人出示判定其滥用申请权的决定书，在决定书中应阐明判定的依据、理由及当事人不服时的救济途径。

2. 发布典型案例，指导申请权滥用类案件的认定。实践先行，案例指导是治愈滥用申请权的一条规范路径。法律具有天然的滞后性，只凭立法难以给行政机关的实践操作形成完整的指引，所以需在实务中积累、总结典型案例，由行政机关在总结操作经验的基础上向社会公开典型案例的认定标准，以此来优化行政实践，引导社会公众采取恰当的方式参与政府信息申请活动。

3. 建立合理的收费制度。"由于通过信息公开申请滋扰行政机关是申请人的一种策略性行为，其目的最终是为了消耗行政机构的成本以达到报复行政机关的目的，那么在申请人需要承担自己反复申请的成本的情况下，会引

---

〔1〕 给行政和司法的公共资源造成压力是需要考虑的一个重要部分，诚如英国信息专员所言，"行政机关应当允许来自申请人申请的一定程度的烦扰，因为这是信息公开工作的必然负担"。参见肖卫兵：《论政府信息公开申请权滥用行为规制》，载《当代法学》2015年第5期，第14—22页。

导其更加审慎地采取这一策略性的滋扰行为。"[1]行政机关在处理信息公开申请时也会付出一定的人力、物力、财力,同时,申请人为自己的需求而付费是符合社会成本收益分配原则的,所以让申请人支付相应的费用是合理的。即规定申请人承担合理的复制、检索成本有利于阻却当事人多次、反复申请信息公开的行为。各国面对滥用申请权这一难题采取的措施都有所不同[2],但在本质上都是希望增加滥用权力的成本来实现对"轻率、烦琐"申请行为的限制。对比来看,我国信息公开的申请收费较低或不收费,难以有效地打破滥用申请权的瓶颈。针对这一困境,我们认为可以适当地提高申请成本来遏制滥用权利行为地进一步扩张。[3] 具体建议如下:

(1)相关部门据《条例》制定全国性的收费标准。确定了统一收费依据后也有助于行政机关在政府信息公开这部分工作的顺利开展。考虑到全国各地经济水平的差异性,各省市在执行统一收费时参照全国性的收费标准,可在收费范围内作适当的调整。通过出台全国性的收费标准使得公众在申请信息公开前需要谨慎考量自身的申请意图和经济成本等问题,从而限制"申请专业户"的恣意妄为。

(2)为了降低行政机关的收费成本,采取统一的行政收费模式。在收费的过程中会涉及办理发票、收据,甚至会设置专门的行政岗位来处理收费管理,这无疑又增加了不必要的行政成本。确立统一的行政收费模式可以解决这一问题,如通过支付宝、银行等平台代收费用,既方便当事人,也可节约大量行政成本。

---

[1] 程洁:《资格限制还是经济约束:政府信息公开申请主体的制度考量》,载《清华法学》2017年第2期,第126-138页。

[2] 如美国在《信息自由法》中设计了一种"预付费用"的制度来限制非正常申请行为。其内容为:"任何机关不得预先收取任何费用,除非申请人以前有过未及时付费记录,或收费超过250美元的。"日本《行政机关拥有信息公开法》第十六条也规定了根据政令之规定,信息公开申请人在实际费用范围内,有缴纳相关手续费的义务。参见薛志远:《信息公开申请权滥用行为的规制研究》,载《西部法学评论》2016年第6期,第39-46页。

[3] 有观点认为,既然政府信息公开是行政机关的法定职责,政府信息提供属于公共服务,那么就应当不收费或者尽量少收费。这种观点的误区在于没有认识到政府信息的主动公开与依申请公开的不同属性。主动公开的政府信息服务于所有公众,信息公开除了公共财政的支持,不收取费用。但是依申请公开政府信息会因为行政机关的特别服务产生额外费用,从而需要对申请人收取费用。参见程洁:《资格限制还是经济约束:政府信息公开申请主体的制度考量》,载《清华法学》2017年第2期,第126-138页。

（3）设定单次申请所允许的最高收费标准，针对短时间内提起大量信息公开申请的可采取累进收费方式，对于单次申请超过行政机关所允许的最高收费标准的，可据此拒绝申请。以此防止收费成为变相提高申请门槛的因素，确保收费的科学性、合理性。

三、滥用诉权司法审查的原则和方法

在行政机关对滥用申请权进行规制的同时，必然会存在行政相对人对行政机关的认定存在不服的情况，因而向人民法院起诉，针对其中恶意、随意提起诉讼的情况，需要进一步探索一条可以有效遏制滥用诉权的司法审查之路。由于政府信息公开制度确立的时间还不太长，司法实践的经验也不太充足，该类案件的司法审查在我国还处于初步探索阶段，对于滥诉司法审查的实际操作首先应当把握如下几点：

1. 政府信息公开制度的立法宗旨是确保公众知情权的顺利实现，对滥用的认定应当以保障当事人知情权及诉权为基础，不得任意扩大滥诉的认定范围。在认定事实及判断是否构成滥诉时应当审慎对待，由于申请意图具有较大的主观性，尽可能采用严格的客观标准进行判定。"法院认定滥用诉权、无理缠诉，应当十分慎重，并要遵守正当程序。一般应当就起诉是否具有正当理由事先听取起诉人或者原告意见。为了避免司法权被滥用，防止法官擅断，以及回应外界的质疑，现阶段对虚假诉讼、滥用诉权、恶意诉讼、无理缠诉的认定，可考虑由审判委员会集体研究决定。"[1]

2. 遵循"证据裁判规则"，以收集到的证据材料为出发点进行司法审查。"所谓滥诉问题毕竟属于主旋律中的一丝不谐和音，人民法院在对当事人申请和起诉进行合理限制时，必须坚持证据确凿充分，论证清晰严密，结论依法

---

[1] 此外，法院还要注意区分滥用诉讼权利与当事人因诉讼能力不强、诉讼方法不当而形成的不恰当行为之间的界限。尤其应当注意不能以不具有实体胜诉权来否定起诉的权利，不能把诉讼请求不成立作为认定虚假诉讼、滥用诉权、恶意诉讼、无理缠诉行为的标准。对由律师代理提起的诉讼，一般不认定为滥用诉权、恶意诉讼或者无理缠诉行为。参见耿宝建，周觅：《政府信息公开领域起诉权的滥用和限制——兼谈陆红霞诉南通市发改政府信息公开案的价值》，载《行政法学研究》2016年第3期，第32-40页。

可信,裁判合情合理,以避免损害正常的申请权和诉权。"[1]具体而言,判断申请信息公开的次数多、频率高,应当确定具体的申请次数作为认定频率高的标准;申请公开的信息数量繁多,需说明数量繁多的标准;申请已经获得的信息,需指明当事人当下已经获取的具体信息;申请公开会造成行政资源严重损耗的,需说明信息公开的成本、公开后具有的价值、公开成本及价值计算标准,表明公开成本将严重超出信息公开的价值等。

3. 当事人对行政处理不服时,提起诉讼,法院结合相关证据审查行政行为的合法性,若认为构成滥诉的,则下达驳回诉讼请求的判决。若当事人对法院下达的裁判并不满意而继续申请信息公开或提起诉讼,对此的应对策略为:可在裁判中指出,如果当事人再次申请信息公开或提起诉讼的,行政机关及法院应当严格审查其主张、诉求是否具有正当性、合法性、合理性,当事人需证明申请信息公开具有正当的用途或为督促行政机关信息公开之目的。反之,法院可再次判决驳回诉讼请求,行政机关仍可拒绝公开政府信息。概言之,通过强化对滥诉者将来参与诉讼正当目的之审查,来规制前诉滥诉的行为。

就具体操作而言,滥诉的司法审查之优化进路应当从确立"行政处理审查从严,滥用诉权审查从宽"之原则和强化立案阶段的滥诉审查、引入比例原则来审查原告资格、完善滥诉行为的举证责任分配这三个方面予以展开。

信息公开案件滥诉行为会使得司法机关做大量的无用功,浪费有限的司法资源,同时,也会损耗行政资源,阻碍行政活动的顺利开展。在当下案多人少的环境下,为避免司法权过多地干预行政权而使司法运作"超载"前行,在滥诉规制路径的选择中,应当兼顾行政处理和司法审查。一方面,行政机关是申请人第一时间、直接接触的对象,在规制滥用申请权行为时,行政处理先行是"源头治理"的表现。据新《条例》第五条之规定,政府信息公开应当遵循公正、公平、合法、便民的原则,少许申请人为了个人的私利滥用权利而导致行政资源、司法资源过度损耗,如果行政机关不有所作为,实质上,这对其他正当行使知情权的当事人而言是有失公允的,因此,从这一层面看,在规制

---

[1] 李广宇、耿宝建、周觅:《政府信息公开非正常申请案件的现状与对策》,载《人民司法(应用)》2015年第15期,第4-9页。

滥诉时,行政处理先行也是符合《条例》第五条题中之义的。行政机关针对滥用申请权的行为视情况应做出不予处理、收取费用等行政处理,以此达到威慑、惩戒非法恶意申请者之目的。该行政处理行为可以称之为滥诉司法审查的前置条件,而该前置条件需要遵循严格、客观的处理原则。具体而言,在政府信息公开案件中,当事人滥用信息公开申请和诉讼时,由行政机关认定是否存在滥用权利之事实,即由被申请的公务机构整理、收集之前当事人滥用信息公开申请和诉讼的证据材料,在严格结合客观证据材料及当事人主观意图的基础上判断当事人是否属于明显滥用申请权的情形。也就是说,行政机关需要掌握足够、充分、严密的证据,证明当事人有滥用政府信息知情权的主观恶意,在此基础上,行政机关结合具体情况对当事人的申请作出不予处理、延迟答复或收取费用的处理。[1] 另一方面,若申请人对处理结果不服而提起政府信息公开诉讼,由法院审查被申请公务机关行政处理行为的合法性,判断被诉行为(行政机关的处理行为)对滥用信息公开申请权的认定是否有合法、充分、完整的证据材料佐证,从而在客观上也判断出当事人是否具有滥用之事实。

我们认为,在滥诉司法审查环节,需要平衡保障申请人知的权利之司法审查目的与规制滥诉之间的关系,应坚持滥诉司法审查适当从宽之原则。原因如下:由于政府信息公开案件的特殊性,信息公开司法审查的三重目的中,最高层级的目的是保障公民知的权利,信息公开司法审查的所有制度建构(包括滥诉的认定)都应当围绕这一目的来展开。事实上,司法实践中,滥用诉权的毕竟还是少数,滥诉司法审查环节过于严苛无疑会使广大公民对信息公开申请权的行使望而却步。不可因少部分非法滥诉行为的存在而忽视信息公开司法审查中保障公民知情权的第一要义。滥诉行为的判定当然应严格坚持客观标准,但当客观层面证据不足以达到认定标准、证明材料真伪不明而出现存疑情况时,我们需要坚守司法谦抑性原则,不可以任意适用主观标准,而应当适当"从宽"认定,在未明显达到客观标准时不应认定为滥用诉权。

---

〔1〕 修订后的《条例》赋予了行政机关规制的手段,分别在三十五条和四十二条予以明确。一是不予处理,这种情形是在认为申请人申请公开政府信息的数量、频次明显超过合理范围时提出的说明理由不合理下,对应的处理方式;二是延迟答复,这种情形是在认为申请人提出的理由合理,但无法在规定的期限内答复,对应的处理方式;三是收取费用,这种情形是在认为申请人申请公开政府信息的数量、频次明显超过合理范围就可做出。

(一) 强化立案阶段的滥诉审查

"立案审查制度向立案登记制度的转变,是防止法院恣意否定案件的受理,杜绝选择性司法,保护当事人诉权的重大变革。立案登记并非否定法院的审查功能,也不是降低法院可审理案件的条件,更不是将立案程序简化为单一的登记手续,而是要求在立案程序中实现诉权与职权之间的平衡。"[1]滥用信息公开申请权的诉讼行为既不能有效地解决实际争议,又消耗了有限的司法资源,增加了司法机关的审判工作压力。实务部门已经注意到立案登记制与当事人滥用诉权之间的联系,且分析道:"立案登记制度并非全盘否定立案审查在案件分流方面的重要意义,亦非对起诉完全不审查,登记立案仍需进行一定的审查,审查的范围应包括:当事人是否具有适格的诉讼主体资格。"[2]我们认为,在立案登记制度的贯彻下,要想从根源上遏制滥诉,就需以立案阶段作为切入点,在案件受理阶段,严格按照《行政诉讼法》第四十九条关于起诉条件的规定,谨慎审查起诉条件的合法性,要求申请人在起诉时说明其与被诉行政行为之间的利害关系,如果申请人未履行此说明义务,法院可判定其不满足起诉条件,径行裁定不予立案。

比如,在吉林省延吉市人民法院所处理的"对曾露的起诉不予立案"的案件[(2018)吉 2401 行初 57 号]中,人民法院在立案审查中发现起诉主体不适格、起诉人与被诉行政行为没有行政法上的利害关系,作出不予立案裁定。基本案情及法院裁判理由如下:

起诉人曾露诉被起诉人延吉市市场和质量监督管理局(以下简称"管理局")、第三人吉林国际商品交易中心有限公司(以下简称"吉商交易中心")、第三人吉林国际商品交易中心有限公司营业部(以下简称"营业部"),要求人民法院确认行政行为违法。其在行政起诉状中请求:(1) 判令被告行政履职,对第三人的违反国务院国发〔2011〕38 号文的非法经营行为进行查处,在第三人未完成客户投诉处理之前,不得恢复经营;(2) 判令被告及第三人连带赔偿原告由此遭受的经济损失 42 000 元,外加同期银行贷款利息,以及维

---

[1] 陆永棣:《从立案审查到立案登记:法院在社会转型中的司法角色》,载《中国法学》2016 年第 2 期,第 204-224 页。

[2] 张丽:《依法登记立案规制诉权滥用》,载《人民法院报》2016 年 1 月 28 日,第 8 版。

权成本3 000元;(3)本案诉讼费由被告承担。

曾露在"事实和理由"部分称:其在吉商交易中心相关业务员的游说下,基于错误认识,在吉商交易中心的"吉商藏品中心"交易系统上进行买卖"原油""茶叶"等邮币卡的业务。购买之后,曾露买入的邮币卡连续跌停,一个多月的时间,就受到损失4.2万多元。曾露找吉商交易中心协商赔偿事宜时,他们以其业务是正常合法经营为由拒绝赔偿损失。起诉人认为:首先,吉商交易中心所架设的"吉商藏品中心"采取T+O交易、电子撮合、集中竞价的交易模式,违反了国发〔2011〕38号《国务院关于清理整顿各类交易场所切实防范金融风险的决定》、国办发〔2012〕37号《国务院办公厅关于清理整顿各类交易场所的实施意见》中的强制规定,是国家禁止的交易行为。经查询,曾露的资金均打入了吉商交易中心的银行账户,根据《合同法》的相关规定,该交易无效,吉商交易中心应当退还曾露的全部损失。其次,第三人开展的这种邮币卡的买卖,是在被告于2015年10月19日批准变更经营范围,违反了国办发〔2012〕37号文件第四条的规定以及《吉林省交易场所监督管理暂行办法(试行)》的规定,被告的这种没有相关审批机关的审批文件而批准变更的行为违反了《公司法》第十二条中"公司的经营范围中属于法律、行政法规规定须经批准的项目,应当依法经过批准"的规定,以及《企业经营范围登记管理规定》第五条的规定,属于行政失职。并且,第三人吉商交易中心公司名称变更尽管是在州批文之后,但是由于该批文没有抄送到省金融办批准,违反了《吉林省交易场所监督管理暂行办法(试行)》第十六条的规定。最后,第三人吉商交易中心处并无办公设施,被告作为登记机关,存在失职行为,违反《公司法》第七条、第十条的规定,第三人营业部的设立则无相关省政府批文,违反了国办发〔2012〕37号《国务院办公厅关于清理整顿各类交易场所的实施意见》中第四条规定,被告在两个第三人的批准设立上存在行政失职。

延吉市人民法院经立案审查查明:吉林贵金属交易中心于2015年10月19日增加经营范围,即集邮票品、文化艺术收藏品的订货、转让、交收业务;2016年4月1日延边州人民政府办公室做出延州政办〔2016〕16号《延边州人民政府办公室关于同意吉林贵金属交易中心名称变更及扩展经营的批复》,批复内容如下:吉林贵金属交易中心你公司关于名称变更及扩展经营的申请材料收悉,经州政府同意,现批复如下:一、同意你公司名称变更为"吉商交易中心";二、关于你公司扩展经营东北土特产(包括黑果、鹿茸、灵芝、蓝莓、延边大米、延边苹果梨等)和文化艺术收藏品(包括集邮票品、钱币、艺术品、工艺品等)两大类商品交易业务,同意给予相关产业指导和政策扶持,具体由吉林贵金属交易中心项目推进协调小组研究落实;2016年4月19日,吉林贵金属交易中心变更公司名称为"吉商交易中心"。

因此,法院认为,《行政诉讼法》第二十五条第一款"行政行为的相对人以及其他与行政行为有利害关系的公民、法人或者其他组织,有权提起诉讼",所谓的"利害关系"限于法律上的利害关系。行政诉讼乃公法上之诉讼,上述法律上的利害关系,一般也仅指公法上的利害关系。曾露是在与吉商交易中心之间形成的交易行为所产生财产损益,存在私法上的利害关系,应当以私法所调整。依照《最高人民法院关于执行〈中华人民共和国行政诉讼法〉若干问题的解释》第一条第二款"公民、法人或者其他组织对下列行为不服提起诉讼的,不属于人民法院行政诉讼的受案范围:(一)……(六)对公民、法人或者其他组织权利义务不产生实际影响的行为"之规定,曾露的市场交易过程中受到的财产损益之间不产生实际影响,没有法律上的利害关系,故曾露的请求不符合《诉讼法》第四十九条关于提起行政诉讼起诉条件的规定,本院不予立案。关于曾露的主张不属于行政诉讼审理范围。综上,依据《行政诉讼法》第二十五条、第四十九条、第五十一条之规定,法院裁定对于曾露的起诉,法院不予立案。

2017年最高人民法院印发《关于进一步保护和规范当事人依法行使行政诉权的若干意见》,该意见指出:"要依法制止滥用诉权、恶意诉讼等行为","对于明显违反政府信息公开条例立法目的,反复、大量提出政府信息公开申请进而提起行政诉讼,或当事人提起的诉讼明显没有值得保护的与其自身合法权益相关的实际利益,依法不予立案"。(此处所指"与其自身合法权益相关的实际利益"当指行政法所保护的实际利益)强化立案阶段对滥诉行为的审查力度,从根源上降低滥用诉权的风险,对于"反复、大量提出政府信息公开申请进而提起行政诉讼,或当事人提起的诉讼明显没有值得保护的与其自身合法权益相关的实际利益",直接裁定不予受理,将滥诉规制于受理环节中。在政府信息公开案件中较为普遍的情况:申请人大量、反复提出申请要求,或提出的申请会明显耗费大量行政资源,行政机关表明为法定不予公开的事项或拒绝答复,当事人由此向法院提起行政诉讼且其无法向法院合理表明其申请信息公开之必要性的〔1〕,对此法院可据《行政诉讼法》司法解释第三条之规定,裁定不予立案,已经立案后的裁定驳回起诉。此外,针对被认定为滥用申请权的当事人需设置限制其反复起诉的约束机制,即"原告"之后再次基于同类事实起诉,除非能够提供证据证明其起诉的合法性、正当性,否则法院可认定其滥用诉权,直接作出不予受理的裁定。

(二)引入比例原则来审查原告资格

从法理层面看,在政府信息公开诉讼案件中,原告资格的适格性应当源自《条例》赋予申请人的信息给付请求权。实践操作常把原告资格的审查束之高阁,而将申请人是否曾向行政机关申请过信息公开的事实直接作为判定原告适格的标准,这无疑忽略了应当审查当事人信息给付请求权的重要步骤,而这正是原告资格判定本质需求。此外,由于《条例》本身缺乏对原告资格的审查要求,在司法操作层面上扩大了申请人作为原告而进入诉讼的口子,拓宽了当事人随意开启滥诉的方便之门。〔2〕 在民事案件中,对于滥诉行为常常用"诚实信用原则"来予以规制。在政府信息公开案件中借用该原则是无法应对滥诉之风的。比例原则〔3〕作为行政法领域的"帝王条例",借用实体法上的比例原则来审查信息公开诉讼中的原告资格不仅可以防止拥有强大权力的行政权的恣意妄为,也可以达到限制申请人滥用诉权的作用。一方面,通过运用比例原则,法院在司法审查过程中分析诉讼目的、权衡诉的利益、探析诉的必要性,为解决政府信息公开争议提供公正、合理的标准,是《行政诉讼法》"保证人民法院公正、及时审理行政案件,解决行政争议"之立法宗旨的体现。另一方面,行政机关和相对人之间诉讼地位的权衡,需要避免行政机关任意损害申请人的合法权益,也需要申请人不可滥用申请权而干扰公权力的正常运转。比例原则为原告和被告之间的诉讼地位构建了平衡桥梁,代表公权力的行政机关与代表私权利的相对人通过比例原则的博弈来达

---

〔1〕 中国政府信息公开领域滥用申请权和起诉权的现象描述,参见李广宇、耿宝建、周觅:《政府信息公开非正常申请案件的现状与对策》,载《人民司法(应用)》2015 年第 15 期,第 4-9 页。

〔2〕 陈新民:《行政法学总论》,台北三民书局 1995 年版,第 62 页。

〔3〕 通说认为,比例原则是一个体系,包括三个子原则即适当性原则、必要性原则与狭义比例原则。新说在通说基础上又增加了正当性原则,强调目的正当。参见刘权:《目的正当性与比例原则的重构》,载《中国法学》2014 年第 4 期,第 133-150 页。

到平衡。从规制滥诉的合比例要求出发,原告资格的司法审查应主要围绕以下几点展开:

1. 诉讼意图的审查。即判断当事人的诉讼目的是否具有正当性,判定起诉人的诉讼意图可以从提交的起诉状上进行分析。《条例》规定相关行政机关具有提供政府信息的义务是当事人的信息给付请求权的来源。所以,当事人提起诉讼,应具有实现其信息获得权的正当性基础。政府信息在本质上具有被非法利用的风险,如果当事人只是以提起诉讼为幌子,实际上是为了获取商业秘密、窥视他人隐私等,实现其不正当的目的。若提起诉讼不是为了实现信息层面的知情权,相对人对于争议的事实不具有法律上的利害关系,所以不具有适格的原告资格。

比如,在薛煦君与丹阳市发展改革和经济信息化委员会再审一案〔(2017)苏行申679号〕中,再审申请人薛煦君因不具有正当的诉讼目的,而被多级法院驳回其起诉。基本案情及法院裁判理由如下:

再审申请人薛煦君因诉丹阳市发展改革和经济信息化委员会(以下简称"丹阳市发改经信委")政府信息公开一案,不服江苏省镇江市中级人民法院(2016)苏11行终124号行政裁定,向江苏省高级人民法院申请再审。

薛煦君申请再审称,申请人请求原审法院确认丹阳市发改经信委对申请人的政府信息公开答复违法,原审法院未对被申请人的答复进行实质审理和依法裁判。原审法院明知申请人所申请公开的"丹阳海会寺建设项目可行性研究报告的批复及批复依据"相关资料存在,但被申请人不予公开,其答复违反《条例》的规定。请求江苏省高级人民法院撤销原审裁定,依法改判或发回重审。

江苏省高级人民法院经审理认为,申请人薛煦君向被申请人丹阳市发改经信委申请公开"丹阳海会寺建设项目可行性研究报告的批复及批复依据",但申请人的母亲薛夕凤曾于2010年1月29日向丹阳市人民法院提起行政诉讼,要求撤销该批复,申请人作为其母亲的委托代理人参加诉讼,并向法院提交了该批复。案件审理中,丹阳市发改经信委亦在举证期限内提交了该批复。故申请人再行向被申请人申请公开该信息,原审法院认定申请人的行为属于对政府信息公开申请权的滥用,是恶意申请,应不予保护,该认定并无不当。被申请人作出的涉案政府信息公开答复,告知申请人所申请的政府信息不存在虽有不当,但并未侵犯申请人的实际权益,原审法院依法驳回上诉人的起诉亦无不当。

因此,江苏省高级人民法院认为薛煦君的再审申请不符合《行政诉讼法》第九十一条规定的情形。依照《最高人民法院关于适用〈中华人民共和国行政诉讼法〉若干问题的解释》第一百一十六条第二款的规定,裁定驳回薛煦君的再审申请。

2. 诉讼方式的审查。当事人为实现其信息知情权所采取的方式是否符合必要性原则。如果当事人可以比较方便地获得相关信息,则其无提起诉讼的必要性,即不再具有诉的利益。[1] 可以从两个方面判断相对人是否已获取相关信息有:第一,可以直接取得的,主要指行政机关已经公开过的信息或者当事人之前通过复议或诉讼而获取过的信息。第二,推定已经取得的,例如:信息的整理者、已获取信息相对人的代理人等。对于以上两种情况,由于行政机关已经践行了提供信息的职责,则申请人不再具备提起政府信息公开之诉的原告资格。在上述所引"薛煦君诉丹阳市发展改革和经济信息化委员会政府信息公开"案中,起诉人薛煦君的起诉被原审法院驳回,主要原因是薛煦君在其母亲薛夕凤于2010年1月29日向丹阳市人民法院提起的诉丹阳市发改经信委关于"丹阳海会寺建设项目可行性研究报告的批复"的行政诉讼中,要求撤销该批复,薛煦君当时作为其母亲的委托代理人参加了诉讼,并向法院提交了该批复。案件审理中,丹阳市发改经信委亦在举证期限内提交了该批复。据此推定薛煦君已经获得了相关的政府信息。因此,原审法院驳回了其起诉则是理所应当的。

3. 诉讼意图和诉讼方式的兼容性审查。提起诉讼的具体行为应当与实现政府信息知情权的意图是相贴合的。若通过诉讼的方式并不能实现诉讼意图,反而干扰了行政活动、司法运转,如纠缠诉讼、反复诉讼;那么相对人提起诉讼的行为是违反比例原则的。实践中,相对人起诉的目的是实现信息知

---

[1] 无利益即无诉权,保障权利也同时意味着对权利滥用的限制,起诉权并不因其基本权利的属性就可以不受任何限制。诉的利益要求起诉人在所提起的争议中存在或可能存在某种受法律所保护的正当利益,因而具有启动司法救济程序的必要。无论是大陆法系国家还是英美法系国家,审判权在启动之初都存在一个事实上的筛选机制,旨在排除那些轻率的、不值得保护的利益。参见高鸿:《滥诉之殇引发的再思考》,载《中国法律评论》2016年第4期,第37-42页。

情权,然而申请人获取信息的范围受到明显限制,如之前已由诉讼或复议确定了申请内容属于不存在或不应当告知的信息,此时当事人的信息知情权已经得以确定。在此情况下,当事人仍然坚持提起诉讼属于重复主张权利的行为,这和信息公开之诉的诉讼意图是不兼容的,故而当事人不具备原告资格。"但要注意,大量申请未必就成立滥用权利。行政机关和法院应注意区分申请人是积极理性的还是恶意的。对涉及大量信息的申请,许多国家也不尽然认定为滥用申请权。日本《群马县信息公开条例》的解释认为,即使数量众多的申请可能会明显加重行政机关的工作负担,只要申请人主观上不是出于滋扰公务机构的恶意,就不视为滥用,而只能以延期答复的方式处理。"[1]在大量申请的情况下,不能武断地一概认定为是滥用申请权,因此而反复提起诉讼,同样不能认定为是滥诉和缠诉。

(三) 完善滥诉行为的举证责任分配

司法审查中要判定当事人的行为是否构成滥诉,需以相关的证据加以证明。举证责任的分配则成为司法审查中至关重要的一环。此外,由于需要考量各类相关因素,这就赋予了行政机关强大的自由裁量权,这也提升了行政机关恣意判定当事人滥用申请权之风险,从这一层面看,明确举证责任的分配,有助于实现权利对权力的制约。当前的立法规定了人民法院在某些情况下拥有调查取证权。[2] 由于信息公开案件滥诉的行为牵涉对社会公共利益的处理,法院依职权调查取证的法律依据则在于此。因此,司法实践中,为判定是否构成滥诉,有法院直接依职权调查取证。[3] 事实上,由法院直接依职权取证来认定相对人具有滥用诉权的事实有失偏颇。为了保证信息公开诉讼审判的公平、公正,应当对法院依职权取证的行为予以限制。理由如下:一

---

[1] 于文豪、吕富生:《何为滥用政府信息公开申请权——以既有裁判文书为对象的分析》,载《行政法学研究》2018年第5期,第93-104页。

[2] 《行政诉讼法》第四十条规定:"人民法院有权向有关行政机关以及其他组织、公民调取证据。但是,不得为证明行政行为的合法性调取被告作出行政行为时未收集的证据。"《最高人民法院关于行政诉讼证据若干问题的规定》(以下简称《证据规定》)二十二条中规定了人民法院调取证据的两种情形:(1)涉及国家利益、公共利益或者他人合法权益的事实认定的;(2)涉及依职权追加当事人、中止诉讼、终结诉讼、回避等程序性事项的。

[3] 例如"陆红霞诉南通市发展和改革委员会案"[(2015)港行初字第00021号]"王某等119人与西安市长安区滦镇街道办事处政府信息公开纠纷案"[(2017)陕71行终246号]、"田某辉等人与西安市国土资源局长安分局政府信息公开纠纷案"[(2017)陕01行终4号]。

方面,相对人在行政诉讼中本身就属于弱势一方,如果由法院直接对滥诉行为展开调查取证,这将削弱法院消极、中立的裁判地位,使得申请人处于更加不利的境地。另一方面,法院依职权调查取证的内容由程序性事由和实体性事由组成,滥用信息公开诉权事实的认定显然不属于程序性事由的范畴,主要需要判断其是否为实体性事由的部分。政府信息公开案件的诉讼标的是行政行为的合法性,而不是行政相对人起诉的合法性。当然,行政相对人的起诉同样需要根据《行政诉讼法》以及《条例》所规定的形式要件提起。但这两个合法性的审查绝对不是同一个层面上的问题。此外,《证据规定》第二十二条中的"涉公共利益或者他人合法权益的事实"指向的是具体行政行为(例如行政机关拒绝公开信息的行为)的范畴,滥诉行为则不是法院在诉讼中应当作为审理对象的行政行为,不属于实体性事由的组成部分,因此在对滥诉的司法审查中直接赋予法院调查取证权是不妥当之举。我们认为,应当由行政机关承担相对人有申请信息公开滥诉行为的举证责任。理由如下:

第一,由行政机关承担滥诉的举证责任有助于限制其恣意认定滥用申请权及随意不公开的行为,减轻行政相对人的诉讼压力,提升申请人对司法审查的信任度,从而减弱行政相对人、行政机关及人民法院之间的尖锐抗衡关系。第二,在涉及滥诉事由的案件中,针对相对人具有滥诉行为的主张基本由行政机关在答辩时提出,据"谁主张谁举证"的证明责任分配原则,应当由行政机关对当事人的滥诉行为承担证明责任。第三,行政机关作为公权力机关具有取证的天然优越性。通常情况下,构成滥用诉权的基本属于滥用信息公开申请权,行政机关现通过行政程序处理当事人滥用知情权的行为,当事人对行政处理不服而提起诉讼,行政机关则处于应诉的状态。自始至终,行政机关可以收集相对人滥诉的相关证据,思考应对当事人滥诉的策略,并且作为作出行政行为的主体,具有保留证据的便利性,因此,由行政机关承担举证责任符合诉讼经济原则。

实践操作层面,对于申请信息存在模糊、重复的情况,由行政机关举证说明当事人申请书中存在模糊、重复的部分;对于申请人有反复申请的,由行政机关证明其收到过之前的申请且曾对当事人予以释明过;对于申请已经获得的信息,需证明已经向当事人公开过相关信息;对于申请公开会造成行政资源严重损耗的,需证明超出"必要限度"的判定依据,即说明信息公开的成本、公开后具有的价值、公开成本及价值计算标准等。在"张亮与南通市公安局崇川分局政府信息公开诉讼"一案中[(2015)港行初字第00159号],两级法院均僭越了被告的举证责任、越俎代庖地收集了许多证明张亮滥用申请权的证据,最终认定张亮系滥用获取政府信息权、滥用诉权,驳回其起诉。基本案情及法院裁判经过如下:

诉讼过程中,原告张亮诉称:被告崇川公安分局于2014年12月15日作出〔2014年〕通公依复第138号《政府信息公开申请答复书》,认为原告张亮申请的内容不属于《政府信息公开条例》规定的政府信息。原告张亮认为:(1) 2013年12月18日晚上,被告崇川公安分局接到报警后,出警的民警到达现场后打开了出警记录仪,原告张亮要求民警将在场人员录制在内,民警也答应。(2) 公安机关接到报警后,对案发现场进行调查取证是必备的过程。(3) 出警民警打开出警记录仪并全程录制的录音录像属于在履行职责过程中获取,并以一定形式记录、保存的信息。被告崇川公安分局不予公开政府信息违法,请求责令被告崇川公安分局履行法定职责,针对原告张亮的政府信息公开申请作出答复。

原告张亮向本院提供原告张亮的身份证复印件、政府信息公开申请表、〔2014年〕崇信复第138号《政府信息公开申请答复书》、行政复议申请书、(通)公复决字〔2015〕第006号《南通市公安局行政复议决定书》等证据材料。

被告崇川公安分局辩称:政府信息的存在要有一定的载体,是客观存在的,原告张亮的政府信息公开申请实质上属于咨询,当然不属于政府信息。被诉政府信息公开答复合法、准确,请求驳回原告张亮的诉讼请求。

2015年4月8日,被告崇川公安分局向本院提供了〔2014年〕崇信复第138号《政府信息公开申请答复书》及挂号信收据、送达回证、政府信息公开申请表等证据材料。

经审理查明:2014年11月25日,原告张亮向被告崇川公安分局递交《政府信息公开申请表》,申请公开"2013年12月18日我夫妻俩在城东街道402办公室,四部手机被抢,人身失去自由的案件,城东街道的出警记录仪内有多少名犯罪嫌疑人员"。2014年12月15日,被告崇川公安分局对原告张亮作出〔2014年〕崇信复第138号《政府信息公开申请答复书》,认为原告张亮申请的内容不属于《中华人民共和国政府信息公开条例》第二条所指的政府信息。原告张亮不服,向南通市公安局申请行政复议。2015年3月12日,南通市公安局作出(通)公复决字〔2015〕第006号《南通市公安局行政复议决定书》,维持了被告崇川公安分局作出的〔2014年〕崇信复第138号《政府信息公开申请答复书》。

至此,原被告双方根据《行政诉讼法》及《条例》的规定均就各自的主张向法院提交了证据材料。法院根据双方提交的证据材料也查明了本案的基本事实。但法院在审理过程中却额外地在本案证据之外以及基本事实之外又依职权去搜集了对原告不利的事实和证据。即:

另查明,原告张亮曾于2013年5月1日、2013年5月9日、2013年5月15日三次向被告崇川公安分局提出政府信息公开申请,申请公开的内容为"申请人2009年5月12日、14日、18日、19日及5月22日通过110平台报警的接处警记录,在城东派出所所做的询问笔录,派出所出警人员及姓名,警察到现场所取证的照片、录像等相关信息,所报案件的执法依据、流程、进展、结果等相关信息,接受案件的回执单"。尽管有的内容系重复申请,有的不是政府信息公开的范围,被告崇川公安分局仍分别于2013年5月3日、2013年5月14日、2013年5月22日对原告张亮的申请一一作出了答复。

本院在审理(2015)港行初字第00047-00051号、(2015)港行初字第00068号、00069号、00071-00074号、00077号、00079号、00098号案件中查明以下事实:据不完全统计,2012年至2015年期间,原告张亮及其妻子曹胡萍以生活需要为由,分别向南通市人民政府、南通市城乡建设局、南通市发展和改革委员会、南通市环境保护局、南通市住房保障和房产管理局、南通市规划局、南通市国土资源局、南通市公安局及其崇川分局、南通市崇川区人民政府、南通市崇川区城东街道办事处等行政机关共提起至少224次政府信息公开申请,要求公开以下大量信息:(1)"南通市的住宅设计标准、南通市城市房屋拆迁补偿安置工作流程"等政府主动公开的信息;(2)"通房党组〔2012〕19号文件、北街小学及周边地块改造的可行性研究报告"等内部文件;(3)"崇川区是哪位领导负责'十公开'工作、'十公开'监督的流程、进展、结果,上岗人员名单、照片、上岗证号、廉洁自律承诺、'补空情况',北街小学及周边地块拆迁过程中是怎样去做的,市年终考核情况如何,传唤证的经办人是谁、是谁审查的、部门领导是谁,在派出所接受询问时值班领导姓名、工号"等内部管理性信息;(4)"报督查后是如何处置的,监督的流程、进展、结果。督查员是谁,案件的执法依据、流程、进展、结果"等检举性信息;(5)"拆迁公司在2003年和2009年度的从业人员名单、合同证明以及缴纳养老保险证明、何时撤销南通百昌房屋征收服务有限公司的证书"等涉及他人的信息;(6)"土地拍卖属于哪一项建设,北街小学及周边地块是属哪一种土地类型的储备、什么时间作为垃圾场的,建围墙是谁批的、建围墙的资金是谁出的,拆迁许可证的发放要具备哪些条件,应该由谁审批签字,申请办理房屋征收服务公司要具备哪些条件、有哪些文件规定,如违反了规定会怎样处理"等咨询性信息。此外,原告张亮及其妻子曹胡萍还针对《政府信息公开申请答复书》提出申请公开该答复书的"经办人是谁、是谁审查的、部门领导是谁"等信息,并循环申请公开答复书的"附件的事实和法律依据"等信息。

原告张亮及其妻子曹胡萍在收到行政机关作出的《政府信息公开申请答复书》后,分别向江苏省人民政府、江苏省住房和城乡建设厅、江苏省国土资源厅、南通市人民政府、南通市崇川区人民政府等复议机关共提起至少37次行政复议。在经过行政复议程序之后,二人分别以政府信息公开申请答复"没有发文机关标志、标题不完整、发文字号形式错误,违反《党政机关公文处理工作条例》的规定,属形式违法;答复内容不符合申请的要求,未注明救济途径,属程序违法"等为由向南通市中级人民法院和本院提起政府信息公开之诉至少21次。

法院经过审理认为:获取政府信息和提起诉讼是法律赋予公民的权利。为了保障公民知情权的实现,行政机关应当主动公开政府信息,以提高政府工作的透明度。旧《条例》第十三条还进一步明确,除行政机关主动公开的政府信息外,公民、法人或者其他组织还可以根据自身生产、生活、科研等特殊需要,向国务院部门、地方各级人民政府及县级以上地方人民政府部门申请获取相关政府信息。为了监督行政机关依法行政,切实保障公民依法获取政府信息,公民认为行政机关在政府信息公开工作中的行政行为侵犯其合法权益的,可以依法提起行政诉讼。而需要指出的是:任何公民享有宪法和法律规定的权利,同时必须履行宪法和法律规定的义务。公民在行使自由和权利的时候,不得损害国家的、社会的、集体的利益和其他公民的合法自由和权利。公民在行使权利时，应当按照法律规定的方式和程序进行，接受法律及其内在价值的合理规制。

旧《条例》第一条规定，制定本条例的目的是"保障公民、法人和其他组织依法获取政府信息，提高政府工作的透明度，促进依法行政，充分发挥政府信息对人民群众生产、生活和经济社会活动的服务作用"。因此，保障社会公众获取政府信息的知情权是《条例》最主要的立法目的之一。而有关"依法获取政府信息"的规定，表明申请获取政府信息也必须在现行法律框架内，按照法律规定的条件、程序和方式进行，必须符合立法宗旨，能够实现立法目的。

本案原告张亮所提出的众多政府信息公开申请具有以下几个明显特征：一是申请次数多、频率高。仅据不完全统计，自2012年4月开始原告张亮及其妻子曹胡萍向南通市人民政府及其相关部门提出至少224次政府信息公开申请，原告张亮的妻子曹胡萍曾基于同一事由在同一天针对同一机关申请11次，最多的是在同一天针对同一机关申请高达62次。二是重复申请。原告张亮及其妻子曹胡萍有时基于同一事由分别提出相同或类似申请，内容多有重复。有时就同一事项分别向不同机关申请信息公开。二人多次分别向同一机关或不同机关申请公开"南通市东大街122号房屋所在区域征收或征用土地、拆迁安置"等情况。三是申请公开的内容包罗万象。原告张亮及其妻子曹胡萍除申请公开"南通市东大街122号房屋所在区域征收或征用土地、拆迁安置"等情况外，还申请公开"南通市的住宅设计标准、崇川区是哪位领导负责'十公开'工作、市年终考核情况、拆迁公司在2003年和2009年度的从业人员名单、申请办理房屋征收服务公司要具备哪些条件"等信息。四是不辨主体随意申请。原告张亮及其妻子曹胡萍对于明显不属于被申请人制作或获取的信息，仅因为对被申请人的某一执法行为不服而要求被申请人答复，如要求南通市城乡建设局公开建设工程规划许可证等。五是不分性质任意申请。虽然《条例》已经明确规定了政府信息是指行政机关履行行政职责过程中制作或者获取的信息。但原告张亮及其妻子曹胡萍不论申请的信息是否属于行政执法中的信息，均任意提起政府信息公开申请。最明显地体现在对不存在的信息或者档案信息以及内部管理信息、过程性信息、咨询性信息和投诉举报信息，乃至国家已经公开的法律法规及规范性文件，都提起政府信息公开申请。六是申请目的不当。原告张亮及其妻子曹胡萍在申请政府信息和诉讼过程中的真实目的就是为了向政府及其相关部门施加压力，以引起对自身拆迁补偿安置问题的重视。这种申请政府信息公开的目的明显不符合《条例》规定的要求。

上述特征表明，原告张亮不间断地向政府及其相关部门申请获取所谓政府信息，真实目的并非为了获取和了解所申请的信息，而是借此表达不满情绪，并向行政机关和司法机关施加答复、行政复议和诉讼的压力，以实现拆迁补偿安置利益的最大化。对于拆迁利益和政府信息之间没有法律上关联性的问题，行政机关已经反复进行了释明和引导，但原告张亮这种背离《条例》立法目的，任凭个人主观意愿执意不断提出申请的做法，显然已经构成了获取政府信息权利的滥用。

保障当事人的诉权与制约恶意诉讼、无理缠诉均是审判权的应有之义。对于个别当事人反复多次提起轻率的、相同的或者类似的诉讼请求，或者明知无正当理由而反复提起的诉讼，人民法院对其起诉应严格依法审查。本案原告张亮所提起的相关诉讼因明显缺乏诉的利益、目的不当、有悖诚信，违背了诉权行使的必要性，因而也就失去了权利行使的正当性，属于典型的滥用诉权行为。

首先，原告张亮的起诉明显缺乏诉的利益。诉的利益是原告张亮存在司法救济的客观需要，没有诉讼利益或仅仅是为了借助诉讼攻击对方当事人的不应受到保护。本案原告张亮的起诉源于政府信息公开申请——一项服务于实体权利的程序性权利。由于对获取政府信息权利的滥用，原告张亮在客观上并不具有此类诉讼所值得保护的合法的、现实的利益。

其次，原告张亮的起诉不具有正当性。《行政诉讼法》第二条明确规定："公民、法人或者其他组织认为行政机关和行政机关工作人员的行政行为侵犯其合法权益，有权依照本法向人民法院提起诉讼。"显然，行政诉讼是保护公民、法人和其他组织合法权益的制度，原告张亮不断将诉讼作为向政府及其相关部门施加压力、谋求私利的手段，此种起诉已经背离了对受到侵害的合法权益进行救济的诉讼本旨。

再次，原告张亮起诉违背诚实信用原则。诚实信用原则要求当事人实施诉讼行为、行使诉讼权利必须遵守伦理道德，诚实守诺，并在不损害对方合法利益和公共利益的前提下维护自身利益。骚扰、泄愤、盲目、重复、琐碎性质的起诉显然不符合诚实信用原则的要求。原告张亮本已滥用了政府信息公开申请权,所提起的多起诉讼要么起诉理由高度雷同,要么是在已经获取、知悉所申请政府信息的情形下仍坚持提起诉讼,这种对诉讼权利任意行使的方式有违诚实信用原则。

行政资源和司法资源的有限性,决定了行政机关和人民法院只能满足当事人有效的行政和司法需求。原告张亮的申请行为和诉讼行为,已经使行政和司法资源在维护个人利益与公共利益之间有所失衡,《条例》的立法宗旨也在此种"申请—答复—复议—诉讼"的程序中被异化。原告张亮所为已经背离了权利正当行使的本旨,超越了权利不得损害他人合法权益的界限。纵观本案及相关联的一系列案件,无论是原告张亮所提出的政府信息公开申请还是向本院所提起的诉讼均构成明显的权利滥用。

在现行法律规范尚未对滥用获取政府信息权、滥用诉权行为进行明确规制的情形下,本院根据审判权的应有之义,结合立法精神,决定对原告张亮的起诉不做实体审理。为了兼顾维护法律的严肃性、有效利用公共资源和保障原告张亮依法获取政府信息、提起诉讼的权利,对于原告张亮今后再次向行政机关申请类似的政府信息公开、向人民法院提起类似的行政诉讼,均应依据《条例》的现有规定进行严格审查,原告张亮须举证说明其申请和诉讼是为了满足自身生产、生活、科研等特殊需要,否则将承担不利后果。

综上,根据《行政诉讼法》第二条第一款、第一百零一条、《最高人民法院关于适用〈中华人民共和国行政诉讼法〉若干问题的解释》第三条第一款第(十)项、参照《中华人民共和国民事诉讼法》第十三条之规定,裁定如下:驳回原告张亮的起诉。

法院判决的说明理由部分阐述得非常周延,也很有说服力,张亮的所作所为肯定有符合法院所不支持的部分,但由此而全部否定张亮申请行为及诉讼行为的积极意义是否妥当尚可商榷,特别是在被告没有提出张亮滥用申请权和滥用诉权的答辩意见的情况下,通过行使法院自由裁量权的方式来否定了原告诉讼行为的正当性,似乎违背了权利保障原则。须知政府信息公开司法审查的目的和宗旨是审查行政行为的合法性,而不是审查起诉人起诉行为的正当性。而且,政府信息公开制度的设立,不仅仅是要保障公民的知情权,更是要监督行政权力的行使。

第四章　政府信息公开司法审查的审理规则

现阶段,政府信息公开涉及领域和分布地域相对集中,实质矛盾对抗激烈,不仅原告和被告存在着巨大的权益冲突,还存在个人之间的利益冲突、个人与公共利益之间的冲突以及权力与权利之间的冲突等等。申言之,一旦审查争议的焦点集中在政府信息是否公开方面,在不同的主体之间必然产生冲突,特别是原被告之间尤盛,因此很有必要将原被告的基础权利义务在司法审查的审理方面做一个深入的分析后,再围绕审理规则中的难点,也就是利益平衡规则和举证责任展开研讨。

第一节　政府信息公开诉讼中的利益平衡规则

在传统的行政诉讼理论研究中,学者们关注的重心几乎都是如何平衡司法权与行政权之关系,相当程度上忽略了诉讼当事人双方权益之间的关系。目前,以申请公开的信息涉及国家秘密、商业秘密和个人隐私为由,拒绝公开政府信息的情形日益增多,由此引发的争议也不断增多。由于可能涉及国家秘密、商业秘密和个人隐私,争议的实质性解决难度加大,使得此类案件的审理具有不同于其他行政案件的显著特点。对此类案件的审查,也是当前信息公开行政案件司法审查的一个难点。在政府信息公开司法审查中,保障当事人知的权利是其最终目的,而在实现当事人知情权的过程中制度设计者需要把控好原被告以及第三人之间的权利义务关系,平衡好双方当事人的各项权益,此时利益平衡规则的引入显得尤为重要。

在最高人民法院发布政府信息公开的十大案例中,杨政权诉山东省肥城市房产管理局案的二审审理就很好地体现了利益平衡规则的引入。案件的起因是杨政权向肥城市房产管理局申请公开经适房、廉租房的分配信息并公开所有享受该住房住户的审查资料信息(包括户籍、家庭人均收入和家庭人均居住面积等),但被拒绝了。遭到拒绝后,其随即向泰安高新技术产业开发区人民法院提起诉讼,要求一并公开所有享受保障性住房人员的审查材料信息。一审法院经审理认为,要求公开的此类信息涉及公民的个人隐私,不应予以公开,判决驳回诉讼请求。一审法院对此类信息的性质认定是正确的,但只是机械地套用了相关法律条文的前半部分,也就是对个人隐私的法律保护。这或许是无意地对条文的后半部分遗漏,也就是没有关注到个人隐私和公共利益产生冲突情况的处理;或许是有意地忽略,觉察到个人隐私和公共利益之间的利益平衡难以把握。二审法院在审理中认为,当涉及公众利益的知情权和监督权与保障性住房申请人一定范围内的个人隐私相冲突时,应首先考量保障性住房的公共属性,使获得这一公共资源的公民必须牺牲一定范围内的个人隐私,从而让渡出部分个人信息。在此案审理中,先要考虑原告的权利和被告以及第三人的权利的利益属性,接下来就要突出保障性住房有别于一般商品房的公共属性,从而明确具体是围绕涉及保障性住房相关权益的知情权和监督权和一定范围内的个人隐私平衡,有效地避免了在抽象的知情权和个人隐私之间取舍。

一、主体利益的内容

(一)原告的权利义务

原告的权利和义务源自行政相对人和第三人的权利义务,而行政相对人和第三人的权利义务又源自公民、法人和其他组织的诉权。原告的权利义务通常可以分为实体性权利义务和程序性权利义务。但在本书的论述中,并不截然分开论述,而是有机整合在一起。

1. 政府信息公开诉讼原告的权利

所谓权利,这里所指的是法律上的权利[1],"是指法律所允许的权利人为了满足自己的利益而采取的、有其他人的法律义务所保证的法律手段……它来自法律规范的规定,得到国家的确认和保障;它是保证权利人利益的法律手段;它是与义务相关联的概念;它确定了权利人从事法律所允许的行为的范围。"[2]行政诉讼中原告可以主张的权利有实体权利和程序权利之分,政府信息公开之诉中的原告权利当然也可以这样划分。"这里所说的原告权利是指由宪法、行政法、国家赔偿法等法律赋予的,原告可以通过行政诉讼予以主张并且实现的实体权利。"[3]引文中将"原告权利"等同于"实体权利"显然不甚妥当(因为与实体权利相对应的还有程序权利),但将"实现权利"界定为"可以通过行政诉讼予以主张并且实现的权利"是恰当的。在政府信息公开之诉中,原告的实体权利无疑就是由宪法、行政法、《国家赔偿法》等法律所确认的,可以通过政府信息公开之诉予以主张并实现的权利。具体言之,政府信息公开之诉中的原告,不仅包括人身权、财产权,而且有包括以下合法权益,下面笔者将详细进行论述。

具有如下的实体权利:

第一是知情权。知情权是新近发展起来的一项公民权利,它也许算不上是公民宪法权利或者说是公民基本权利。但是,"知情权正是公民获取各种资讯的一项最基本的权利,也是公民积极、有效地参与国家政治生活、实现民主权利的必要条件"[4]。笔者不能完全赞同引文中将知情权视为"一项最基本的权利",但也不否定其在公民参与国家政治生活、实现民主权利方面具有的重要意义。"知情权"一词源自英文"the right to know",也有人认为源自英文"freedom of information",由美国新闻记者肯特·库柏于1945年1月

---

[1] 有学者认为,权利有道德意义上的权利和法律意义上的权利之分。道德意义上的权利基本上接近于传统上的自然法权利,即人之为人、作为自然人所应当享有的权利,所谓"应然权利"是也;而法律上的权利指的是法律所保护的权利,人的自然权利很多,但在现实中法律并不能一一得到保障,通过法律的途径保障实现的那部分称为法律权利,所谓"实然权利"是也。

[2] 朱景文主编:《法理学》,中国人民大学出版社2008年版,第439页。

[3] 宋英辉、汤维建主编:《我国证据制度的理论与实践》,人民公安出版社2006年版,第534页。

[4] 林爱珺:《知情权的法律保障》,复旦大学出版社2010年版,第1-2页。

率先使用。它是指自然人、法人和其他组织所享有的知悉和获取信息的权利,包括公法上的知情权和私法上的知情权。[1] 一般意义上的知情权,包括的范围比较广泛,如美国学者威金斯认为,该权利至少包括:(1)获取信息的权利;(2)无须事前控制而印刷的权利;(3)印刷而无须担心非经正当程序受到不利后果的权利;(4)新闻报道中的必要设施和信息获取权;(5)传播信息而不受政府或者无视法律的公民干涉的权利。[2] 此意义上的知情权,与政府信息公开中的知情权还是有比较大的区别的,这同时涉及广义知情权与狭义知情权的问题。杜钢建认为:广义的知情权既包括官方信息、官方情报或官方消息,也包括非官方的信息、情报或消息。狭义的知情权主要是指获取官方的消息、情报、信息的权利。[3] 这种划分的方法显然有点太过于简单,仅仅把信息划分为官方的和非官方,然后以是否属于官方信息为标准划分广义与狭义,稍嫌单一、浅略。难道除了官方和非官方的信息,就没有其他信息被知情权所容纳了吗?学者王名扬认为:广义的知情权,是指公民、法人及其他组织依法所享有的,对于国家机关、公共机构或者其他公民、法人、非法人组织要求公开信息的权利,以及在法律不禁止的范围内不受妨害地获得各类信息的自由。狭义的知情权,是指公民、法人及其他组织依法对国家机关要求公开某些信息的权利,和不受妨害地获得国家机关公开的信息的自由。[4] 王名扬的视角比较开放,即不把信息局限于官方与非官方之内,而是把广义知情权定位于申请公开政府信息的权利和不受妨碍地获得各类信息的自由,而狭义知情权则定位于政府信息公开的申请权之上。

综上所述,笔者认为,行政诉讼中原告享有的实体权利中的知情权,当指原告根据宪法、法律所确认、行政主体有义务保障实现的政府信息公开申请权。政府信息公开语境中的知情权,有学者提出了"行政知情权"的概念,即认为"所谓行政知情权是自然人、法人和其他组织知悉、获取必要行政信息的权利自由"。[5]

---

〔1〕 张龙:《行政知情权的法理研究》,北京大学出版社2010年版,第4-5页。

〔2〕 汪进元等:《〈国家人权行动计划〉的实施保障》,中国政法大学出版社2014年版,第152-153页。

〔3〕 杜钢建:《知情权制度比较研究:当代国外权利立法的新动向》,载《中国法学》1993年第2期,第109-115页。

〔4〕 王名扬:《英国行政法》,中国政法大学出版社1987年版,第48-57页。

〔5〕 同〔1〕,第6页。

笔者认为,提出这样一个新的概念是值得肯定的,但试图用这样的概念来涵括公民知悉政府信息的权利有画蛇添足之嫌,依此逻辑,公民享有行政知情权,与此相对,岂不是需要再造"立法知情权""司法知情权"这样的概念出来?"行政知情权"之下岂不是又可以分为"行政处罚知情权""行政许可知情权"?依此逻辑,政府信息公开的理论可谓支离破碎了。这种人为地割裂知情权的做法显然是经不起推敲的。还是将知情权视为一个整体权利更合理,政府信息公开申请只不过是实现知情权的一个方面而已,正因为有了知情权,才出现了政府信息公开制度,才出现了政府信息公开的司法审查。如果行政相对人认为,行政主体的行为侵犯了其知情权,当然可以原告身份诉至法院,请求人民法院对其进行司法审查。[1]

第二是监督权。正是基于原告享有的对行政主体的监督权,原告才得以向法院提起政府信息公开之诉。如果原告没有这个实体上的权利,则没有政府信息公开之诉。监督权是公民的基本权利,是宪法明确予以保障的基本权利。《宪法》第四十一条规定:"中华人民共和国公民对于任何国家机关和国家工作人员,有提出批评和建议的权利;对于任何国家机关和国家工作人员的违法失职行为,有向有关国家机关提出申诉、控告或者检举的权利,但是不得捏造或者歪曲事实进行诬告陷害。对于公民的申诉、控告或者检举,有关国家机关必须查清事实,负责处理。任何人不得压制和打击报复。由于国家机关和国家工作人员侵犯公民权利而受到损失的人,有依照法律规定取得赔偿的权利。"[2]该权利包括批评建议权、申诉控告权、检举揭发权以及请求赔偿权。当行政主体不依法履行义务并侵害了行政相对人或者利益相关人的权益时,相关主体可基于该实体权利以原告身份将行政主体诉至法院,请求人民法院对该行政主体的行为进行司法审查。

第三是隐私权。在政府信息公开之诉中,与政府信息公开行为有利害关系的第三人也可以原告的名义独立提起行政诉讼,其提起独立行政诉讼的权利基础之一便是公民的隐私权。在政府信息公开工作中,关于该向哪些主体公开,有的学者提出"公开对象的任意性"观点,即"在法律没有特别规定的

---

[1] See Ittai Bar-Siman-Tov. Semiprocedural Judicial Review, Legisprudence, 2012, Vol.6(3), pp. 271-300.

[2] 蔡定剑:《宪法精解》,法律出版社2006年版,第267-269页。

情况下，政府信息公开的对象是不特定的公众，包括所有的组织和个人，政府信息公开的对象没有特别限制"[1]。换言之，人人都可以不受限制地知悉、使用政府信息，那么这里就必然要涉及公民个人信息保护问题：在政府信息公开工作过程中，有没有公民个人隐私被泄露、被侵害的可能？遭到这种侵害，公民又该怎么办？毕竟，公民作为政府诸多领域的管理对象，很多个人信息都被政府及其工作部门掌控着。宪法和法律为了保障公民隐私权，赋予公民在政府信息公开活动中享有诉讼的权利，可以原告的身份提起行政诉讼，保障个人权益。

那么，在政府信息公开工作中，公民个人的隐私权包括哪些？哪些个人信息不能公开呢？在国际人权法中，隐私权的含义比较广泛，不能作狭义理解，其主要内容包括：私生活的权利，包括住宅、家庭和通信不受任意或非法干涉的权利，名誉和荣誉不受非法攻击的权利。[2] 当然隐私权最核心的内容还是个人私生活不容侵犯、不容公开，除非公共利益的需要，政府在信息公开工作中不宜将公民个人隐私公之于众，否则公民可以政府信息公开行为侵犯其隐私权为由诉至法院。在司法实践中，有法院这样界定个人隐私："至于个人隐私，一般是指公民个人生活中不向公众公开的、不愿公众知悉的、与公共利益无关的个人信息。"[3] 这样的界定与前面学者的观点基本一致，个人隐私、公民隐私权，指的都是与个人生活有关的、与公共利益无关的、不愿公开的、不能为社会公众所知晓的信息。这部分个人信息，政府当然不能公开。

但是并非所有涉及个人隐私信息一概地不能公开，如果行政机关认为所申请公开的政府信息涉及第三方个人隐私，但公开后不可能损害第三方合法权益且不公开会对公共利益造成重大影响的，也可以公开。在郭耀与内蒙古自治区鄂尔多斯市东胜区人民政府政府信息公开上诉一案[（2018）内行终83号]中，二审法院通过判决明确为了公共利益，涉及个人隐私的政府信息在符合一定的条件下，也可以公开。基本案情及裁判理由如下：

上诉人郭耀因诉被上诉人内蒙古自治区鄂尔多斯市东胜区人民政府（以

---

[1] 董妍：《政府信息公开例外规则及其司法审查》，经济日报出版社2015年版，第3页。
[2] 李步云、孙世彦主编：《人权案例选编》，高等教育出版社2008年版，第90页。
[3] 吴文其诉上海市虹口区国家税务局信息公开申请答复案《行政判决书》（2011）虹行初字第33号。亦参见余凌云：《行政法讲义》，清华大学出版社2014年版，第364页。

下简称"东胜区政府")政府信息公开一案,不服内蒙古自治区鄂尔多斯市中级人民法院(2017)内06行初26号行政判决,向内蒙古自治区高级人民法院提起上诉。

内蒙古自治区鄂尔多斯市中级人民法院经审理查明:2007年起,被告鄂尔多斯市东胜区人民政府开始在鄂尔多斯装备制造基地进行征地拆迁安置工作,原告属于征地范围内的原哈巴格希办事处达尔汗壕村七社成员。原告认为同一期间内征拆的其他村社所享受的安置补偿政策不同。2016年12月27日,原告通过鄂尔多斯市政府门户网站电子申请获取上述征地信息。2016年12月29日,鄂尔多斯市人民政府作出《政府信息非本机关告知书》,答复所申请公开事项非其公开范围,建议向东胜区人民政府咨询。2017年1月18日,东胜区土地收购储备拍卖中心作出《延期答复告知书》,将公开期限延长至2017年2月13日。2017年2月15日,鄂尔多斯市东胜区人民政府向原告送达《政府信息部分公开告知书》,以《鄂尔多斯装备制造基地征收土地情况说明》和《鄂尔多斯市东胜区人民政府关于印发鄂尔多斯市装备制造基地征地拆迁补偿标准的通知》的形式向原告公开部分信息,未公开部分以涉及个人隐私为由不予公开。另查:原告于2007年和2009年签订征收补偿协议,2010年将协议确定的征收补偿款领取完毕。

内蒙古自治区鄂尔多斯市中级人民法院认为:旧《条例》第十三条规定,除本条例第九条、第十条、第十一条、第十二条规定的行政机关主动公开的政府信息外,公民、法人或者其他组织还可以根据自身生产、生活、科研等特殊需要,向国务院部门、地方各级人民政府及县级以上地方人民政府部门申请获取相关政府信息。本案原告申请公开的信息通过征收会议、征收补偿协议等形式在征收时已经对外公开,而且征收时原告作为被征收人也参加了征收补偿的有关程序,签订补偿协议并且领取补偿款。在征收完成多年后,原告不能合理说明申请获取当时被征收的其他众多集体经济组织的征收信息系根据自身生产、生活、科研等特殊需要,不满足提出此项申请的法定条件。被告作出的《政府信息部分公开告知书》,以涉及个人隐私为由作出不予公开的理由与庭审中主张的理由不同,本院对被告在庭审中主张的意见部分予以采纳。综上,依据《最高人民法院关于审理政府信息公开行政案件若干问题的规定》第十二条第(二)项、第(六)项之规定,判决驳回原告郭耀的诉讼请求。

案件受理费 50 元，由原告郭耀负担。

上诉人郭耀上诉称：一、本案请求事项属于政府应当主动公开的内容。根据《条例》第十一条的规定，被上诉人东胜区政府应当主动通过有效公开途径公开涉及征收或者征用土地、房屋拆迁的相关具体、详细的情况及补偿、补助费用的发放、使用情况。原审认定本案申请事项属于依申请公开的事项，认定事实错误。二、被上诉人东胜区政府未有效履行公开信息的法定义务。原审中，被上诉人东胜区政府未能证明其已公开过本案所申请的公开事项。原审认定被上诉人东胜区政府通过征收会议已经履行公开义务缺乏事实依据。三、被上诉人东胜区政府不予公开信息所依据的涉及第三人隐私于法无据，且未书面征求第三人意见。原审应当撤销不予公开的行政行为，判决被上诉人东胜区政府在一定期限内公开或者重新答复。综上所述，原审认定事实和适用法律错误。请求撤销一审判决，判令被上诉人东胜区政府依法公开上诉人申请公开的政府信息，或将本案发回重审。

被上诉人东胜区政府答辩称：上诉人郭耀申请要求对其他村、社的补偿协议、补偿明细进行公开不符合法律规定，被上诉人作出部分内容不予公开的行政行为合法。上诉人郭耀申请公开的"合同、补偿费明细"与其自身生产、生活需要无关，对该政府信息可以不予提供。一审判决认定事实清楚，适用法律正确，应予维持。

内蒙古自治区高级人民法院经审理查明的事实与一审法院认定的事实一致，对一审判决认定的事实予以确认。上述事实，有上诉人郭耀提供的东胜区土地收购储备拍卖中心《延期答复告知书》、东胜区政府办公室《政府信息部分公开告知书》，被上诉人东胜区政府提交的《鄂尔多斯市人民政府信息公开依申请受理批阅单》、鄂尔多斯市装备制造基地管理委员会《非本机关政府信息告知书》、东胜区土地收购储备拍卖中心《延期答复告知书》、东胜区政府办公室《政府信息部分公开告知书》《鄂尔多斯市装备制造基地预征收土地情况说明》等证据在卷佐证。

内蒙古自治区高级人民法院认为：《条例》第二十一条规定："对申请公开的政府信息，行政机关根据下列情况分别作出答复：（一）属于公开范围的，应当告知申请人获取该政府信息的方式和途径；（二）属于不予公开范围的，应当告知申请人并说明理由；（三）依法不属于本行政机关公开或者该政府信息不存在的,应当告知申请人,对能够确定该政府信息的公开机关的,应当告知申请人该行政机关的名称、联系方式;(四)申请内容不明确的,应当告知申请人作出更改、补充。"第二十二条规定:"申请公开的政府信息中含有不应当公开的内容,但是能够作区分处理的,行政机关应当向申请人提供可以公开的信息内容。"

根据本案查明的事实,上诉人郭耀申请公开的政府信息内容为"鄂尔多斯市东胜区哈巴格希乡白家壕社、刘家渠社、打坝渠社、达汉壕村、邬家塔社、乔家渠社、油坊社、补洞社、庙渠社、庙塔社、补洞四社、达尔汗壕七社、达汉一社、达汉壕八社、宝贝沟、杜家渠等村、社在2007年进行的征地补偿中,相关的征地补偿标准、土地测量结果、合同、补偿费明细",被上诉人东胜区政府对上诉人郭耀申请公开的政府信息作出区分处理并分别予以答复,因此,本案的争议焦点为被上诉人东胜区政府对上诉人郭耀申请公开的政府信息所作区分处理和分别答复是否符合法律规定。

一、关于被上诉人东胜区政府对上诉人郭耀申请公开的"征地补偿标准、土地测量结果"所作答复是否合法的问题。

被上诉人东胜区政府认为上诉人郭耀申请公开的"征地补偿标准、土地测量结果"已经在征收土地过程中予以主动公开,并在《情况说明》中告知上诉人郭耀"16个社累计预征收土地约12万亩,支付土地及地上附着物补偿款6.9亿元"。据此,上诉人东胜区政府自认上诉人郭耀申请公开的"征地补偿标准、土地测量结果"属于可以公开的政府信息,因此内蒙古自治区高级人民法院着重对该政府信息是否已经主动公开以及是否告知上诉人郭耀获得该政府信息的途径和方式进行审查。经内蒙古自治区高级人民法院审查,被上诉人东胜区政府的本项答复不当,理由如下:(1)被上诉人东胜区政府关于该政府信息已经主动公开的告知不当。被上诉人东胜区政府在《部分公开告知书》和《情况说明》中,并未告知上诉人郭耀该政府信息在何时、何地、以何种方式主动公开,告知主动公开的事实并不明确、具体。(2)被上诉人东胜区政府告知上诉人郭耀获取该政府信息的方式和途径不当。行政机关对于已经主动公开的政府信息,申请人提出公开申请的,应当告知申请人获取政府信息的方式和途径。行政机关告知的方式和途径是否适当,主要判断标准是申请人通过行政机关告知的方式和途径,必须能够获取其申请的全部政府信息,并可以对该政府信息进行查阅和复制。本案中,依据被上诉人东胜区政府作出的《公开告知书》和《情况说明》,上诉人郭耀不能有效获取、查阅和复制其申请公开的政府信息,故被上诉人东胜区政府告知上诉人郭耀获取该政府信息的途径和方式不当。

二、关于被上诉人东胜区政府对上诉人郭耀申请公开的"合同、补偿费明细"所作答复是否合法的问题。

被上诉人东胜区政府在其《公开告知书》和《情况说明》中告知上诉人郭耀:"其所申请公开的合同、明细等可能涉及个人隐私,不予公开。"经内蒙古自治区高级人民法院审查,被上诉人东胜区政府的本项答复不当,理由如下:(1)基于可能存在的事实作出行政行为不当。行政机关作出行政行为,应当事实清楚,证据充分。本案中,被上诉人东胜区政府以"可能涉及个人隐私"为由不予公开政府信息,即以可能存在事实作出行政行为,显属不妥。(2)认定申请公开的政府信息涉及个人隐私应当说明依据和理由。隐私权是公民享有的一项基本权利,个人隐私应当依法获得保护,但是,并非所有的个人信息均构成个人隐私,行政机关只对个人信息中构成个人隐私的部分可以拒绝公开。虽然我国《行政诉讼法》《民事诉讼法》《刑事诉讼法》均有关于个人隐私的规定,《侵权责任法》也明确列举隐私权为其保护范围,但是迄今为止,法律、法规、规章以及最高人民法院的司法解释,均未对"个人隐私"作出明确界定。在此法律框架下,被上诉人东胜区政府将涉及"村、社"的合同和补偿费明细界定为个人隐私,需要说明依据和理由。(3)涉及个人隐私的政府信息并非绝对不能公开,在符合法律规定的情形下亦可公开。《中华人民共和国政府信息公开条例》第十四条第四款规定:"行政机关不得公开涉及国家秘密、商业秘密、个人隐私的政府信息。但是,经权利人同意公开或者行政机关认为不公开可能对公共利益造成重大影响的涉及商业秘密、个人隐私的政府信息,可以予以公开。"第二十三条规定:"行政机关认为申请公开的政府信息涉及商业秘密、个人隐私,公开后可能损害第三方合法权益的,应当书面征求第三方的意见;第三方不同意公开的,不得公开。但是,行政机关认为不公开可能对公共利益造成重大影响的,应当予以公开,并将决定公开的政府信息内容和理由书面通知第三方。"个人隐私权需要保护,公众知情权亦不能忽视,上述两个法律条文规定了我国处理政府信息公开与个人隐私保护的一般框架。行政机关以涉及个人隐私为由不予公开政府信息,应当符合三个要件:(1)行政机关认定政府信息涉及第三方个人隐私;(2)行政机关认为公开后可能损害第三方合法权益;(3)权利人不同意公开或者行政机关认为不公开不会对公共利益造成重大影响。本案中,根据《部分公开告知书》《情况说明》及当事人陈述,被上诉人东胜区政府未对认定上诉人郭耀申请公开的涉及村、社的合同、补偿费明细构成个人隐私的依据和理由作出合理说明,未征求第三方是否同意公开该政府信息,亦未对该政府信息不公开是否对公共利益造成重大影响作出判断,故其以涉及个人隐私为由拒绝公开上诉人郭耀申请公开的该政府信息不当。

被上诉人东胜区政府答辩认为,上诉人郭耀申请公开的"合同、补偿费明细"与其自身生产、生活需要无关,故对该政府信息可以不予提供。内蒙古自治区高级人民法院认为,被上诉人东胜区的此项辩解理由不能成立,理由如下:(1)《部分公开告知书》《情况说明》证明,被上诉人东胜区政府作出答复的理由是上诉人郭耀申请公开的政府信息部分已经主动公开,部分涉及第三方个人隐私,并非以该政府信息与上诉人郭耀的生产、生活、科研等特殊需要无关不予公开。(2)上诉人郭耀在《政府信息公开电子申请表》中并未填写"所需信息的用途",被上诉人东胜区政府在其后的行政程序中,如认为上诉人郭耀必须表明其申请公开政府信息的特殊需要,应当通知上诉人郭耀补正,只有上诉人郭耀未按照要求补正,才可不予提供该政府信息,而不应未加通知径行予以拒绝。(3)根据《中华人民共和国政府信息公开条例》第十三条的规定,申请人可以根据自身生产、生活、科研等特殊需要,向国务院部门、地方各级人民政府以及县级以上人民政府部门申请获取相关政府信息。上述规定的"等"是"等外等",即除生产、生活、科研需要外,还可以包括其他特殊需要。被上诉人东胜区政府认为上诉人郭耀申请公开的政府信息与其生产、生活无关可不予提供,遗漏对其他特殊需要的考量。综上,被上诉人东胜区政府的此项辩解理由不能成立,上诉法院不予采纳。

综上,上诉人郭耀的上诉理由成立,上诉法院予以支持。东胜区政府所作答复和一审判决不当,上诉法院予以纠正。依照《中华人民共和国行政诉讼法》第八十九条第一款第(二)项、第七十条第(三)项、《最高人民法院关于审理政府信息公开行政案件若干问题的规定》第九条第一款之规定,判决如下:

一、撤销内蒙古自治区鄂尔多斯市中级人民法院（2017）内 06 行初 26 号行政判决；

二、撤销内蒙古自治区鄂尔多斯市东胜区人民政府于 2017 年 2 月 13 日作出的《政府信息部分公开告知书》；

三、责令被上诉人内蒙古自治区鄂尔多斯市东胜区人民政府在法定期限内重新作出答复。

由以上案例的判决可知，并非所有涉及个人隐私的信息一概不能公开，如果行政机关认为所申请公开的政府信息虽然涉及第三方个人隐私，但公开后不可能损害第三方合法权益且不公开会对公共利益造成重大影响的，也可以公开。况且，就算申请公开的政府信息涉及个人隐私，也可以将涉及个人隐私的部分分离出来，只向申请人公开不涉及个人隐私的部分，而不应将包含有个人信息的政府信息一概地不予公开。这显然是属于懒政行为。

第四是社会经济权利。这是宪法所确认的公民的基本权利，它是指"公民在社会经济生活中个人所享有的权利，包括劳动权、休息权和社会保障权。劳动权是指凡具有劳动能力的公民都有获得工作和取得劳动报酬的权利。"[1]这个概念的界定把社会经济权利归结于劳动权、休息权和社会保障权之内，显然有点偏狭；而劳动权又仅仅局限于有劳动能力的人获得工作和取得劳动报酬的权利，并未能把人们从事商业贸易、资本投资等活动所得利益概括进去。韩大元教授认为，社会经济权利是公民根据宪法规定享有经济利益的权利，是公民实现其他权利的物质基础。从我国宪法和有关法律的规定看，社会经济权利包括公民财产权、劳动权、休息权、物质帮助权、退休人员生活保障权与社会保障权。[2]这个界定使社会经济权利涵括了公民财产权，把获取经济利益的权利和保有自己合法所有的经济利益的权利突显出来了，是对上述蔡定剑所界定的概念的深化。笔者认为，社会经济权利当然包括了公民从事经济活动的权利以及维护自己合法经济利益不受侵犯的权利，就公民个人而言，这个权利是不言而喻的，作为由公民组成的公司、企业、其他经济实体来讲，其社会经济权利也是不容置疑的。否则，就不会有政府信

---

〔1〕 蔡定剑：《宪法精解》，法律出版社 2006 年版，第 238 页。

〔2〕 李卫刚主编：《宪法学讨论教学教程》，对外经济贸易大学出版社 2014 年版，第 185 页。

息公开中因公民个人、法人或者其他组织商业秘密之争所引发的行政诉讼。

根据我国宪法及法律的规定,公民、法人或者其他组织的商业秘密是得到法律保护的,这是公民社会经济权利保护的延伸,也是社会主义经济制度的必然结果。有学者认为,行政主体在履行职责过程中收集的涉及公民、法人及其他组织有关的商业秘密属于其他第三方的利益,若行政主体随意公开此类信息,必然有损于第三方的利益。因此,行政主体一般情况下不得公开有损于第三方利益的信息。[1] 这既是对第三方利益的尊重,也是行政主体保障第三方社会经济权利的义务。如果行政主体侵犯了第三方的社会经济权利,第三方当然可以原告身份诉至法院,请求人民法院对其行政行为进行司法审查。

除了上述的实体权利之外,原告还享有以下的程序权利:

第一个是起诉权。起诉权这一概念首先是民事诉讼领域的概念,单独在行政诉讼领域里对其进行研究较为少见。有学者认为:"起诉权是公民、法人或者其他组织作为原告,要求法院启动审判程序,就自己提出的诉讼请求进行审判并给予司法保护的权利。从外在表现形式看,起诉权是诉诸法院的权利;但从实质来看,起诉权不仅是诉诸法院的权利,还包含着公正审判请求权,要求法院给予司法保护。"[2] 这个概念把起诉权的基本性质揭示出来了,起诉权的主体归于公民、法人和其他组织,起诉权的实质就是请求法院启动司法程序并公正审判,赋予起诉权的目的在于对以上主体合法权益的保障。在行政诉讼中,"所谓起诉权就是指原告享有将具体行政行为诉至人民法院这样的主体资格"[3],这一概念试图对行政诉讼领域中的起诉权进行概括,但遗憾之处是不周全。首先,起诉权指向的是某种行政主体还是某个行政行为,即起诉权是告某某人的权利还是告某某行为的权利? 笔者认为,起诉权实质上是追诉权、追责权,追究某某主体承担法律责任的权利,以保护起诉权主体合法权益的权利,而要对某主体进行追责,必须以事实为依据、以法律为准绳,因此,某行政行为只不过是被追诉的对象所应承担法律责任的事实依

---

[1] 董妍:《政府信息公开例外规则及其司法审查》,经济日报出版社2015年版,第56页。
[2] 柯阳友:《起诉权保障与起诉和受理制度的完善》,载张卫平主编:《民事程序法研究》(第9辑),厦门大学出版社2013年版,第88页。
[3] 梁玥:《政府信息公开诉讼研究》,山东人民出版社2013年版,第307页。

据而已,其本身并不是起诉权所指向的对象,而且,现在新的行政诉讼法理念,不再停留在只有"具体行政行为"才可诉的层面上,而是泛指所有的"行政行为"。不过,这一概念对我们理解行政诉讼中的起诉权有一定的启发。

行政诉讼中原告起诉权的法律依据源自《行政诉讼法》第二条的规定,即:"公民、法人或者其他组织认为行政机关和行政机关工作人员的行政行为侵犯其合法权益,有权依照本法向人民法院提起诉讼。"该条文在学界被认为是对原告起诉权的规定,但遗憾的是,这个起诉权受到了人民法院受案范围的限制。[1]《条例》第五十一条同样规定了原告的起诉权,即公民、法人或者其他组织认为行政机关在政府信息公开工作中侵犯其合法权益的,可以依法申请行政复议或者提起行政诉讼。总的来讲,从《宪法》第四十一条规定的"监督权"到《行政诉讼法》第二条规定的起诉权,再到最高人民法院的司法解释和《条例》的相关规定,我国对行政诉讼原告的起诉权的规定是比较完备的。起诉权必须在法定期间内行使,否则丧失诉权。

在司法实践中,司法机关应当根据事实和法律在最大限度内切实保障行政相对人的诉权,而不是轻率地剥夺了公民的诉权。比如,在黄连敬诉北京市东城区人民政府再审一案[(2016)最高法行申 4521 号]中,中华人民共和国最高人民法院经过审理,确实保障了行政相对人控告行政主体的权利。基本案情及法院审理经过如下:

再审申请人黄连敬因诉北京市东城区人民政府(以下简称"东城区政府")行政复议一案,不服北京市高级人民法院(2016)京行终 270 号行政裁定,向中华人民共和国最高人民法院申请再审。

黄连敬因不服北京市东城区城市综合管理委员会(以下简称"东城区城管委")作出的城管委[2015]第 2 号-告《东城区城管委政府信息公开答复告知书》(以下简称"2 号告知书"),向东城区政府申请行政复议。东城区政府作出东政复字[2015]49 号《不予受理行政复议申请决定书》(以下简称"被诉复议决定"),决定不予受理黄连敬的行政复议申请。黄连敬不服,提起行政诉讼。

---

[1] 对行政诉讼原告起诉权限制的规定,除了《行政诉讼法》第二章"受案范围"的限制之外,最高人民法院在《若干问题的规定》第一条、第二条的规定中,也做出了限制。

北京市第四中级人民法院一审查明：2015年3月22日，黄连敬向东城区城管委申请书面公开"东城区2013年、2014年违法用地违法建设基础台账的政府信息文件"。经延期后，东城区城管委于同年5月5日作出2号告知书，告知其申请公开的政府信息不属于公开范围。黄连敬于同年5月7日收到2号告知书后不服，于同年7月7日以邮寄方式向东城区政府申请行政复议。东城区政府于同年7月9日收到上述行政复议申请，于同年7月15日作出被诉复议决定，认为黄连敬提出的行政复议申请超过法定期限，根据《中华人民共和国行政复议法》（以下简称《行政复议法》）第十七条第一款的规定，决定不予受理其行政复议申请。黄连敬仍不服，于2015年9月7日向北京市第四中级人民法院日提起行政诉讼。另查，东城区政府自认，由于工作失误，将未加盖印章的被诉复议决定邮寄送达给黄连敬。

北京市第四中级人民法院一审认为：公民、法人或者其他组织应当在法定的起诉期限内提起行政诉讼。《行政复议法》第十九条规定，法律、法规规定应当先向行政复议机关申请行政复议、对行政复议决定不服再向人民法院提起行政诉讼的，行政复议机关决定不予受理或者受理后超过行政复议期限不作答复的，公民、法人或者其他组织可以自收到不予受理决定书之日起或者行政复议期满之日起十五日内，依法向人民法院提起行政诉讼。本案中，东城区政府于2015年7月15日作出被诉复议决定，明确告知"如不服本决定，可自收到本决定书之日起十五日内，依法向人民法院提起行政诉讼"，并于次日送达——黄连敬不服被诉复议决定，至迟应于2015年7月31日前提起行政诉讼，而其于2015年9月7日才提起行政诉讼，显然已经超过了十五天的起诉期限且无正当理由，据此裁定驳回黄连敬的起诉。

黄连敬不服一审裁定，向北京市高级人民法院提起上诉。

北京市高级人民法院认定的事实与一审一致。北京市高级人民法院二审认为：根据《行政复议法》第十九条规定，法律、法规规定应当先向行政复议机关申请行政复议、对行政复议决定不服再向人民法院提起行政诉讼的，行政复议机关决定不予受理或者受理后超过行政复议期限不作答复的，公民、法人或者其他组织可以自收到不予受理决定书之日起或者行政复议期满之日起十五日内，依法向人民法院提起行政诉讼。依照最高人民法院《关于适用〈行政诉讼法〉若干问题的解释》第三条第一款第二项规定，公民、法人或者其他组织应当在法定的起诉期限内提起行政诉讼,超过法定起诉期限且无正当理由的,已经立案的,人民法院应当裁定驳回起诉。本案中,东城区政府于2015年7月15日作出被诉复议决定,并于次日向黄连敬送达该决定书,同日黄连敬签收。被诉复议决定已告知黄连敬"如不服本决定,可自收到本决定书之日起十五日内,依法向人民法院提起行政诉讼"。因此,黄连敬不服被诉复议决定,至迟应于2015年7月31日前提起行政诉讼。黄连敬虽在同年7月30日向东城区法院起诉,在9月1日收到该院《立案审查暨补正告知书》后,应在9月2日前向北京市第四中级人民法院起诉,但黄连敬于9月5日才向一审法院邮寄本案起诉书提起行政诉讼,亦已超过了前述法律规定的十五日起诉期限且无正当理由。据此,裁定驳回上诉,维持一审裁定。

黄连敬向中华人民共和国最高人民法院申请再审,请求:(1)撤销北京市高级人民法院作出的(2016)京行终270号行政裁定;(2)将本案发回北京市第四中级人民法院重审。其申请再审的事实与理由为:本人于2015年7月16日收到被诉复议决定,于2015年7月30日提起行政诉讼,并未超过十五日。本人收到北京市东城区人民法院的《立案审查暨补正告知书》,载明"请在三十日之内就起诉状进行补正后,再向法院提起诉讼。"本人在4日内就向北京市第四中级人民法院起诉,并没有超期。被诉复议决定未加盖印章,应属违法和无效,不应对普通公民苛求时效问题。

最高人民法院经审理认为:"无救济则无权利。"法律不但赋予公民、法人或者其他组织诸项权利,同时也赋予公民、法人或者其他组织在此类法定权利受到侵害或发生争议时拥有平等而充分地获得公力救济的权利;其中一项重要公力救济权利即诉权,也即请求司法机关进行裁判,解决争议并保护法律赋予的权利的权利。当然,"法律不保护躺在权利上睡觉的人",公民、法人或者其他组织行使诉权,必须在法定期限内进行。尤其是为了及时解决纠纷,避免行政管理秩序长期处于不稳定状态,各国行政诉讼制度都引导并鼓励公民、法人或者其他组织尽快提起行政诉讼,并设立了较短的起诉期限制度。司法实践中,对确有正当理由超过法定期限提起的诉讼,又作了特殊规定,并在是否因正当理由超过起诉期限的判断方面,作有利于公民、法人或者其他组织的解释,以切实保障诉权。因此,判断行政相对人的起诉是否超过起诉期限以及超过起诉期限是否具备正当理由,应当充分考虑行政相对人是否已经积极行使诉权,是否存在行政相对人因正当理由而耽误起诉期限的情形。本案中,东城区政府于2015年7月15日作出被诉复议决定,并告知"如不服本决定,可自收到本决定书之日起十五日内,依法向人民法院提起行政诉讼",但由于被诉复议决定并未明确指向应当提起诉讼的具体人民法院,黄连敬在2015年7月16日收到被诉复议决定后,于7月30日通过邮寄方式向东城区法院提起行政诉讼,是积极行使诉权的表现,且没有超过《行政复议法》第十九条规定的十五日起诉期限;即使存在错误选择管辖法院的情形,也不能因此承担相应的不利后果。因行政案件跨区划管辖及级别管辖的调整原因,本案无管辖权的东城区法院在收到黄连敬邮寄的起诉状后,作出《立案审查暨补正告知书》,告知黄连敬应依法另行向有管辖权的北京市第四中级人民法院起诉,并不违反法律规定。黄连敬于9月1日收到《立案审查暨补正告知书》后,于9月5日即向一审法院邮寄本案的起诉书,亦没有怠于行使诉权;且即使认定为超过法定起诉期限,也应认为属于有正当理由。在现行法律规范未对正当理由作明确规定的情况下,人民法院对超过起诉期限但有正当理由的判断,应当按照有利于起诉人的原则进行。因此,原审法院认定黄连敬在9月1日收到《立案审查暨补正告知书》后,应当在9月2日前向一审法院起诉,其于9月5日向一审法院邮寄本案起诉书,超过《行政复议法》规定的十五日起诉期限且无正当理由的认定,不符合法律规定;原一、二审法院分别裁定驳回起诉和上诉,属适用法律错误,应当予以纠正。

综上,黄连敬的再审申请符合《行政诉讼法》第九十一条第一项、第四项规定情形,依据《中华人民共和国行政诉讼法》第九十二条第二款之规定,裁定本案指令北京市高级人民法院再审并决定再审期间,中止原判决的执行。

该案经过一审的起诉和二审的上诉,均被驳回起诉和上诉,公民的起诉权显然受到了极大的威胁。但最高人民法院在审理过程中认为,认定起诉人是否因过了时效而丧失诉权,关键要认真审查其超过法定期限起诉是否有正当理由,而在现行法律规范未对正当理由作明确规定的情况下,人民法院对超过起诉期限但有正当理由的判断,应当按照有利于起诉人的原则进行。只有这样,才能确实保障公民的诉权。

第二个是举证权。举证权,简言之就是原告为了说明、证明自己的诉讼请求而向人民法院出示证据的权利。有学者认为:"从权利与义务之间的辩证关系来看,在行政诉讼中,原告的举证责任在性质上是公民权利保障的一种手段,而被告的举证责任是其依法履行职责的应有之义。"[1]从该学者的观点来看,原告的举证责任都可以被视为是公民权利的一种保障,那么,原告的举证权则更是对其诉权的保障了。关于原告的这项程序性权利,美国行政诉讼领域中的原告也有一个近似的"听讯举证权"[2],即"当事人在听讯过程中,有权通过证言和书证提起诉讼或辩护。如果行政机关拒绝接纳有证明力的、与案件相关的、具有实质意义的证据(除非这种证据与过去已接纳的证据相重复),则构成法院撤销原判发回重审的理由"[3]。这段论述中的"听讯"是美国公民请求行政救济过程中的一个程序,相当于我国行政听证制度。在美国,有审判型听讯、对抗式听讯和纠问式听讯之分,在各种听讯中,当事人都有听讯举证权。[4] 英美法系的行政诉讼制度与大陆法系的制度有很大的不同,但在原告的举证权方面还是有很多共通之处的。

在行政诉讼法理论中,有学者提出了:"原告及时行使举证权规则"理论,即原告"在大多数情况下不负举证责任,但享有举证的权利,这是行政法程序区别于民事诉讼程序的特点……在所处的程序完结前,即使不负举证责任,也应当及时充分行使举证的权利,否则,丧失该项权利。"[5]这段论述在某种程序中,首先确认了原告举证的权利,认为原告尽管对行政行为的合法性没有举证责任,但原告却享有举证证明行政行为违法的权利[6],包括对自己与行政主体产生了行政法律关系以及所受侵害的举证权利;另外,这段论述同时说明,原告举证权利必须及时行使,超过了举证期限不举证,视为放弃举证权利。

那么,原告举证权的举证期限有哪些规定呢?不同的诉讼事项有不同的

---

[1] 宋英辉、汤维健主编:《我国证据制度的理论与实践》,中国人民公安大学出版社2006年版,第534页。

[2] Karl Laird. Confronting Religion: Veiled Witnesses, the Right to a Fair Trial and the Supreme Court of Canada's Judgment in Rv N.S.. Mod.L.Rev.,2014,Vol.77(1).

[3] 柴发邦主编:《诉讼法大辞典》,四川人民出版社1989年版,第384页。

[4] 同[3],第187页。

[5] 任中杰主编:《行政法与行政诉讼法》,中国政法大学出版社1997年版,第372页。

[6] 《最高人民法院关于行政诉讼证据若干问题的规定》第六条规定:原告可以提供证明被诉具体行政行为违法的证据。原告提供的证据不成立的,不免除被告对被诉具体行政行为合法性的举证责任。

举证期限,这需要区分不同的举证情形。"原告提供证据的情形主要有二种:第一种是履行起诉人初步证明责任时的举证,即对其起诉是否符合条件、不作为案件中是否提出过申请、行政赔偿诉讼中是否造成损害等相关事实的举证。第二种是证明具体行政行为违法时的举证。第一种情况下的证据提供对原告而言是一种义务,不能在法定期限内完成其就要承担不利的法律后果。第二种情况下的证据提供对原告来说是一种权利,但举证权利也有法定的权利行使期。"[1]第一种举证情形的期限自然是起诉期限,如果在起诉期间不能提供相关证据,就不符合立案条件、就不能立案;第二种举证期限,根据《最高人民法院关于行政诉讼证据若干问题的规定》第七条的规定,原告应当在指定的期限内提交证据,否则将承担不利的法律后果。[2] 这里所谓的"不利的法律后果"当然是指因为举证不能而导致的诉讼请求不能得到支持的败诉结果。

第三个是辩论权。辩论权是我国三大诉讼程序中当事人重要的诉讼程序权利。当事人的辩论权是法院公正审判最基本的保障,任何剥夺当事人辩论权的案件都极有可能是不公正的诉讼,因此,各国法律都特别注重保障诉讼当事人的辩论权。《公民权利和政治权利国际公约》第十四条规定,凡受刑事控告者,在判定对他提出的任何刑事指控时,人人完全平等地有资格享受以下的最低限度的保证:出席受审并亲自替自己辩护或经由他自己所选择所法律援助进行辩护。该公约各缔约国均应在本国刑事诉讼程序规定中,切实保障被追诉人的以上的辩护权。除此之外,各国民事和行政诉讼制度也都规定了当事人的辩护权。我国学者认为,辩论权是"民事诉讼当事人和行政诉讼当事人依法享有的一项诉讼权利,指民事诉讼当事人和行政诉讼当事人在诉讼中,有权依法就案件事实、争议问题和适用法律陈述自己的主张和根据,并予以论证以及互相反驳对方的主张和理由。"[3] 我国《民事诉讼法》第十

---

[1] 马国贤、樊玉成:《行政诉讼证据规则精解规范解释、文书样式与问题答析》,中国法制出版社2005年版,第39页。

[2] 《最高人民法院关于行政诉讼证据若干问题的规定》第七条:原告或者第三人应当在开庭审理前或者人民法院指定的交换证据之日提供证据。因正当事由申请延期提供证据的,经人民法院准许,可以在法庭调查中提供。逾期提供证据的,视为放弃举证权利。原告或者第三人在第一审程序中无正当事由未提供而在第二审程序中提供的证据,人民法院不予接纳。

[3] 应松年主编:《行政法与行政诉讼法词典》,中国政法大学出版社1992年版,第606页。

二条规定:"人民法院审理民事案件时,当事人有权进行辩论。"辩论权不仅是当事人诉讼过程中的一项基本权利,更是民事诉讼的一项基本原则。[1]当事人辩论权的行使和保障还体现在第四十九条的规定:"当事人有权委托代理人,提出回避申请,收集、提供证据,进行辩论,请求调解,提起上诉,申请执行。"在行政诉讼中,我国同样对当事人的辩论权做了规定,即《行政诉讼法》第十条规定:"当事人在行政诉讼中有权进行辩论。"同样地,辩论原则也是行政诉讼中的一项原则,即"在人民法院的主持下,行政诉讼当事人为维护自己的权益,向人民法院提出诉讼请求或反驳对方的诉讼请求,并出示有关证据和对法庭出示的证据进行质证、辩论的基本制度。"[2]可见我国行政诉讼制度对当事人辩论权的保护。

在政府信息公开之诉中,原告当然也享有辩论权,可在法院主持下,向法院提出自己的诉讼请求,反驳行政主体的诉讼请求,在法庭审理过程中,充分展示有利于自己的证据材料,并对行政主体所提交的证据进行质证和辩论,以维护自己的合法权益。

为了切实保障行政诉讼当事人(特别是行政诉讼原告)的诉讼权利,最高人民法院于2009年11月9日发布了《关于依法保护行政诉讼当事人诉权的意见》(法发〔2009〕54号),切实解决行政诉讼有案不收、有诉不理等"告状难"问题,要求各地法院:"不得随意限缩受案范围,违法增设受理条件",应当"依法积极受理新类型行政案件""完善工作机制,改进工作作风""加强对行政案件受理工作的监督"等。对保护行政诉讼当事人的诉权有一定的积极意义,上述(2016)最高法行申4521号案裁定撤销一、二审的裁定并指定北京市高级人民法院再审的案例,便是最高人民法院切实保障行政诉讼当事人诉权的体现。

2. 政府信息公开诉讼原告的义务

马克思在1864年10月为国际工人协会起草临时章程时曾经指出:没有无权利的义务,也没有无义务的权利。[3]马克思的这一论断告诉我们,权利

---

〔1〕 有学者认为:"我国民事诉讼中的辩论原则是指在人民法院主持下,当事人有权就案件事实认定、法律适用及诉讼程序问题,各自陈述自己的意见和主张,互相进行反驳和辩论,以维护自己的合法权益的原则。"参见江伟主编:《民事诉讼法》,高等教育出版社2013年版,第41页。

〔2〕 石佑启主编:《行政法与行政诉讼法》,中国人民大学出版社2008年版,第265页。

〔3〕 中共中央马克思恩格斯斯大林著作编译局:《马克思恩格斯选集》,人民出版社1972年版,第173页。

和义务是相伴相生的,两者是不可分离的,享受权利、行使权利的时候,同时也必须承担责任、履行义务,权利是义务的基础,义务是权利的保证。[1] 这一著名论断堪称我国诉讼当事人权利义务理论的指导思想。

在行政诉讼中,原告在享有权利、行使权利的同时,也须履行一定的义务,只有如此,方可保证诉讼的顺利进行和诉讼权利的实现。政府信息公开之诉中原告的义务与普通行政诉讼中原告的义务一样,根据《行政诉讼法》的规定,原告在行政诉讼中的义务归纳起来主要有"依法行使诉讼权利,遵守诉讼规则,服从人民法院指挥,自觉履行已经发生法律效力的判决、裁定内容"[2]。前述的原告权利,原告在行使时必须依法行使,这是原告的首要义务,不依法行使权利即有滥用权利之嫌,同样有可能构成违法。在参加诉讼的过程,应当遵守诉讼规则,既包括庭审时的诉讼规则也包括法庭审理之外的诉讼规则;不遵守诉讼规则,则无法确保诉讼权利的实现。

我国《行政诉讼法》第五十九条赋予了诉讼参与人或者其他人在参加诉讼活动过程中应当遵守的规则、应当履行的义务,如若不履行法律规定的义务,则应当受到惩罚。在法律上,尽管当事人和诉讼参与、其他人的概念有明显不同,具体而言,法律所规定的诉讼参与所应遵守的规则和履行的义务,无不是当事人应当首先遵守和履行的。详述之,行政诉讼中的原告应当履行以下一些义务:(1)有义务协助人民法院对与案件有关的事实进行调查并配合人民法院对判决的执行;(2)不得伪造、隐藏、毁灭证据或者提供虚假证明材料,妨碍人民法院审理案件;等等。

(二) 被告的权利义务

1. 政府信息公开之诉被告的权利

在行政诉讼双方主体的权利义务研究中,人们关注得最多的应该是作为原告的公民、法人或者其他组织的权利义务,而忽视了作为被告的行政主体的权利义务。在整个行政诉讼过程中,被告似乎在法律地位上都是比较被动的,与原告相比似乎没有占到什么优势……被告之所以在行政诉讼中处于这样相对特殊的地位是因为在行政程序中被告占有相对优越的地位……其行

---

[1] 罗玉中、臧阳:《法学基础理论答疑》,光明日报出版社1985年版,第230页。
[2] 浙江省水利厅编:《水行政执法人员培训教材》,中国水利水电出版社2014年版,第75页。

政优先权和行政权的单方面性特征就充分展现了被告在行政程序中的优势地位。[1] 为了平衡原告与被告这种悬殊的地位差异，在司法审查中赋予原告更多的权利，而课以被告更多的义务似乎也是合乎法理与情理的。《行政诉讼法》第八条规定了双方当事人在行政诉讼中享有平等的法律地位。尽管这一条文主要是为了保障行政诉讼原告的诉讼权利而规定的，但同时也保障了行政诉讼被告的诉讼权利。因为，原告和被告同是行政诉讼中的当事人。总而言之，被告在诉讼中也享有一些如下的几项权利：

第一项权利是应诉权。"被告应诉权，即对原告的起诉应诉和答辩的权利"[2]，被告的应诉权源自行政诉讼制度的设置。行政诉讼的设置是为了实现国家权力之间的平衡、保障行政相对人及利害关系人不受行政权力的侵害。之所以要在民事诉讼和刑事诉讼两大制度之外还要设置一个行政诉讼，是基于行政权力的本质特征。要想很好地理解和把握行政权的特征，必须把它与司法权进行比较。有学者认为："在国家权力结构中，行政权与司法权虽然同属于执行权，但是两者大有区别。它们之间最本质的区别在于司法权具有判断性，而行政权具有管理性"[3]。司法权根据现有证据判断某一行为与现行法律规定是否相悖或相符，并确定该行为相应的法律后果；行政权则具有执行性，即行政权的运行主要是为了执行法律、让法律得以付诸实现，因此表现为较强的管理性。此外，在权力运行过程中，行政权具有主动性、立场态度的鲜明性、权力结果的实效性以及它的应变性。[4] 基于行政权积极主动干涉社会生活的特性，必定要设置特别的司法制度对其进行抑制和平衡。

行政诉讼制度的确立就是要对行政权力进行司法审查，以确保行政权力的正常和良性的运行。当对行政权力进行司法审查时，行政主体即处于被告、被审查的地位，这对它来讲是非常不利的，行政主体有可能因此而承担法律责任，因此，在行政诉讼中必须赋予其应诉权，以便于行政诉讼被告依法维护自己的权威和利益；另外，赋予行政诉讼被告应诉权也是为了确保司法审查的公正。如上文所述，司法权具有审查判断的特征，要确保司法审查的中

---

[1] 梁玥：《政府信息公开诉讼研究》，山东人民出版社2013年版，第312-313页。
[2] 林鸿潮、赵鹏、何超：《行政法与行政诉讼法》，中国政法大学出版社2014年版，第160页。
[3] 孙笑侠：《程序的法理》，商务印书馆2005年版，第124页。
[4] 卞建林：《中国司法制度基础理论研究》，中国人民公安大学出版社2013年版，第27页。

立、公平、终极性[1]，就必须让诉讼双方都要参加到诉讼中来，让双方充分表达自己的意见，这样司法审查才能做到兼听，才能公正判决。

在政府信息公开之诉中，人民法院必须通知相应的行政被告出庭应诉，否则针对政府信息公开行为的司法审查将无法继续进行。应诉权包括获得通知权，即《行政诉讼法》第六十七条规定的："人民法院应当在立案之日起五日内，将起诉状副本发送被告。被告应当在收到起诉状副本之日起十五日内向人民法院提交作出行政行为的证据和所依据的规范性文件，并提出答辩状。及时通知被告应诉，是为了保障被告的应诉权，《应诉通知书》送达之后，规定被告可在十五日内提交相关诉讼材料，是要确保被告有足够的时间准备应诉。这些都是被告应诉权的内容。

在司法实践中，常常出现由于行政机关怠于行使应诉权，导致不利后果产生的现象。比如，在卢德标、谢先军与浙江省人民政府行政诉讼一案中[参见（2016）最高法行申1751号]，由于被告行政机关没有到庭参加诉讼，被法院依法判其败诉。该案的基本案情及法院裁判理由如下：

再审申请人卢德标、谢先军因诉浙江省人民政府（以下简称"浙江省政府"）土地行政批准及行政复议一案，不服浙江省高级人民法院（2015）浙行终字第598号行政判决，向最高人民法院申请再审。最高人民法院依法组成合议庭，对本案进行了审查，发现：

原审法院查明：2014年3月24日，浙江省政府作出浙土整字〔2013〕0637号《浙江省农村土地综合整治项目审批意见书》，同意临海市人民政府申请的临海市杜桥镇塘里洋等村农村土地综合整治项目。因该项目所在地块临海市大洋街道桑园村的部分村民不服该审批行为，卢德标、谢先军等人于2015年2月15日向浙江省政府申请行政复议。浙江省政府于2015年6月29日作出浙政复〔2015〕70号《行政复议决定书》，维持上述审批行为。卢德标、谢先军不服，起诉要求撤销浙土整字〔2013〕0637号《浙江省农村土地综合整治项目审批意见书》，撤销浙政复〔2015〕70号《行政复议决定书》。另查明，一审法院对本案立案受理后于2015年8月7日向浙江省政府寄送了开庭传票，该传票载明2015年10月13日上午9时在该院第六法庭开庭。

---

[1] 何荣功：《自由秩序与自由刑法理论》，北京大学出版社2013年版，第213-214页。

浙江省政府于同月9日收到传票,但在一审开庭审理时未到庭参加诉讼。

浙江省台州市中级人民法院一审认为:根据《最高人民法院关于行政诉讼证据若干问题的规定》第三十六条规定,经合法传唤,因被告无正当理由拒不到庭而需要依法缺席判决的,被告提供的证据不能作为定案的依据。本案被告经法院合法传唤无正当理由未到庭,其庭前提供的证据不能作为定案的依据。因此,被告所作的土地审批行为和行政复议决定依法应当撤销,但由于涉案项目用于"台州医院新院区建设项目",属于社会公共利益,判决撤销将会给社会公共利益造成重大损害,人民法院应判决确认违法。原告请求撤销该审批行为和行政复议决定,缺乏法律依据。2015年11月2日,一审法院作出(2015)浙台行初字第96号行政判决,确认浙土整字〔2013〕0637号《浙江省农村土地综合整治项目审批意见书》和浙政复〔2015〕70号《行政复议决定书》违法。浙江省高级人民法院二审以相同的理由,作出(2015)浙行终字第598号行政判决,驳回上诉、维持原判。

卢德标、谢先军向最高人民法院申请再审称:(1)被诉土地审批行为严重违反法定程序,没有任何依据。(2)台州医院新院区建设项目尚处在立项阶段,未依法办理规划、施工等手续,占地建设不符合临海市土地利用总体规划,占用耕地范围内的被征地人极力反对涉案项目的实施。撤销被诉土地批准行为,有利于项目占地范围内基本农田得到保护,被征地范围内老百姓生活有保障。原审法院以涉案项目用于台州医院新院区建设,就认为判决撤销被诉行政行为将给社会公共利益造成重大损害的结论明显违法。故请求最高人民法院依法撤销一、二审判决,撤销被诉土地审批行为和行政复议决定。

最高人民法院认为:按时到庭参加诉讼,是当事人应当履行的诉讼义务。本案再审被申请人浙江省政府在收到一审法院寄送的开庭传票并知晓开庭时间、地点的情况下,未到庭参加诉讼,且对此不能作出合理说明,属于"经合法传唤,无正当理由拒不到庭"的法定情形,其事后表示要求延期开庭的行为并不能否认其未到庭的事实。《行政诉讼法》第五十八条规定:"被告无正当理由拒不到庭,或者未经法庭许可中途退庭的,可以缺席判决。"一审法院决定缺席判决,审判程序合法。《最高人民法院关于行政诉讼证据若干问题的规定》第三十六条规定:"经合法传唤,因被告无正当理由拒不到庭而需要依法缺席判决的,被告提供的证据不能作为定案的依据。"据此,浙江省人民政府经合法传唤无正当理由拒不到庭,其提供的相关证据依法不能作为定案依据,被诉行政行为应予撤销。但是,鉴于被诉土地批准行为所涉土地系用于"台州医院新院区建设项目"建设,且再审申请人卢德标、谢先军的相关土地仅是被批准征收范围内的一小部分,若撤销被诉土地批准行为,将导致作为医疗卫生公益项目的整个台州医院新院区建设无法如期开展,将对社会公共利益产生重大损害,故原审法院据此判决确认被诉行政行为违法,认定事实清楚,适用法律正确。

最后,尽管最高人民法院依照《行政诉讼法》第一百零一条、《中华人民共和国民事诉讼法》第二百零四条第一款之规定,裁定驳回再审申请人卢德标、谢先军的再审申请,但同时在裁定书中确认了浙江省人民政府怠于行使应诉权所导致的不利后果——被诉行政行为违法。

第二项权利是举证权。从权利和义务之间的辩证关系来看,在行政诉讼中,被告的举证责任同时也是被告的一项诉讼权利,即在行政诉讼过程中,被告有权证明其所实施的行政行为的合法性。因原告对被告所实施的行政行为不服,并认为其侵害了原告的合法权益而提起行政诉讼,请求人民法院对其行政行为进行司法审查,即有人对行政行为的合法性产生了质疑,如果不让被告将相关事实和依据呈现于法庭的话,对于被告来讲明显不公。"在整个行政诉讼过程中,行政机关要做的是积极证明自己行政行为的合法性而不是证明自己行政行为的非法性。由此可见,在行政诉讼过程中,被告提供证据的行为是有明显的价值取向的。……尽管我国法律没有肯定提供证据是被告的权利,但从我国诉讼制度对该价值取向的肯定这一事实就能够佐证出提供证据同样是被告的权利。"[1]无论承认与否,司法实践中,行政机关在行政诉讼中所做的事情就是千方百计地论证行政行为的合法性,尽管在《行政诉讼法》中规定:被告对作出的行政行为负有举证责任,应当提供作出该行政行为的证据和所依据的规范性文件。从法律上来讲,行政机关举证是一种责任、一种义务,但实际上,如果我们不允许行政机关举证证明其行政行为的合法性,则是对它的一种权利剥夺。但根据行政诉讼特有的规律,被告的举证权利受到很多的限制。

〔1〕 梁玥:《政府信息公开诉讼研究》,山东人民出版社2013年版,第315-316页。

《若干问题的规定》第五条规定被告的举证权利:(1)拒绝向原告提供政府信息的,应当对拒绝的依据和理由情况举证;(2)因公共利益需要而决定公开涉及商业秘密、个人隐私政府信息的,应就公开的必要性进行举证和说明理由;(3)被告拒绝更正与原告相关的政府信息记录的,应当就拒绝的理由进行举证和说明。

第三项权利是辩论权。辩论须发生在两个主体之间,单一主体无法进行辩论,因此辩论权必须同时赋予诉讼双方,一方享有辩论权,另一方必然同时也享有辩论权。[1] 这一点对于行政诉讼中的原被告来讲应该是确定无疑的。在行政诉讼中,原告指控行政主体的行政行为侵害了其合法权益,如果被告同意原告的观点,恐怕司法审查就不可能进行,被告在司法审查开始之前就已经按照原告的意图做出新的行政行为了;司法审查之所以启动,就是基于被告认为其行政行为是合法的,原告不服其做出的行政行为恰恰是不法的表现,基于此,原被告双方的辩论得以展开。有学者认为:"被告在行政诉讼中一个重要任务就是证明具体行政行为的合法性,当他证明这种合法性时必须以行政相对人的违法行为或者相对人的主观过错为依据,这便决定了被告从表面上来看是证明自己所做的行政行为是正确合法的……这便表明被告提供证据也罢、对事实进行澄清也罢都具有非常明显的论辩色彩。"[2]

根据《若干问题的规定》第五条,被告可就多个事项进行理由说明。首先是在依申请公开政府信息工作中,行政机关拒绝公开的,可就拒绝的依据和理由情况进行辩论;其次,在因公共利益需要而决定公开涉及商业秘密、个人隐私的政府信息之诉中,可就公开的必要性进行辩论;再次,在被告拒绝更正与原告相关的政府信息记录之诉中,可就拒绝的理由进行辩论;最后,在政府信息公开之诉中,常有原告申请公开的政府信息不存在的情况,此时,被告也可对这种不存在的政府信息之诉进行辩论。总而言之,在政府信息公开之诉中,被告的辩论权是非常广泛的,被告可就其作出的行政行为的合法性进行全面充分的辩论。

---

〔1〕 Kristina Boréus. The shift to the right: Neo-liberalism in argumentation and language in the Swedish public debate since 1969. European Journal of Political Research, 1997, Vol.31(3).

〔2〕 梁玥:《政府信息公开诉讼研究》,山东人民出版社2013版,第317页。

2. 政府信息公开之诉被告的义务

政府信息公开之诉被告的义务也是源自行政诉讼被告的义务。在行政诉讼中,由于行政诉讼特有的规律,被告负有比较特殊的义务。"从根本上讲,由于现行法院体制与行政区划完全对应,法院的人、财、物完全处于行政机关的管理之下"[1],如今法院获得资源维持生存和发展的途径虽不完全掌控在行政机关手中,但司法之外行政机关仍对法院有着非常巨大的威慑力。行政机关可凭借其所掌控的资源分配权对法院采取一些措施、迫使法院就范,因此,《行政诉讼法》对作为行政诉讼中被告的行政机关规定特别的义务。

首先,被告行政机关及其工作人员不得干预、阻碍人民法院受理行政案件。禁止行政机关干预司法是司法独立的应有之义。世界各国对行政机关干预司法均有明确的禁令,在德国,"禁止行政机关干预司法;法官服从法律。司法调查、逮捕和审判应依法进行"等内容成为宪法中不可或缺的字眼。[2]司法人员根据宪法和法律的规定开展司法活动即可,行政机关及其工作人员不能干涉司法活动。可以说,德国的这一规定代表了世界民主法治国家关于禁止行政干预司法的规定。"在美国,据我所知,只要是国家公务员,不得干涉审判独立,如果干涉了,由公务员条例进行处罚,比如撤职。"[3]美国对于国家公务员干涉司法活动,非但做出禁止性规定,还详细规定了罚则,相对于其他国家的规定来讲,又进了一步。我国宪法也规定了人民法院依照法律规定独立行使审判权,不受行政机关、社会团体和个人的干涉等内容,在新的《行政诉讼法》中还专门规定行政机关及其工作人员不得干预、阻碍人民法院受理行政案件。

在理解《行政诉讼法》关于"禁止行政干预司法"原则的规定时,我们应当正确理解以下问题:

一是关于"受理行政案件"的理解。根据《新编现代汉语词典》解释,"受理"一词的本义是指"接受并处理"[4],而不是简单地"接纳""接收"。有学者认为:"受理是指人民法院对公民、法人或者其他组织的起诉进行审查,认

---

[1] 江必新主编:《新行政诉讼法专题讲座》,中国法制出版社2015年版,第23页。
[2] 蒋劲松:《德国代议制》,中国社会科学出版社2009年版,第942页。
[3] 孙瑜主编:《焦点对话:情理法》(一),中国政法大学出版社2001年版,第193页。
[4] 新编现代汉语词典编委会:《新编现代汉语词典》,崇文书局2008年版,第1073页。

为符合法律规定的起诉条件而决定立案并开始审理的诉讼行为。那么结合行政诉讼,可以得出行政诉讼受理的概念。所谓行政诉讼受理是指人民法院对公民、法人或者其他组织的起诉进行审查,认为符合《行政诉讼法》所规定的起诉条件而决定立案并开始审理的诉讼行为。"[1]在此解释中,该学者并没有把"受理"案件简单理解为仅仅是接纳、接收诉讼材料给予立案这一程序,而是把"开始审理"也包括在"受理"的内涵和外延之中。而"行政诉讼的受理"自然就包括了对行政诉讼案件的立案和开始审理,也包括了对案件的审理。在此,笔者不能赞同把"受理行政案件"简单理解为"人民法院对原告的起诉行为进行审查后,认为起诉符合法律规定的要件,在法定期限内予以立案;或者认为起诉不符合法律规定,作为不予以立案裁定的行为。"[2]很显然,该学者的观点认为:符合法定立案条件的"予以受理",不符合法定立案条件的"不予受理"。因此,在其看来,"行政诉讼的受理"或者"受理行政诉讼"就是关于行政诉讼立案或者不予立案的概念。这样的理解不符合"受理"一词的本来含义。新《行政诉讼法》所规定的"行政机关及其工作人员不得干预、阻碍人民法院受理行政案件"显然不是仅仅禁止立案阶段行政机关及其工作人员的干预、阻碍,还要禁止立案之后所有的诉讼阶段行政机关及其工作人员的干预和阻碍;将这一规定理解成"行政机关及其工作人员在立案阶段不得干预、阻碍行政案件的立案,但在立案之后的其他诉讼阶段则可以干预、阻碍"是荒谬的。立法机关作出这一规定,不仅仅想要解决行政案件立案难问题,更加想要解决的是依法行政、司法公正问题,因此,立法者的原意肯定是在整个行政诉讼过程中,无论是立案阶段还是审理阶段,还是执行阶段,行政机关及其工作人员都不能干预、阻碍。在政府信息公开之诉中,行政机关及其工作人员同样不能干预、阻碍人民法院对案件的立案、审理和执行。

二是关于行政机关及其工作人员所指何人的问题。一方面,法条中所指的"行政机关"仅是一个概称,其含义应当包括《行政诉讼法》中所指的所有的行政主体、能够成为行政诉讼被告的主体,因此,"行政机关"应当包括行政

---

[1] 王周户主编:《行政法与行政诉讼法教程》,中国政法大学出版社2013年版,第340页。
[2] 姜明安主编:《行政法与行政诉讼法》,北京大学出版社、高等教育出版社2015年版,第485页。

机关、法律法规规章授权的组织,"行政机关及其工作人员"也应当包括法律法规规章授权的组织及其工作人员;另一方面,这里所指的"行政机关及其工作人员"既包括了作为行政诉讼被告的行政机关,也包括未作为行政诉讼被告的行政机关,立法原意不可能同意"涉诉的行政机关及其工作人员不能干预、阻碍人民法院受理行政案件,不涉诉的行政机关及其工作人员就可以干预、阻碍"的理解。在政府信息公开之诉中,有义务遵守这一规定的除了成为被告的行政机关、法律法规规章授权的组织,还包括其他没有成为被告的主体,它们同样不能干预、阻碍人民法院对政府信息公开的司法审查工作。

其次,被告行政机关的负责人应当出庭应诉。行政机关负责人出庭应诉在我国行政诉讼发展史上,是一件艰难推进的事情。尽管基于诉讼代理制度的规定,诉讼当事人可以委托代理人出庭应诉,行政机关成为被告时当然也可以委托代理人出庭应诉,但是,在所有的行政诉讼中,行政机关负责人毫无例外地概不出庭,也彰显了行政权对司法权的不屑、对行政诉讼原告的不屑、对司法审查的抵触等等。"据浙江省高级人民法院的统计,1990 到 2002 年间,浙江省各级人民法院共审理 27 097 件行政案件,其中,行政机关法定代表人出庭应诉的不到 1‰,不少县、市从来没有行政机关法定代表人出庭应诉。"[1]后来,浙江省人民政府下发《关于贯彻落实全面推进依法行政实施纲要的意见》(2005 年),要求"行政机关法定代表人要对本机关的行政诉讼案件负责,对影响重大的案件要亲自处理或者出庭应诉",情况才有所改观。新《行政诉讼法》出台之后,行政机关负责人出庭应诉是被告一项特别的义务,行政机关负责人应当认真履行。在政府信息公开之诉中,被告的负责人依法也应当出庭应诉。但目前来看,行政机关负责人出庭应诉的到庭率仍有很大的上升空间,上文所引(2016)最高法行申 1751 号案例中浙江省人民政府因没有参加庭审而被判败诉的结果,对于各级行政机关极具现实警示意义。

二、利益平衡的运用

政府信息公开诉讼的原则有很多是对行政诉讼的继承和发扬,比如行政

---

〔1〕 江必新主编:《新行政诉讼法专题讲座》,中国法制出版社 2015 年版,第 31 页。

诉讼的合法性审查原则、保障原告起诉权原则、禁止行政机关干涉受理原则等,都被政府信息公开诉讼直接继承和发扬。也就是说,进行信息公开司法审查的过程中,必然涉及审查政府信息公开行为的合法性,通过司法审查,促进行政机关依法行政、实现法治政府;同样地,在政府信息公开的司法审查中,人民法院也必须保障原告的起诉权利,一改过去"起诉难、立案难、受理难"的历史,让每一个关于政府信息公开的争议来到法院都能够得到解决;至于禁止行政机关干涉司法受理,在政府信息公开司法审查中同样是铁律,最高人民法院为了优化司法环境,多年来积极组织和参与对行政机关工作人员的培训、积极争取党委、立法机关下发支持行政审判的文件、积极组织公开庭审、邀请人大代表政协委员参加、积极通过发布司法审查白皮书等方式[1],部分遏制了行政机关干预行政诉讼的行为,当然也使得政府信息司法审查有了更好的司法空间。

行政诉讼审理中的原则更多是为了解决行政相对人与行政机关之间的双面冲突。具体到政府信息公开的审理原则,更是要面对多面冲突,那应该是其独有的。有学者认为,政府信息公开诉讼的法律原则应当分为两大部分:一是行政诉讼所坚持的原则,提出了"行政诉讼原则应当统摄政府信息公开诉讼"[2]这样的命题。笔者也持相同的观点,因为政府信息公开之诉从其诉讼的本质特征来讲,具有明显的行政诉讼的属性,政府信息公开之诉争议的焦点同样是行政主体实施的行政行为,因此应当遵循行政诉讼的基本原则。二是政府信息公开之诉应当有属于自己的独有原则,即全面救济原则、诉权明晰原则、司法主动原则和裁判谨慎原则。[3] 该学者关于政府信息公开之诉独有原则的观点有部分合理之处,如果把它们作为司法审查过程中应加以注意的问题肯定是没错的,但要是把这些"原则"单独列为政府信息公开之诉的原则,则让人有点无法驾驭整个诉讼的感觉。所以,笔者不能完全赞同该学者的观点,因为该学者所论的这些"原则"很难体现整个政府信息公开行政诉讼的本质特征。当然,政府信息公开司法审查除了继承行政诉讼的精神和原则之外,它也有属于自己的具体的精神和原则,笔者认为,"利益平衡

---

[1] 江必新主编:《新行政诉讼法专题讲座》,中国法制出版社2015年版,第30页。
[2] 梁玥:《政府信息公开诉讼研究》,山东人民出版社2013年版,第192页。
[3] 同[2],第193-196页。

规则"是政府信息公开审查中的中心原则,应该重点研究。

利益冲突可能只是暂时的,平衡关系才是长久的。利益冲突主要表现在三个方面:一是知情权与其他人的隐私权的平衡问题;二是知情权与第三方的商业利益平衡的问题;三是知情权与国家利益间的平衡问题。在司法审查过程中,如何平衡以上三组冲突,关键要做到"对公开信息所获得的利益和不公开信息所保护的利益进行衡量,两害相权取其轻,以此来判断某特定信息是否应当公开"[1]。通过理性的权衡,如果公开政府信息所得到的社会利益大于不公开所保护的利益,则应当公开;反之,则不应当公开。当然不同的权衡主体站在不同的立场上或许持有不同的价值观,因此可能会有不同的权衡结果。政府信息公开司法审查中,对于简单案件,在审理的过程中法官可以直接运用"三段论"推理方法得出最终判决。在涉及政府信息公开疑难复杂案件中,由于存在国家秘密,商业秘密和个人隐私等多种不同的利益诉求或权利主张,且每一种利益要求或权利主张在法律上均有考虑价值,在不同的情况下法律上很难确定何种权益的优先性,法官需要通过利益衡量来确定这些不同利益要求或权利主张之间的位阶,并根据其位阶高低来确定保护何种利益要求或权利主张。作为权衡主体的司法审查更应当树立平衡关系的精神,把法官从利益对抗中解放出来,站在独立第三方角度,来运用"利益平衡规则"。

"利益平衡规则"是众多学者在讨论政府信息公开之诉的基本原则时都会提及的,学者们对此原则的观点比较一致,认为政府信息公开之诉需要正确处理和平衡个人之间的利益冲突、个人与公共利益之间的冲突以及权力与权利之间的冲突等等。有学者认为,利益衡量原则应当包含以下几个方面的内容:一是公众利益优先保护;二是不损害商业秘密个人隐私;三是国家利益至上。[2] 其实,该学者的这三方面内容涵盖的还算全面,但具体衡量时很难适用,而应该在公开现实可控、权益保障可行、信息公开有效推进三个方面用平衡原则来处理好法律关系。因为这三个方面涉及多方面的利益博弈,不可能在度量上存在百分百的可能,只能在动态的平衡上推进司法审查。

---

[1] 石国亮:《国外政府信息公开探索与借鉴》,中国言实出版社2011年版,第49页。
[2] 裴婷婷:《论政府信息公开行政诉讼的基本原则》,载《科学经济社会》2012年第1期,第133-199,144页。

（一）信息公开现实可行

对行政机关而言，不少政府信息本身管理严重缺失，受到保密制度和档案制度不规范的影响，很多信息目前仍属不能公开的范围。清理工作任务繁重，政策性强且技术难度大，导致政府信息存在束之高阁难以查找、保管不善无法查询、材料众多搜索困难等等客观问题。再加上信息公开制度相配套的体制、机制建设尚有一个逐步完善、自律和自我适应的过程。因此在进入司法审查范围后，这使得国土、建设以及规划等涉及领域相对集中行政主体疲于应对众多且繁杂的信息公开申请，如果一味地按照一般行政诉讼的严格要求，反而会加重部分公开主体的负担，使得信息公开进入恶性循环。依此而言，法院应鼓励行政机关以尽可能便捷、高效等可行的方式方法公开政府信息。而且，知情权更多地体现在申请人能否及时、准确、便利地获知政府信息，这一权利更多地表现为实体性权利，而程序性权利在其中的地位并不十分突出。故当知情权与程序性权利发生冲突时，应优先保障实体性权利。如委托公开情形，行政机关委托申请人当地的下级行政机关向申请人公开政府信息，如果申请人及时、准确、便利地获知了相关政府信息，就可以认为行政机关履行了政府信息公开义务，这也符合便民、经济的要求。例如原告要求被告省国土资源厅公开建设用地项目呈报说明书、农用地转用方案、补充耕地方案、征用土地方案和供地方案，被告收到《申请表》后，通知原告所在地的市国土资源局向原告公开其制作的征地报批材料中的"一书四方案"。省国土资源厅这种按照就近、便利的原则通知市国土资源局向原告公开的做法值得提倡。但省国土资源厅应将此举告知当事人，并对市国土资源局公开信息的真实性、完整性承担法律责任。

对法院而言，行政诉讼中的事实审查，应当公开审查。《关于行政诉讼证据若干问题的规定》要求证据应当在法庭上出示，并经庭审质证。但政府信息公开行政案件具有一定的特殊性，完全公开极不现实，因为公开行为不仅关系到原告的知情权益，同时也可能关系到国家利益、公共利益和他人合法权益。因此在特定情况下，必须对知情权进行一定程度的限制，规定豁免公开的信息范围。《条例》规定，行政机关不得公开依法确定的国家秘密，不得公开会对第三方造成损害的商业秘密和个人隐私的政府信息，也不得公开那些公开后可能危及国家安全、公共安全、经济安全和社会稳定的政府信息。但现实中,有些行政机关常滥用这种限制,借此为由达到不公开信息的目的。我国现行法律法规没有规定设立独立的专业认定机构,因此在诉讼中法院需对被告拒绝公开的理由进行审查。然而由于信息本身的特殊性,如果在确定是否可以公开前在法庭上出示和公开质证,就可能使不能公开的信息事实上得以公开,使诉讼的进行失去了实际意义。为此,在实践上应当采用有别于一般行政诉讼的单方审查方式,由法院对被告不予公开的事实依据和法律依据进行审查,使此类信息在定性之前不为申请公开者所知悉。

(二)优先保障知的权利

在信息公开的司法审查的审理过程中,应当以尽最大可能实现知情权优先而兼顾其他利益为辅,尤其要兼顾实质性利益诉求,即在一般情况下,如果没有特别的相反的明确的规定,则不应当做不利于保障知情权的处理和判决,不能过分地机械理解、解释和简单适用国家机密、商业秘密和个人隐私,进而限制甚至是剥夺了公民的知情权。因为我们都知道,知情权不仅是与公民个人利益有关的一项权利,它的权利属性还具有公益性,其他的公民权利,如人身权和财产权,其所涉及的只是个人的人身利益和财产利益,而知情权却涉及公民能否切实有效参政议政的问题,这是一个国家的民主政治生活中最重大的事情。[1] 如郑州市民状告规划局的案件就具有很强的公益性。2002年,郑州市城市规划局规划批准在郑州市区沿街道路上设置了多个咪表停车位。由于这些咪表停车位大量占用了慢车道、人行道,甚至盲道,给市民的出行带来不便,一些市民对此产生怀疑,认为该规划违法。郑州市民任国胜为此将郑州市城市规划局及城建档案馆诉至法院,要求向其提供郑州咪表停车位规划许可证文号及相关材料。[2] 那么,如果我们在诉讼过程中,仅停留在这起诉讼只是普通公民维权的思维里,显然会在很大程度损害了公共利益。因此,该原则要求我们在政府信息公开之诉过程中,应当排除一切干扰、切实保障公民的知情权,甚至应当在某种程度上优先保障公民的知情权。前

---

〔1〕 林爱珺:《知情权的法律保障》,复旦大学出版社2010年版,第170页。
〔2〕 冯保军、李逊仙:《市民状告规划局讨要咪表知情权》,载《中国审判》2006年第5期,第29—31页。

文所述的杨政权诉山东省肥城市房产管理局案的二审审理过程也很好地说明了这一点。

除此之外,政府信息公开案件的一个特点就是真实诉求相对隐蔽,表现在具体案件中就是当事人申请公开政府信息,都具有满足知情权之外的间接目的:或是为提起其他诉讼寻求相关证据;或是借政府信息公开诉讼向行政机关施加一定的压力,促使行政机关解决当事人的实体权益问题。行政机关本就不愿公开相关信息,如此一来更易产生抵触情绪,从而设置信息壁垒,阻止申请人获取相关政府信息。受我国传统行政诉讼"重权力监督、轻权利救济"目标定位和价值取向的影响,我国采取严格的合法性审查作为行政诉讼的审理对象,旨在通过对行政权的监督来保障个体合法权益。但在政府信息公开诉讼中,优先保障实质性权利的实现,或者说将权利救济和权力监督放到同等重要的位置,可能更有利于争议的实质性解决,从而减少滥用诉讼权的可能性。

具体到在商业秘密和个人隐私等私人利益与重大公共利益之间的权衡方面,首先,要秉持公共利益并不必然高于个人利益的理念,只有当不公开政府信息可能对公共利益造成重大影响时,才可以公开涉及商业秘密、个人隐私的政府信息。其次,在上述情况下,即使行政机关公开了涉及商业秘密、个人隐私的政府信息,也应尽可能地减少对商业利益和个人私益的侵害,对能够作出区分处理的政府信息,仅公开一定范围内涉及公共利益的部分,即应符合比例原则中的最小侵害原则。因为权衡的结果并非以一项权利完全覆盖另一项权利,而是在优先考虑其中某项权利的同时,尽可能地保护另一项权利。而在涉及两秘密、一隐私案件的审理方式上,当实体上的商业秘密、个人隐私权益及保护国家秘密的需要与程序上的质证权相冲突时,实体权益的保护应当处于优势地位。但同时也应当尽可能地实现实质上的公正,即由法院对是否构成两秘密、一隐私进行严格审查,以此消解对程序性权利进行限制所带来的影响。

在司法实践中,当公民申请公开的政府信息涉及他人的个人信息或者隐私权相时,基于利益均衡的考量,人民法院通常为了确保公民知的权利而对隐私权的保护范围进行了限制。比如,在朱勇如与南通市崇川区钟秀街道办事处政府信息公开诉讼一案中[参见(2017)苏06行终390号],人民法院根

据利益均衡原则,认定涉案部分个人信息不属于隐私权,依法应当公开。该案的基本案情及法院裁判理由如下:

上诉人南通市崇川区钟秀街道办事处(以下简称"钟秀街办")因与被上诉人朱勇如信息公开答复一案,不服南通市港闸区人民法院(2017)苏0611行初110号行政判决,向江苏省南通市中级人民法院提起上诉。江苏省南通市中级人民法院立案后依法组成合议庭,于2017年8月2日公开开庭审理了本案。在审理过程中发现:

一审法院查明,2017年3月16日,朱勇如通过信函的方式,向钟秀街办申请公开"运河村一组""运河物流园"项目地块房屋搬迁补偿所有搬迁户每家每户的补偿面积信息。同年3月20日,钟秀街办作出〔2017〕崇钟依复第7号《政府信息公开申请答复书》,主要内容为旧《条例》第二十三条规定:行政机关认为申请公开的政府信息涉及商业秘密、个人隐私,公开后可能损害第三方合法权益的,应当书面征求第三方的意见;第三方不同意公开的,不得公开。朱勇如申请公开的信息,经与其他拆迁户联系,其他拆迁户不同意公开。钟秀街办于3月21日将上述答复书邮寄送达给朱勇如。朱勇如不服,于4月6日向一审法院提起行政诉讼。请求:(1)撤销钟秀街办作出的〔2017〕崇钟依复第7号《政府信息公开申请答复书》;(2)判令钟秀街办公开朱勇如申请的信息。

一审法院认为,本案的争议焦点在于钟秀街办将朱勇如申请的信息界定为个人隐私并决定不予公开是否合法。

根据旧《条例》第二条的规定,本条例所称政府信息,是指行政机关在履行职责过程中制作或者获取的,以一定形式记录、保存的信息。本案中,钟秀街办是案涉搬迁项目的具体实施单位,虽然其实施的协议搬迁行为的合法性非本案审查的范围,但无论该行为是否合法,可以明确的是钟秀街办实施的案涉项目搬迁工作具有公法意义,朱勇如申请公开的"运河村一组""运河物流园"项目地块房屋搬迁补偿所有搬迁户每家每户的补偿面积信息系钟秀街办在履行行政管理职责过程中制作或获取的,并以一定形式记录并保存的信息,这些信息符合旧《条例》规定的政府信息的特征,属于政府信息。

旧《条例》第十二条第(四)项规定,乡(镇)人民政府应当依照本条例第九条的规定,在其职责范围内确定主动公开的政府信息具体内容,并重点公开征收或者征用土地、房屋拆迁及其补偿、补助费用的发放、使用情况。《国有土地上房屋征收与补偿条例》第十五条规定,房屋征收部门应当对房屋征收范围内房屋的权属、区位、用途、建筑面积等情况组织调查登记,被征收人应当予以配合。调查结果应当在房屋征收范围内向被征收人公布。本案中,钟秀街办在举证期限内未提交证据证明"运河村一组""运河物流园"项目地块房屋搬迁补偿所有搬迁户每家每户的补偿面积已按有关规定公示,同时补偿面积情况既涉及政府公共资源的使用,也关系政府权力的依法行使,应依法接受监督。在房屋拆迁补偿过程中,当被拆迁人的信息直接与其他被拆迁人的知情权、监督权发生冲突时,根据行政比例原则,应以被拆迁人让渡部分信息的方式优先保护较大利益的知情权、监督权,作为相关主动公开的政府信息,其公开不应也不必以权利人的同意为前提。根据旧《条例》第十二条第(四)项的规定,拆迁补偿面积信息,属钟秀街办依职权主动并重点公开的范围,故被诉政府信息公开答复不符合《条例》的规定。

综上,钟秀街办虽然针对朱勇如的政府信息公开申请作出了答复,但未按相关规定公开应当公开的政府信息,故被诉政府信息公开答复违法,依法应予撤销,朱勇如要求钟秀街办重新作出答复,依法应予支持。考虑到钟秀街办重新作出答复尚需调查、裁量,故可判决其在一定期限内重新答复。据此,根据《行政诉讼法》第七十条第(二)项、《最高人民法院关于审理政府信息公开行政案件若干问题的规定》第九条第一款之规定,判决撤销钟秀街办作出的〔2017 年〕崇钟依复第 7 号《政府信息公开申请答复书》。钟秀街办于本判决生效之日起十五个工作日内,重新对朱勇如作出答复。

上诉人钟秀街办向江苏省南通市中级人民法院提起上诉称,拆迁补偿面积属于公民个人隐私,钟秀街办经征求搬迁居民的意见,绝大多数居民表示不同意公开,钟秀街办的答复符合《条例》规定。被上诉人获取信息的目的并非生产、生活或科研需要,而是为了向政府施压,以达到个人拆迁利益的最大化,属于滥用权利。请求撤销一审判决,依法改判。

被上诉人朱勇如辩称,拆迁面积属于行政机关应当主动公开的信息,并不涉及个人隐私。上诉人申请信息公开是行使知情权、监督权,应受法律保护。请求驳回上诉,维持原判决。

江苏省南通市中级人民法院经审理查明的事实与一审判决认定的事实

一致,予以确认。

江苏省南通市中级人民法院认为,根据《条例》第九条规定,行政机关对于涉及公民、法人或者其他组织切身利益,需要社会公众广泛知晓或者参与的政府信息应当主动公开。拆迁利益事关被拆迁户的生存权和居住权,征收、征用、拆迁也需要社会公众广泛监督和参与,属于行政机关应当主动公开的政府信息。基于此,《条例》第十二条规定乡(镇)人民政府在其职责范围内确定主动公开的政府信息的具体内容,并重点公开征收或者征用土地、房屋拆迁及其补偿、补助费用的发放、使用情况。对于主动公开的信息,《条例》已经考虑了私权利的保护与公众知情权之间的利益平衡,故并没有作出需要征求第三方意见的规定。本案中,钟秀街办虽然属于南通市崇川区人民政府的派出机关,但经法律、法规和规章授权,享有行政主体资格,具有公开政府信息的义务,在《条例》未就街道办事处公开信息的范围作出明确规定的情况下,一审法院援引《条例》第十二条作为裁判依据并无不当。此外,《条例》第十二条(四项)关于重点公开的内容中,亦未区分集体土地征收还是国有土地的房屋的征收,而是明确要求涉及征收或者征用土地、房屋拆迁及其补偿费用的发放、使用情况的,均应当重点公开。

综上,上诉人钟秀街办的上诉理由不能成立,一审判决认定事实清楚,适用法律、法规正确,江苏省南通市中级人民法院予以维持。据此,依照《中华人民共和国行政诉讼法》第八十九条第一款第(一)项之规定,判决驳回上诉,维持原判决。

在上述所引案例中,法院认为:在房屋拆迁补偿过程中,当被拆迁人的信息直接与其他被拆迁人的知情权、监督权发生冲突时,根据行政比例原则,应以被拆迁人让渡部分信息的方式优先保护较大利益的知情权、监督权,作为相关主动公开的政府信息,其公开不应也不必以权利人的同意为前提。据此可知,在政府信息公开诉讼中,当公民隐私权与公民知情权发生冲突时,人民法院应当根据行政比例原则以及利益均衡原则,优先保护公民知的权利。这也是2014最高人民法院公布的十大政府信息公开案例中,杨政权诉山东省肥城市房产管理局案所蕴含的利益平衡原则的再运用。

(三)着重考虑争议实质性解决

信息具有知悉即获取的特性。对涉及国家秘密、商业秘密或个人隐私的司法审查,如果按照传统的审查方式,对涉及国家秘密、商业秘密和个人隐私的证据进行举证、质证以及认证,那么相关秘密和隐私势必泄露,对公共利益、企业利益或个人权益将会造成不可逆转的侵害,极有可能使得争议实质性解决变得遥不可及;如果不对涉及国家秘密、商业秘密和个人隐私的证据进行举证、质证以及认证,行政机关或者第三人完全可以滥用此项权力,从而使政府信息公开制度失去意义。在原告质证的诉讼程序权利与保守国家秘密、商业秘密或个人隐私的被告或第三人的实体利益之间存在着冲突。此时我们应当进行利益平衡,在保障司法公正的前提下,优先保障实体权益,从而促进争议的实质性解决。那么采取的审查方式是对涉及国家秘密、商业秘密或个人隐私的证据材料进行单方审查,由被告或第三人向法院提交相关证据材料,并由法院进行单方审查认定。如果法院认定涉及国家秘密、商业秘密或个人隐私,该证据也就不再向其他当事人出示,不再进行质证。如果不再进行质证,争议实质性解决将对利益平衡规则的运用提出更高的要求。

如果是对申请公开的信息是否涉及国家秘密的事实审查。在程序上,应当依照《保守国家秘密法》的有关规定,对该信息是否经有权定密的行政机关在其定密权限范围内按照程序进行定密开展形式上的审查。由于定密行为并非被诉行政行为,故法院不宜对其进行实体审查。如果是对申请公开的信息是否属于商业秘密或者个人隐私的事实审查,法院一般参照民事审判中对商业秘密或者个人隐私的界定标准进行实体审查。如杨政权诉山东省肥城市房产管理局案二审法院在司法审查中就提出,当涉及公众利益的知情权和监督权与保障性住房申请人一定范围内的个人隐私相冲突时,应首先考量保障性住房的公共属性,使获得这一公共资源的公民必须牺牲一定范围内的个人隐私,从而让渡出部分个人信息。这就是法院行使实体审查权,使得争议得到有效解决。

此外,由于信息本身往往具有可拆分性,也势必需要考量利益平衡。如果涉及国家秘密、商业秘密或者他人隐私的信息在和公共利益发生冲突时,如可以从被申请公开的信息中拆分出来,则法院应当审查行政机关是否将可公开的信息依法予以公开。对此类事项的事实审查,要注意审查行政机关是否扩大了拒绝公开的适用范围。

第二节　政府信息公开司法审查中的证据提供和调取规则

政府信息公开诉讼的证据规则源于行政诉讼的证据规则,其举证责任的分担规则自然也是源自行政诉讼的举证责任分担规则。但具体到政府信息公开诉讼程序时,它的证据规则和举证责任分担又与普通行政诉讼的规则在细微之处存在重要差别,即现行的行政诉讼规则和举证责任分担只是在宏观方面规定或者指导着政府信息公开程序,但具体实施起来还不足以全部解决所有的问题。比如,政府信息属于国家秘密应由谁来证明?申请公开政府信息是否符合申请条件该由谁来证明?信息不存在的事实又由谁来举证?等等。这些具体的政府信息公开之诉中需要解决的证明问题,是普通行政诉讼证据规则所无法明定的,所以,在政府信息公开之诉中,仍需对证据规则和举证责任做进一步的研究。

在最高人民法院发布政府信息公开的十大案例中,张良诉上海市规划和国土资源管理局案的焦点就集中在举证责任方面。此案中,张良向上海市规划和国土资源管理局申请获取"本市某地块项目土地出让金缴款凭证"政府信息。该局经至其档案中心以"缴款凭证"为关键词进行手工查找,未找到名为"缴款凭证"的某地块土地出让金缴款凭证的政府信息,遂认定其未制作过原告申请获取的政府信息,故答复张良其申请公开的政府信息不存在。张良不服,提起诉讼,要求撤销该政府信息公开答复。上海市黄浦区人民法院经审理认为:原告申请公开的相关缴款凭证,应泛指被告收取土地使用权受让人缴纳本市某地块国有土地使用权出让金后形成的书面凭证。在日常生活中,这种证明缴纳款项凭证的名称包括但不限于缴款凭证、收据、发票等。被告系本市土地行政管理部门,应知晓其收取土地使用权出让金后开具给土地使用权受让人的凭证的规范名称,但在未与原告确认的前提下,擅自认为原告仅要求获取名称为缴款凭证的相关政府信息,并仅以缴款凭证为关键词至其档案中心进行检索,显然检索方式失当,应为未能尽到检索义务,据此所认定的相关政府信息不存在的结论,也属认定事实不清、证据不足。判决撤销被诉政府信息公开答复,责令被告重新作出答复。本案涉及政府信息公开的两项重要的证据提供规则,原告对于信息内容的描述,虽不必苛责说出政府信息的规范名称甚至具体文号,但必须有一定的指向性。行政机关以信息不存在为由拒绝提供政府信息的,应当证明其已经尽到了充分合理检索义务。因为原告作为普通公民,绝非专业人士,其很难知晓相关缴款凭证的规范名称。只要其尽可能详细地对政府信息的内容进行描述,以有利于行政机关进行检索,那么其以此缴款凭证描述其申请获取的政府信息内容的主张当然具有合理性。而行政机关作为专业机构,仅局限于原告提供的关键词进行检索,进而简单答复政府信息不存在,那么其显然未能尽到检索义务,必须承担申请公开的政府信息不存在的举证责任。

举证责任,又称证明责任[1],是指在待证事实是否成立无法查明的情况下,承担待证事实不成立的不利法律后果。[2] 在诉讼法的证据规则中,通常都是"谁主张、谁举证",如果待证事实无法得到证明,承担不利法律后果的那一方即负有举证责任。行政诉讼的举证责任则是指"由法律预先规定,在行政案件的真实情况难以确定的情况下,由一方当事人提供证据予以证明,其提供不出证明相应事实情况的证据则承担败诉及不利后果的制度。"[3]关于行政诉讼的举证责任,周佑勇教授有着更为精确的表述:"一般认为,举证责任是指对于有待证明的事实向人民法院提出证据加以证明的责任。举证责任包含两方面的内容:证据由谁提出,应该举证的人没有举证的法律后果。"[4]据此,行政诉讼的举证责任制度主要解决的是证据到底该由谁提供,如果举证不能应当承担什么法律后果。而政府信息公开诉讼的举证责任则与此同理,下面笔者将对政府信息公开司法审查中原被告的举证责任分别进行论述。

---

〔1〕 有学者认为,举证责任与证明责任是两个有严格区分的概念,但笔者不能同意其观点,参见潘牧天:《论我国行政诉讼举证责任规则的配置与适用》,载《河北法学》2010 年第 1 期,第 145-157 页。

〔2〕 江必新主编:《新行政诉讼法专题讲座》,中国法制出版社 2015 年版,第 154 页。

〔3〕 姜明安主编:《行政法与行政诉讼法》,北京大学出版社、高等教育出版社 2015 年版,第 460 页。

〔4〕 周佑勇主编:《行政法学》,武汉大学出版社 2009 年版,第 192 页。

一、原告的举证责任规则

政府信息公开之诉的原告主体可以分为两大类:一是依申请公开之诉的原告,二是涉及第三人权益之诉的原告。举证责任也据此分类分别进行论述。

(一) 依申请公开之诉原告的举证责任

首先,原告对已经向被告提出申请的事实具有举证责任。在政府信息公开之诉中,行政主体因不作为而引发的争议是一种诉讼类型。如前所述,周佑勇教授认为:"行政不作为是指行政主体负有某种作为的法定义务,并且具有作为的可能性而在程序上逾期有所不为的行为。"[1]而行政不作为又"可以进一步分为消极不作为和积极不作为。消极不作为是指行政机关延迟履行某种法定职责的情况;积极不作为则是指行政机关明示拒绝履行法定职责的情况"[2]。在政府信息公开之诉中,负有公开义务的行政主体积极地对申请人的申请作出不予公开的回复便是积极的不作为,而逾期不予回复则消极的不作为。对于这类诉讼,原告必须就其曾向行政主体提出过信息公开申请这一事实进行证明,这就是原告的举证责任。具体而言就是要原告证明自己曾经向行政主体发送了电子邮件的"已发邮件"证据、挂号信或快递的回执、提交书面申请的受理文件等。"行政机关对以数据电文形式提出的信息公开申请,主要有以下两种处理方式:(1)提供专门的电子表格,要求相对人填好后发达到指定的电子邮箱。(2)登录行政机关的门户网站,填写其提供的申请表格后直接提交。行政机关收到申请后,有的以系统自动生成的方式提示'信息已经提交,会尽快联系你',有的会自动生成一个查询号,据此可以进行相关查询。"[3]以第一种方式提交的,原告对提交数据电文已经到达行政机关指定邮电系统的事实有举证责任;以第二种方式提交的,原告须出示系统自动生成的信息或查询号。

---

[1] 周佑勇:《行政不作为构成要件的展开》,载《中国法学》2001年第5期,第64-73页。
[2] 梁津明等编:《行政不作为之行政法律责任探究》,中国检察出版社2011年版,第7页。
[3] 许莲丽:《保障公民知情权——政府信息公开诉讼的理论与实践》,中国法制出版社2011年版,第186-187页。

其次,原告对政府信息是否存在负有提供线索的责任。根据《若干问题的规定》第五条规定:"被告主张政府信息不存在,原告能够提供该政府信息系由被告制作或者保存的相关线索的,可以申请人民法院调取证据。"提供线索尽管不是严格意义上的举证责任,但如果原告没有线索可提供,也可能会导致无法申请人民法院调取证据,也有可能要承担不利的法律后果,从这一点来看,也可算是原告的举证责任。

最后,原告对与自己相关的政府信息存在错误负有举证责任。根据《若干问题的规定》第五条规定:"原告起诉被告拒绝更正政府信息记录的,应当提供其向被告提出过更正申请以及政府信息与其自身相关且记录不准确的事实根据。"原告负有两方面的举证责任:一是对曾经提出过申请事实的举证。"申请更正的事实就是这一诉讼成立的关键,因此原告必须提供相关的申请书并作为案件的证据"[1]。二是政府信息记录不准确的举证。如果原告没有一个正确的信息标准,自然不能指控行政机关提供的与自己相关的政府信息不准确。所以,原告有义务提供正确的信息。

需要说明的是,在《条例》修订之前,原告还要对符合"三需要"公开条件负有举证责任。旧《条例》第十三条规定:"公民、法人或者其他组织还可以根据自身生产、生活、科研等特殊需要,向国务院部门、地方各级人民政府及县级以上地方人民政府部门申请获取相关政府信息。"这就是申请人申请政府信息公开"三需要"原则。《若干问题的规定》第五条也有类似的规定:"被告以政府信息与申请人自身生产、生活、科研等特殊需要无关为由不予提供的,人民法院可以要求原告对特殊需要事由作出说明。"因此,申请人提出政府信息公开申请时,应当证明自己的申请是基于生产、生活或科研的需要,否则行政主体就有权拒绝公开。但是,如果行政主体不是以不符合生产、生活或科研需要为由而拒绝公开的,原告则不需要举证。在司法实践中,有的行政主体并不以此为理由而拒绝公开,也就是说,是不是基于生产、生活和科研需要,并不是行政主体考虑是否公开的主要因素;但有的行政机关则需要申请人说明"信息用途"并提交相关"证明文件",如《住房和城乡建设部政府信息公开实施办法》(2009)第十条规定"与申请人生产、生活、科研等特殊需要

---

[1] 梁玥:《政府信息公开诉讼研究》,山东人民出版社2013年版,第223页。

无关的"信息不予公开;第十八条规定"对要件不完备、内容不具体或没有按要求提交有效身份证明或其他证明材料的"不予受理,"待申请人补齐后再予受理"。可见,在住建部的政府信息公开申请中,申请人是负有"三需要"举证责任的。这个"三需要"的举证责任是违背信息公开的初衷的,因此也就在修订后彻底退出了历史舞台。

另外,根据《条例》和《若干问题的规定》,申请人如果认为政府信息公开行为侵害了其合法权益并导致其损失的,可以一并提起或者单独提起行政赔偿诉讼,对于造成损失的事实,原告有举证责任。

(二)涉及第三人权益之诉原告的举证责任

涉及第三人权益的政府信息公开之诉,又称反信息公开诉讼。[1] 在反信息公开诉讼中,若原告认为政府的信息公开行为侵犯了商业秘密或个人隐私,原告就此负有举证责任。侵害第三人的商业秘密或者个人隐私的信息公开行为,其行为性质其实就是侵权行为,只不过其侵权行为被细化为政府信息公开行为而已。因此第三人的举证责任与民事诉讼中的侵权之诉的举证责任的法律思维基本一致。

首先,原告对于政府信息已经公开的事实负有举证责任。原告指控被告实施的行政行为侵害了其合法权益,须是已经实施的行政行为,如果行政机关尚未正式实施该行为,仅是在征求意见阶段,原告自然不能提起行政诉讼。因为原告向人民法院提起诉讼时,其诉状里要写明案件事实和理由,说明被告公开的政府信息侵害了其商业秘密或者个人隐私,这是原告起诉的条件,也是举证自己是适格原告的条件之一。[2] 其次,原告对信息公开行为造成其商业秘密或者个人隐私受到损害的事实负有举证责任。在侵权责任法理论上,没有损害即没有诉讼,诉讼必须建立在某种法律关系得以成立的基础上,行政机关尽管公开了某些信息,但这一公开行为并未实际上与原告产生任何法律关系,接下来就不会产生诉讼。如果公开行为实际上影响了原告的

---

〔1〕 反信息公开诉讼是指,当事人对行政机关公开政府信息行为不服或者禁止行政机关公开信息而提起的行政诉讼。由于这种诉讼是针对政府信息的公开行为,与普通的信息公开行政诉讼在方向上正好相反,故亦称"反向诉讼"。这类诉讼的原告一般是公司或者企业的经营者,也可能是认为隐私权等权利被侵害的个人。参见吕艳滨等:《行政诉讼法学的新发展创新工程》,中国社会科学出版社2013年版,第238页。

〔2〕 王彬彬:《政府信息公开诉讼中的举证责任探析》,青岛大学2013年硕士学位论文,第7页。

权利义务,产生了法律关系,自然可提起行政诉讼。在政府信息公开行为的侵权之诉中,原告必须拿出法律关系存在的证据,也就是要证明信息公开行为对自己的商业秘密或者个人隐私造成了损害的事实,包括所遭受的物质损害和精神损害。最后,原告对因政府信息公开行为造成其商业秘密或者个人隐私受到损害之间存在的因果关系进行证明。从侵权责任法理论的角度上来看,侵权行为必须与被侵权人权益受损具有因果关系,否则侵权事实不能成立。在政府信息公开之诉中,政府信息确已公开,但关键是不是与原告合法权益受损有因果关系,即是不是确实侵害了原告的商业秘密或者个人隐私。这一部分事实需要原告进行举证。

在涉及第三人权益的政府信息公开之诉中,还有一个至关重要的事实需要证明:什么是商业秘密和个人信息?这个举证责任是原告承担还是被告承担。原告认为被告公开的信息中有涉及第三人的商业秘密或者个人隐私的信息,那么原告是不是需要对什么是商业秘密、什么是个人隐私进行举证?有学者认为,根据(旧)《条例》第十七条的相关规定,行政机关在公开政府信息前,有对拟公开的政府信息进行审查的责任,其"对涉及第三人权益的信息具有进行审查的法定职权,并对此负有举证责任。而审查的第一步,是需要确定申请公开的信息是否属于'个人隐私'或者'商业秘密'的范围"[1]。笔者同意这一观点,认为对于行政机关所公开的信息是否属于商业秘密或者个人隐私的举证责任归属于被告,而原告只须证明以上三项内容即可。被告的举证责任,下文再详述。

二、被告的举证责任规则

政府信息公开诉讼的证据规则源自《行政诉讼法》及《最高人民法院关于行政诉讼证据若干问题的规定》,在普通行政诉讼中,被告的证据规则及举证责任比较复杂,同样地,在政府信息公开之诉中,被告的证据规则和举证也比较复杂。在行政诉讼中,司法审查的主要内容是行政主体实施的行政行为的合法性,因此,被告负有对行政行为合法性的举证责任制度,可以说就是行

---

[1] 伏创宇:《论信息公开诉讼中行政机关的举证责任——涉及第三人权益的分析》,载《湖南警察学院学报》2015年第1期,第80—86页。

政诉讼的核心内容。[1] 在政府信息公开诉讼中,诉讼的核心问题同样是政府信息公开行为的合法性问题,即公开或者不公开的合法性问题。根据立法精神,行政主体所掌控的政府信息都应当公开,除非其有法定理由方可不予公开,因此,公开或者不公开的理由应当主要由行政主体来说明,举证责任当然主要就由其来承担了。在行政诉讼中,主要由行政主体来承担举证责任,是基于以下的理由:由行政诉讼中的被告承担主要的举证责任,有利于保护原告一方的诉权,有利于充分发挥行政主体的举证优势,还有利于促进行政主体依法行政。[2] 在政府信息公开之诉中,主要的举证责任同样是由行政机关来承担。根据《若干问题的规定》第五条的规定,作为被告的行政机关主要承担以下几个方面的举证责任:

(一) 被告对拒绝公开政府信息的行为负有举证责任

在被告拒绝公开政府信息而引发的行政诉讼中,被告应当对其拒绝的理由以及履行告知和说明理由义务的事实进行举证。通常情况下,被告拒绝公开政府信息的理由有:(1)原告申请公开的信息不是政府信息。(2)原告申请公开的信息不属于公开的范围。(3)原告申请公开的信息不由被告公开。(4)原告申请公开的政府信息不存在。[3]

《条例》赋予行政主体的职责是公开政府信息,它只有公开政府信息的义务,如果原告申请的不是政府信息的范围,被告当然有理由拒绝提供。但被告必须证明原告所申请公开的信息不属于政府信息的范围,并证明已向原告履行告知和说明理由的义务;在政府信息公开行政诉讼中,则需要被告就这方面的理由进行举证。关于政府信息的内涵与外延,前文已述。如果原告申请公开的政府信息不可以公开,被告也应当拒绝公开,同样需要向申请人履行告知和说明理由的义务,并详细论证原告所申请公开的政府信息属于国家秘密、商业秘密或者个人隐私,故不能公开[4];在政府信息公开行政诉讼中,

---

〔1〕 沈福俊:《论行政诉讼被告举证规则的优化》,载《法商研究》2006年第5期,第108-114页。

〔2〕 姜明安主编:《行政法与行政诉讼法》,北京大学出版社、高等教育出版社2015年版,第461-462页。

〔3〕 李广宇:《政府信息公开诉讼:理念、方法与案例》,法律出版社2009年版,第51页。

〔4〕 如前文所述,被告对什么是国家秘密、商业秘密和个人隐私具有说明和举证的责任。证明标准应当根据相关法律规定确定,本书由于主题所限,在此不能详述。详见林鸿潮、许莲丽:《论政府信息公开诉讼中的证明责任》,载《证据科学》2009年第1期,第33-41页。

被告对此同样负有举证责任。每个行政主体依法都具有一定的行政职能、职责,超越其职责范围向其申请公开政府信息,行政主体自然无法向申请人提供,此时,行政主体就必须向申请人说明该信息不属于其制作或者保存的范围,不能公开;在行政诉讼中,当然也应当就此进行举证。如果申请人申请公开的政府信息不存在,行政主体也无法公开,这时就应该向申请人说明其已经尽了合理的检索义务,未能发现申请人所申请公开的政府信息;在行政诉讼中,被告亦应就此承担举证责任,而客观上,被告也有能力对不存在相关信息的事实进行举证。譬如,原告向某机关申请公开该机关制发的某年度的某号公文,该机关以未制作该文号的公文为由,拒绝原告的申请。这时如要求原告举证证明该文号客观存在,明显属举证责任错误。根据《党政机关公文处理工作条例》第二十三条规定:"公文办理包括收文办理、发文办理和整理归档。"在实践中,机关的公文制发都有相应的公文编号制度和收发文登记制度,被告只要提供相应的公文编号登记簿和收发文登记簿,就可以对特定文号的公文是否存在进行举证。需要说明的是,对被告向法院提交的用以证明不存在相关信息的证据材料,需要对其真实性、关联性、合法性进行审查,但证明标准不宜过高。对行政机关而言,除诸如发文登记簿、公文编号登记簿以及档案登记簿等行政机关自行制作的证据材料外,客观上也确实难以提供更为有力的证据。在没有提供相反证据证明此类证据不真实,且依据该证据所认定的事实并非明显违反常理时,应当认定这些证据真实有效。这样的政府信息公开诉讼的举证责任分配是妥当的。

如果被告以"申请公开的信息不是政府信息"等为由拒绝公开政府信息的,依法应当向法庭进行举证,否则将承担败诉结果。比如,在李建华诉南通市住房保障和房产管理局(以下简称"南通市房管局")信息公开一案[参见(2014)港行初字第00046号判决书]中,被告因没有举证而被判败诉。该案基本案情及法院裁判理由如下:

原告李建华诉称,2013年10月28日,其向被告南通市房管局申请公开2005年南通市崇川区山芝庄工房105号22户居住地块的拆迁任务交由何部门或何单位实施的信息。2013年11月13日,被告南通市房管局作出答复称,搬迁任务系由南通市人民政府国有资产监督管理委员会组织实施。同年12月12日,被告南通市房管局突然又作出《关于撤销〈关于对李建华申请政府信息公开的答复〉的通知》(通房复〔2013〕48号),同日作出《政府信息公开申请答复书》(通房复〔2013〕60号),答复如下:李建华申请的事项不属于政府信息。原告李建华认为:被告南通市房管局作为拆迁管理机关,且其下属的直管工房管理处蒋秀荣等人参与了山芝庄工房105号地块的拆迁和安置,被告南通市房管局应该掌握原告李建华所申请的信息。李建华对(通房复〔2013〕60号)答复不服,诉至法院。

根据双方当事人的诉辩主张及当庭陈述,法庭认为本案的争议焦点是原告李建华申请的信息是否属于政府信息。

法院经过审理认为:原告李建华申请的信息符合政府信息的要件。旧《条例》第二条规定:"本条例所称政府信息,是指行政机关在履行职责过程中制作或者获取的,以一定形式记录、保存的信息。"这是法律对政府信息这一概念所下的定义,这一法律概念包含以下几方面的要件:从信息产生的主体看,是行政机关;从信息产生的过程来看,是产生于行政机关履行职责过程中;从产生的方式看,既可能是行政机关自身制作的,也可能是行政机关从其他国家机关、企事业单位等组织以及个人处获取的;从信息的存在形式来看,是以一定形式记录、保存。原告李建华原居住的南通市崇川山芝庄工房105号公房是由行政机关组织搬迁,而非其他组织和个人实施,这是一个不争的事实,故"2005年南通市崇川区山芝庄工房105号22户居住地块的拆迁任务交由何部门或何单位实施的"信息,应当是行政机关在履行职责过程中产生的信息。此外,从原告李建华申请内容来看,其目的是要获得原居住的山芝庄公房是由哪个主体组织搬迁的信息,而从被告南通市房管局下属的南通市直管公房管理处与原告李建华的邻居陈刚签订的《部分市属改制企业厂区职工搬迁协议》可见,被告南通市房管局参与了山芝庄公房的搬迁工作,被告南通市房管局应该掌握该信息。况且,南通市人民政府和崇川区人民政府接到原告李建华的相同信息申请后,根据政府信息公开的规定,已经做出相应的答复,两级人民政府也并没有认为原告李建华的申请的事项不属于政府信息。

法院还认为:被告认为原告所申请公开的信息不属于政府信息的举证责任在行政机关。《最高人民法院关于审理政府信息公开行政案件若干问题的规定》第十二条第(一)项规定,不属于政府信息、政府信息不存在、依法属于不予公开范围或者依法不属于被告公开的,被告已经履行法定告知或者说明理由义务的,人民法院应当判决驳回原告的诉讼请求。这一规定意味着行政机关以不属于政府信息为由拒绝公开的,应当先行履行法定告知或者说明理由义务。第五条第一款规定:"被告拒绝向原告提供政府信息的,应当对拒绝的根据以及履行法定告知和说明理由义务的情况举证。"从以上规定可以看出,行政机关以不属于政府信息为由拒绝公开的,应当履行法定告知和说明理由的义务。本案中,被告南通市房管局在答复中称"李建华申请的事项不属于政府信息",并未有哪怕只言片语的理由说明,及至在庭审过程中,被告南通市房管局仍未就"不属于政府信息"说明任何理由,亦未能提供任何证据予以证实原告李建华申请的信息不属于政府信息。如此答复,显然无法让申请人信服"不属于政府信息"的真相,只会让申请人产生行政机关敷衍了事、怠于履职的误解。

而且纵观全案,本案被告南通市房管局针对原告李建华提出的政府信息公开申请,先答复系由南通市人民政府国有资产监督管理委员会组织实施,后又以"答复不准确"为由予以撤销,接着再答复不属于政府信息。这种没有正当理由、自相矛盾和反复变化,致使原告李建华无所适从。更为严重的是被告南通市房管局对"答复不准确"未阐述具体的含义,更没有说明正当理由,明显背离了《条例》的立法目的和基本原则。

根据上述的事实和理由,法院认为:由于被告南通市房管局负有针对原告李建华的申请作出答复的法定职责,本案被诉答复行为主要证据不足,不符合法律规定,应予撤销。被告南通市房管局应当依照《条例》规定的信息公开的义务、信息公开的范围及审查程序,正确及时履行信息公开职责。故做出撤销被告南通市房管局2013年12月12日作出的通房复〔2013〕60号《政府信息公开申请答复书》,并判令被告在判决书生效后十五日内对原告李建华的申请重新作出信息公开答复的判决。

可见,行政机关在回复申请人时,仅回复"申请公开的信息不属于政府信息"是不够的,还须依法进行举证,否则将会在诉讼中承担败诉后果。

(二)被告对部分涉及商业秘密或者个人隐私的信息有举证责任

在最高人民法院发布政府信息公开的十大案例中,就有三例涉及商业秘密、个人隐私的认定,分别是余穗珠诉海南省三亚市国土环境资源局案、王宗利诉天津市和平区房地产管理局案、杨政权诉山东省肥城市房产管理局案。就商业秘密或者个人隐私的信息举证责任而言,王宗利诉天津市和平区房地产管理局案的焦点就集中于此。此案中,王宗利要求公开和平区金融街公司与和平区土地整理中心签订的委托拆迁协议和支付给土地整理中心相关费用的信息。和平区房管局给金融街公司发出《第三方意见征询书》后,告知王宗利申请查询的内容涉及商业秘密,权利人未在规定期限内答复,不予公开。王宗利因此诉请法院司法审查。天津市和平区人民法院经审理认为,和平区房管局审查时,只给金融街公司发了一份《第三方意见征询书》,没有对王宗利申请公开的政府信息是否涉及商业秘密进行调查核实。在诉讼中,也未提供王宗利所申请政府信息涉及商业秘密的任何证据,使法院无法判断王宗利申请公开的政府信息是否涉及第三人的商业秘密。因此,和平区房管局作出的《涉及第三方权益告知书》证据不足,属明显不当。判决撤销被诉《涉及第三方权益告知书》,并要求和平区房管局在判决生效后30日内,重新作出政府信息公开答复。本案的焦点集中在涉及商业秘密的政府信息的公开问题举证责任。人民法院在合法性审查中,应当根据行政机关的举证作出是否构成商业秘密的判断。本案被告在行政程序中以及随后的诉讼程序中,没有向法院提供相关政府信息涉及商业秘密的证据和依据,导致法院无从对被诉告知书认定"涉及商业秘密"的事实证据进行审查,也就无法对该认定结论是否正确作出判断。基于此,被告应当承担其举证责任。该案例对于法院在政府信息公开司法审查中判断涉及商业秘密的政府信息具有典型示范意义。

在政府信息公开实践中,行政机关经常会以申请的政府信息涉及商业秘密、个人隐私为理由不予公开,但有时会出现滥用。商业秘密的概念具有严格内涵,依据《反不正当竞争法》的规定,商业秘密是指不为公众知悉、能为权利人带来经济利益、具有实用性并经权利人采取保密措施的技术信息和经营信息。行政机关应当依此标准进行审查,而不应单纯以第三方是否同意公开作出决定。根据新《条例》第十五条的规定:"涉及商业秘密、个人隐私等公开会对第三方合法权益造成损害的政府信息,行政机关不得公开。但是,第三方同意公开或者行政机关认为不公开会对公共利益造成重大影响的,予以公开。"《若干问题的规定》第五条第二款的规定:"因公共利益决定公开涉及商业秘密、个人隐私等政府信息的,被告应当对认定公共利益以及不公开可能对公共利益造成重大影响的理由进行举证和说明。"原则上,行政机关不能公开涉及商业秘密、个人隐私的政府信息,但经权利人同意或者基于维护公共利益的需要,可以公开商业秘密或者个人隐私。据此,在此类政府信息公开之诉中,被告应当就以下事项进行举证:(1)被告首先要证明的是已经公开的政府信息是商业秘密或者个人隐私。"若被告未能提供证据证明政府信息属于商业秘密或个人隐私,应视为未履行举证责任。"[1]对商业秘密或者个人隐私信息的认定也是一个很令司法实践感到为难的事情,因为法律没有明确的规定,而学界对此争议也很大,但通常都可以借助民事法律的规定来进行解释。(2)公开行为已经权利人同意的事实,被告应当提供相关的手续或者权利人同意公开确认书等证据材料。(3)所认定的公共利益。公益利益的认定是涉及商业秘密或者个人隐私政府信息公开的前提,即在公开以上信息之前,行政机关必须首先要确定是因应什么公共利益的需要而公开。是否属于公共利益,应当按照其他法律的规定确定其证明标准。从美国的实践看,公共利益至少应当包括:公众"知道"的利益、公共健康或环境保护利益、政府计划利益等。[2](4)不公开可能对公共利益造成重大影响的理由。这是一种未然状态的预测,并不是实然的不利后果,将会对公共利益造成重大影响在很大程度上属于行政机关的主观判断,被告在这方面举证的时候一定要注意突出造成重大影响的高度盖然性,对危险存在的论证一定要达到主客观标准的统一。(5)该信息公开后未损害第三方合法权益。[3] 未损害第三方合法权益的证明,显然是要否定信息公开与第三方权利义务之间的关系,信息公开行为未导致第三方权利义务实质性变化,被告的行为自然就未构成侵权,其信息公开行为就是合法的。

(三)被告对拒绝更正与原告相关的政府信息所应承担的举证责任

《若干问题的规定》第五条第三款的规定:"被告拒绝更正与原告相关的

---

[1] 伏创宇:《论信息公开诉讼中行政机关的举证责任——涉及第三人权益的分析》,载《湖南警察学院学报》2015年第1期,第80—86页。

[2] 李广宇:《政府信息公开诉讼:理念、方法与案例》,法律出版社2009年版,第94页。

[3] 江必新:《最高人民法院关于审理政府信息公开行政案件若干问题的规定理解与适用》,中国法制出版社2011年版,第86页。

政府信息记录的,应当对拒绝的理由进行举证和说明。"据此,在行政相对人请求更正与申请人相关的政府信息之诉中,被告应当就政府信息记录的准确性或者原告无权申请更正的事项进行举证。[1] 行政机关拒绝更正,说明行政机关不认为申请人所申请更正的与其相关的政府信息存在什么差错,因此,必须向申请人说明情况,在诉讼中同样必须承担这方面的举证责任;如果申请人无权申请更正,即该政府信息与申请人无关,行政机关当然要拒绝更正;行政机关认为该政府信息与申请人无关的,同样需要向申请人说明,在诉讼中同样需要承担举证责任。有学者认为:"实际上,该政府信息是否准确,主要是原告所要承担的举证责任,但行政机关可以举出反证。"[2] 原告认为与其相关的政府信息登记错误,当然需要出示正确的信息;否则其观点无法成立。被告针对原告的主张进行反驳就可以了,不过,如果被告认为有必要,也可以出示其认为正确的政府信息。

另外,根据新《条例》第四十一条第二款规定:"不属于本行政机关职能范围的,行政机关可以转送有权更正的行政机关处理并告知申请人,或者告知申请人向有权更正的行政机关提出。"如果行政机关无权更正相关政府信息,须将案件转送有权更正的行政机关或告知申请人,所以,在行政诉讼中,被告仍需对转送和告知这两方面进行举证。

(四)被告对涉及国家秘密的政府信息承担举证责任

保守国家秘密是每个中华人民共和国公民的义务,包括所有机关、团体、法人和其他组织。如果申请公开的政府信息涉及国家秘密,行政机关以涉密为由拒绝公开的,也需承担举证责任,但"履行该职责的时间、场所和涉及对象有特殊要求,以确保国家秘密不被泄露"。如果行政机关履行了该项举证责任,可以要求在诉讼中不提交,以便保守国家秘密,此时,人民法院应当准许。[3] 但人民法院在审查的过程中,也应当时刻警惕有人滥用保密制度来侵犯公民的知情权,一定要合理、合法、理性地权衡两者之间的利益。

在"奚明强诉中华人民共和国公安部案"中,奚明强向中华人民共和国公

---

〔1〕 李广宇:《政府信息公开诉讼:理念、方法与案例》,法律出版社2009年版,第54页。
〔2〕 江必新:《最高人民法院关于审理政府信息公开行政案件若干问题的规定理解与适用》,中国法制出版社2011年版,第83页。
〔3〕 同〔2〕,第84页。

安部申请公开《关于实行"破案追逃"新机制的通知》(公通字〔1999〕91号)、《关于完善"破案追逃"新机制有关工作的通知》(公刑〔2002〕351号)、《日常"网上追逃"工作考核评比办法(修订)》(公刑〔2005〕403号)等三个文件中关于网上追逃措施适用条件的政府信息。但公安部作出《政府信息公开答复书》认为：奚明强所申请获取的政府信息属于法律、法规、规章规定不予公开的其他情形，决定不予公开。

在后续的一、二审诉讼中，公安部均向法院出示证据证明《关于实行"破案追逃"新机制的通知》是秘密级文件；《关于完善"破案追逃"新机制有关工作的通知》《日常"网上追逃"工作考核评比办法(修订)》系根据前者的要求制定，内容密切关联。公安部经进一步鉴别，同时认定奚明强申请公开的信息是公安机关在履行刑事司法职能、侦查刑事犯罪中形成的信息，属于秘密事项，应当不予公开。

根据事实和公安部提交的证据，一审法院认定奚明强申请公开的文件信息属于秘密事项，应当不予公开。同时，公安机关具有行政机关和刑事司法机关的双重职能，其在履行刑事司法职能时制作的信息不属于《政府信息公开条例》第二条所规定的政府信息。二审法院在对公安机关的这两种职能进行区分的基础上，认定公安部作出不予公开答复并无不当。因此，均判决驳回奚明强的诉讼请求及其上诉请求。

三、法院调取和审查证据的规则

在政府信息公开司法审查过程中，证据的来源除了由原告、被告提供之外，在某些特定情况下可以由人民法院调取、收集相关证据。在以往的行政诉讼司法实践中，大多借鉴民事诉讼的做法，过度强调了当事人举证，法院依职权调取证据的功能被弱化。纵观世界各国的行政诉讼制度，除了英美法系外，大陆法系国家都赋予法官依职权主动调取证据的职权。[1] 在行政诉讼中，相对人处于弱势一方，特别是在举证能力方面，更是无法与具有调查权力

---

〔1〕 例如，德国《行政法院法》第八十六条规定，法院依职权调查案情；调查时应取得诉讼参与人的协助。法院不受参与人有关证据请求及其内容的约束。日本《行政案件诉讼法》第二十四条规定，法院认为必要时，可以依职权进行证据调查。

的行政机关相提并论,因此,很有必要强化法院的职权调查。[1] 事实上,在规定当事人承担举证责任的同时,我国《行政诉讼法》也规定了人民法院调取证据的规则。人民法院调取证据包括两种情况:第一,人民法院依职权主动调取证据;第二,人民法院依当事人申请调取证据。需要指出的是人民法院调取和审查证据,是一种权力而不是责任。因此可以原被告双方的证据为基础审理案件,注意知情权的保障及限度问题,在某些证据,特别是反信息公开案件司法审查中既要突出解决实质性纠纷的司法审查目的,也应当有所限制,实行单方审查,而不能僭越司法权。

(一)人民法院依职权调取证据

随着司法中立原则的确立及发展,法院一般不主动取证,而把取证的责任交给当事人。在政府信息公开司法审查中主要交给被告,法院作为中立者起着居中裁判作用。但有时在特定情况下,为了查明案情,对依据已有的证据难以搞清案情的,法院也依职权或依申请进行取证,调取行政机关该提供但没有提供的证据。《行政诉讼法》第三十九条规定:"人民法院有权要求当事人提供或者补充证据。"由此可见,《行政诉讼法》赋予了人民法院主动调取证据的权力。法院的取证对象可谓广泛,包括有关行政机关、其他组织、公民,相关单位或个人有义务予以配合与协助。对不配合协助的、情节严重的,可按照《行政诉讼法》第五十九条的规定进行处理:有义务协助调查的人,对人民法院的协助调查决定,无故推拖、拒绝或者妨碍调查的,人民法院可以根据情节轻重,予以训诫、责令具结悔过或者处一万元以下的罚款、十五日以下的拘留;构成犯罪的,依法追究刑事责任;是单位的,可以对其主要负责人或者直接责任人员依法予以罚款、拘留等。法院依职权取证的范围通常是程序方面的证据,例如,涉及依职权追加当事人、中止诉讼、终结诉讼、回避事项等且必须通过调取证据才能弄清的事项;还包括案件涉及国家利益、社会公共利益以及他人合法权益的且通过案件当事人确实无法提供的证据等。

《行政诉讼法》第四十条规定:"人民法院有权向有关行政机关以及其他组织、公民调取证据。但是,不得为证明行政行为的合法性调取被告作出行政行为时未收集的证据。"据此可知,法院依职权取证也受到一定的限制,具

---

[1] 江必新:《完善行政诉讼制度的若干思考》,载《中国法学》2013年第1期,第5-20页。

体到政府信息公开诉讼中,则表现为"不得为证明公开信息或不公开信息行为的合法性而调取被告作出行政行为时未收集的证据"。对此,可作如下理解:一是法院的取证不能为了证明行政机关做出公开信息或不公开信息行为的合法性,合法性问题的举证交由被告自己举证;否则,司法与行政就有合伙欺负原告的嫌疑。二是法院不能调取被告作出公开信息或不公开信息行政行为时没有收集的证据。被告在作出行政行为时就应当已经收集了完整的证据,要先有证据然后作出行政行为,而不能事后取证。与此相对应的是,被告作出行政行为时没有收集相关证据而该证据又恰好可以证明某一行政行为的合法性,但此时的证据是不能作为行政行为证据的,更不能作为政府信息公开司法审查的证据,法院当然不能依职权为行政机关调取这样的证据。这里涉及法院取证的价值取向问题,法院作为诉讼的居中裁判者,被赋予调查取证权,与法律规定的诉讼原、被告双方举证责任分配的意义是不同的。诉讼的原告与被告是诉讼利益的实际追求者,与诉讼的实体利益密切相关。因此,二者在诉讼中提供证据证明其主张的行为是对己有利的行为。但人民法院作为居中裁判者,法律赋予其调查取证权,是为了在案件穷尽证据后,事实真相仍处于真伪不明的情况下,由法院不偏不倚的调取证据,证明案件事实。同时,举证的目的是向作为弱势主体的原告一方进行适当倾斜。[1]

(二) 人民法院依申请调取证据

鉴于原告和第三人在行政诉讼中取证方面的弱势地位,《行政诉讼法》第四十一条[2]规定了当事人可以向法院申请调取相关证据。具体到政府信息公开司法审查中,当事人依申请调查取证的条件为:第一,申请主体必须是信息公开申请者(即原告)或第三人;第二,申请调查的证据是与本案相关联的证据,对于是否相关联,则由法官在考量申请公开信息的性质、特征等相关因素后做出综合性判断;第三,申请人(即原告,包括其诉讼代理人)不可以自行收集证据;第四,当事人申请人民法院调取证据的,应当在举证期限内提交调取证据申请书。调取证据申请书应当写明证据持有人的姓名或者名称等基

---

[1] 王春业:《新编行政诉讼法学》,中国政法大学出版社2017年版,第122页。
[2] 《行政诉讼法》第四十一条规定:"与本案有关的下列证据,原告或者第三人不能自行收集的,可以申请人民法院调取:(一)由国家机关保存而须由人民法院调取的证据;(二)涉及国家秘密、商业秘密和个人隐私的证据;(三)确因客观原因不能自行收集的其他证据。"

本情况、拟调取证据的内容、申请调取证据的原因及其要证明的案件事实。具体而言，申请法院调取证据主要有以下三种情况：

1. 由国家机关保存而须由人民法院调取的证据。若是由国家机关保存但属于对外公开的证据，信息公开申请人可以通过合法途径获取，则不应申请法院调取。若由国家机关保存但不对外公开的证据，此类证据无论是当事人还是其诉讼代理人都无法调取到。而法院作为国家司法机关，往往有这方面的取证优势，因此需要赋予当事人申请法院调取证据的权利。

2. 涉及国家秘密、商业秘密和个人隐私的证据。依据《保守国家秘密法》及国务院公布的《保守国家秘密法实施办法》，国家秘密是关系国家安全和利益，依照法定程序确定，在一定时间内只限一定范围的人员知悉的事项，涉及政治、经济、国防、外交、国民经济、科学技术等诸多领域中的秘密事项。根据《反不正当竞争法》，商业秘密是指不为公众所知悉、能为权利人带来经济利益、具有实用性并经权利人采取保密措施的技术信息和经营信息。个人隐私权目前还没有确切的含义解释，一般将之定义为权利主体主观上希望他人不知晓的个人事务。涉及国家秘密、商业秘密和个人隐私的此类证据，通常情况下受保护性、隐蔽性较强，由当事人自己取证是很难的，此时申请法院调查取证是合法合理的。

3. 确因客观原因不能自行收集的其他证据。这实际上是一个兜底条款，在难以穷尽的情况下作出原则性规定，也是为政府信息公开司法实践留下了可填补漏洞的空间。

此外，针对法院不准许申请调取证据的情形，《最高人民法院关于行政诉讼证据若干问题的规定》也规定了相应的救济措施。第二十五条规定："人民法院对当事人调取证据的申请，经审查符合调取证据条件的，应当及时决定调取；不符合调取证据条件的，应当向当事人或者其诉讼代理人送达通知书，说明不准许调取的理由。当事人及其诉讼代理人可以在收到通知书之日起三日内向受理申请的人民法院书面申请复议一次。人民法院应当在收到复议申请之日起五日内作出答复。人民法院根据当事人申请，经调取未能取得相应证据的，应当告知申请人并说明原因。"

事实上，政府信息公开司法审查中原被告诉讼地位极不平等的，在调取证据方面通常表现为作为行政机关的被告可以借助其行政职权调取证据，但作为申请信息公开的原告则无此权力。尽管原告可以据《行政诉讼法》第四十一条之规定申请法院调取证据，但考虑到原告提供线索的能力有限，要申请法院调取证据是比较艰难的[1]，由法院调取证据也难免会存在有损司法中立性的风险，同时这无疑会加大对当事人的时间、精力、财力的消耗，增加人民法院的司法成本。[2] 针对这一缺陷，我们认为在法院依申请调取证据这部分中有必要完备委托调取证据制度，即由人民法院委托原告一方调查取证，规定接受调查、调取证据一方的公民、法人、其他组织都具有配合其完成取证的义务，从而以此来强化原告方的取证能力。[3] 概言之，在政府信息公开案件中，原告可向法院申请允许其向相关公民、法人、其他组织调查获取与争议案件有关的证据，而接受调查的一方应当对原告的取证工作予以协助及配合。

人民法院调取证据完成后，需要对一些证据（例如：对反政府信息公开的证据）实行单方审查。这在表面上是与行政诉讼中的事实审查应当以公开审查为原则相冲突的。但事实上，由于政府信息公开司法审查案件具有保障公民知的权利的特殊性，公开行为直接关系到原告的知情权益，同时公开行为也可能关系到国家利益、公共利益和他人的合法权益，因此在某些特定情况下，必须对知情权进行一定程度的限制，规定豁免公开的信息范围。《条例》规定，行政机关不得公开涉及国家秘密、商业秘密和个人隐私的政府信息，也不得公开那些公开后可能危及国家安全、公共安全、经济安全和社会稳定的政府信息。但现实中，有些行政机关常滥用这种限制，借此为由达到不公开信息的目的。我国现行法律法规没有规定设立独立的专业认定机构，因此在诉讼中法院需对被告拒绝公开的理由进行审查。然而由于信息本身的特殊性，如果在确定是否可以公开前在法庭上出示和公开质证，就可能使不能公

---

〔1〕 黄学贤、杨红：《政府信息公开诉讼理论研究与实践发展的学术梳理》，《江苏社会科学》2018年第3期，第183-194页。

〔2〕 江必新法官也注意到了这点，并指出："虽然法院可以依照原告申请或者依职权调取证据，但是法院调取证据存在丧失中立立场的弊端，同时也不利于节约诉讼成本。"参见江必新：《完善行政诉讼制度的若干思考》，载《中国法学》2013年第1期，第5-20页。

〔3〕 荷兰《行政法通则》第八章第四十七条规定，法院可以委托鉴定人进行调查，委托书中应当包括书面调查事项和期限。我国台湾地区所谓"行政诉讼法"第一百三十八条规定，行政法院得嘱托普通法院或其他机关、学校、团体调查证据。

开的信息事实上得以公开，使诉讼的进行失去了实际意义。为此，原则上应当采用有别于一般行政诉讼的单方审查方式，由法院对被告不予公开的事实依据和法律依据进行审查，使此类信息在定性之前不为申请公开者所知悉。这种审查程序在目前立法上并未具体规定，仅在最高人民法院《若干问题的规定》第六条中规定了"人民法院审理政府信息公开行政案件，应当视情采取适当的审理方式，以避免泄露涉及国家秘密、商业秘密、个人隐私或者法律规定的其他应当保密的政府信息"，因此这一审查方式还有待在审判实践中进一步探索完善。

第五章　政府信息公开司法审查的裁判规则

政府信息公开行政案件的裁判与其他行政案件相比,有共性的一面,也有其自身的一些特殊性。实践中,司法审查在裁判阶段对裁判准则的适用认识不一,一些具体案件的裁判方式选择并不恰当,甚至有些裁判还存在明显问题。因此有必要针对政府信息公开行政案件的特点,认真研究裁判应当遵循的裁判准则,各类裁判方式的具体选择以及相关的配套措施。

第一节　裁判准则的考察

信息公开行政案件的审理,应切实保障依法获取政府信息、充分发挥政府信息的服务作用等立法目的的实现,确保司法审查保障知情权等群众合法权益、监督依法行政和化解行政争议的诉讼目的达成,根据此类案件特点和具体情况,妥善选择裁判方式。根据《行政诉讼法》的要求和审判实践的实际需要,政府信息公开行政案件的裁判,应掌握信息公开案件的裁判规律,遵循法定判决理由,注重方向指引。

审判规律决定了审判的核心就是裁判;决定了审判必然体现出不同于其他执法活动的特点;决定了审判必须注重执法程序、注重当事人的诉权保护;决定了审判是公正性、独立性、公开性、平等性等法律精神的最高体现。[1]遵循行政诉讼中"被告负举证责任"原则,被告拒绝向原告提供政府信息的,

---

[1] 韩崇华:《论审判规律与审判改革》,载《法学》1994年第12期,第5—7页。

应当对拒绝的原因以及履行法定告知和说明理由义务进行举证;原告起诉被告决定公开或者已经公开政府信息的行为侵犯其商业秘密、个人隐私的,被告应当对该政府信息不涉及原告的商业秘密、个人隐私,或者虽然涉及原告的商业秘密、个人隐私但已经书面征得其同意进行举证,因公共利益决定公开的,应当对认定公共利益的根据进行举证;被告拒绝更正其提供的与原告自身相关的政府信息记录的,应当对认定原告要求更正该政府信息记录的理由不成立或者其无权更正的根据进行举证等。政府信息公开行政案件与传统行政案件相比,具有一些明显的特殊性。尤其在反政府信息公开领域,这种特殊性表现得尤为明显。遵循"有限司法"的原则依法裁判。对于被告不予答复,原告诉请履行职责的案件,一般应判决被告在法定期限内作出答复,至于被告是否公开相关政府信息,仍应由被告依法审查决定,法院不能代替被告作出决定。对于被告作出不予公开答复,原告诉请履行职责的案件,法院应当向原告释明,要求其变更诉讼请求为撤销被告的不予公开行为,并判令重作,法院应就此作出判决。对于原告诉请确认被告不予答复违法,同时请求判令被告履行职责的案件,一般应针对是否判令履行职责的诉请下判,对确认违法的诉请可在"本院认为"部分进行阐述,但不作为判决的主文。在被告拒绝公开政府信息的理由不成立,原告申请公开理由充分的情形下,即对"裁判时机成熟"的案件,法院才可以直接判决被告限期公开。我们论述了反政府信息公开行政案件审理的特殊性,与审理相对应的是,传统的裁判方式逐渐变得难以应对此类案件的需要。当传统的裁判方式已经不能满足新类型案件的审判实际需要时,应当进行变革。在遵循行政审判规律的前提下,应创造性地提出新的裁判方式,以解决现实难题。但是,创新必须立足行政审判实际,根据行政审判实践的需要,必须严格遵循行政审判规律。最高人民法院《若干问题的规定》第十一条规定的禁止判决和临时禁止裁定就是一个良好的范例。

  行政法治要求行政活动以法律为准绳,从实践的角度,重点在于合法性的判断。对具体行政行为是否合法发生争议的,必须有一个机制来解决,仅要求执法者遵循法律规定,除了象征性地表示对法律的效忠外,并不具有实践价值。虽然存在多种解决行政争议的渠道(包括行政复议这一理论上可以解决多数争议的"主渠道"），但必须有一个解决争议的最终机构。[1] 通常情况下，这个机构指的就是依法裁判的法院。所谓依法裁判，就是必须根据案件审理的实际情况，按照《条例》对政府信息公开行为进行定性，按照《行政诉讼法》和最高人民法院相关司法解释所确定的行政案件各类裁判方式的适用条件，正确地选择裁判方式。对于实现严格依法裁判，边沁认为大规模立法是实现依法裁判的理想之路，从完全的、封闭的法体系能够推导出确定性结论，实际上暗含了概念法学或形式主义的理念：通过科学立法和概念推演，完全可以实现对每一个可能案情的规定，而裁判者只需根据逻辑规则，就可以推导出有效并必然正确的决定。[2] 依法裁判并非僵化的形式主义的裁判，法官做出的判决应当接近于公众的期待，当法官在不断强调依法裁判，却又作出与社会正义、公众认可度低的判决时，显然这样的"依法裁判"并非依法治国的理想。

实践中，一些法院以一些似是而非的理由作为判决依据。例如，《条例》修订前以原告申请公开的政府信息是内部信息、历史信息或者过程信息为由，判决驳回原告的诉讼请求。但修订前的《条例》并未规定内部信息、历史信息和过程信息不可公开。从政府信息公开制度的发展趋势和目前修订后的《条例》看，这些大都是属于可以公开、应当公开的政府信息。

其实，在不少的司法案例中也有不支持以"内部信息、历史信息或者过程信息"为由拒绝公开的判决。比如，在许会娣诉鞍山高新技术产业开发区管理委员会政府信息公开一案中[参见（2019）辽行终1376号判决书]，行政机关以申请人公开的信息属于内部信息为由拒绝公开，一审法院也以此为由驳回许会娣的诉讼请求，但在二审中，却被辽宁省高级人民法院撤销一审判决，认定相关信息并非内部信息。基本案情及法院裁判理由如下：

许会娣因诉鞍山高新技术产业开发区管理委员会（以下简称"高新管委

---

〔1〕何海波教授认为，为了确保争议得到公正解决，这个机构应当具备几个条件：第一，它应当是中立的，不能置于行政机关内部，而必须超脱于行政的日常运作和日常关切；第二，它应当有权威，不受外来干扰而独立判断，它的决定得到尊重和服从；第三，它应当有准则，必须给予当事人公平的机会，并依据事实和法律做出裁判。参见何海波：《行政法治，我们还有多远》，载《政法论坛》2013年第6期，第45页。

〔2〕宋旭光：《依法裁判与民意诉求——基于弹性法律秩序的方法论反思》，载《浙江社会科学》2016年第2期，第49-55页。

会")作出的《鞍山高新区依申请公开政府信息告知书》(以下简称《告知书》)一案,不服鞍山市中级人民法院(2019)辽 03 行初 25 号行政判决,向辽宁省高级人民法院提起上诉。辽宁省高级人民法院受理后,依法组成合议庭进行审理并组织双方进行询问。在审理过程中发现:

一审法院查明:2018 年 5 月 3 日,许会娣等 5 人向高新管委会提交政府信息公开申请书,请求公开高新管委会 2018 年 3 月 30 日印发的 18 号文件。2018 年 6 月 11 日,高新管委会政务公开办公室向许会娣作出《告知书》,主要内容为:就许会娣申请公开关于"高新管委会 2018 年 3 月 30 日印发的 18 号文件"的相关事项答复如下:根据《中华人民共和国政府信息公开条例》(以下简称《信息条例》)和《辽宁省人民政府办公厅关于进一步规范政府信息依申请公开工作的通知》的规定,内部管理信息属于不予公开的情形。高新管委会认为许会娣所申请公开的政府信息是高新管委会单位内部管理信息,属于不予公开范围。许会娣收到《告知书》后,于 2018 年 6 月 19 日提起行政诉讼。

一审法院认为:《最高人民法院关于审理政府信息公开行政案件若干问题的规定》第十二条第一项规定,有下列情形之一,被告已经履行法定告知或者说明理由义务的,人民法院应当判决驳回原告的诉讼请求:(一)不属于政府信息、政府信息不存在、依法属于不予公开范围或者依法不属于被告公开的。《辽宁省人民政府办公厅关于进一步规范政府信息依申请公开工作的通知》第三条第四项规定,非行政职能范围内的内部管理信息、流转信息,不属于公开范围。本案中,原告申请公开的政府信息即 18 号文件,从该文件形式看,它是高新管委会向鞍山高新区正东回迁房建设开发有限公司(以下简称"正东公司")作出的资产划拨决定。从其内容看,是高新管委会经研究决定,以正东公司弘扬家园(达七)的相关网点和住宅抵顶欠金胡新村村委会的鞍钢二期土地征收补偿款,同时,要求各职能部门做好账务处理和资产交接等相关工作。综上,18 号文件系行政机关的内部管理信息。被告告知原告该文件系内部管理信息,属于不予公开范围,并无不当。故对原告提出撤销被告作出的《告知书》的诉讼请求,依法不予支持。于是一审判决:驳回原告许会娣的诉讼请求。

许会娣上诉称:一审判决认定事实不清,适用法律错误,依法应予纠正。

(1) 认定事实不清。一审认为上诉人申请公开的18号文件,从文件形式及内容上看是行政机关的内部管理信息的认定事实不清。既然文件形式是高新管委会向正东公司作出的资产划拨决定,内容涉及正东公司以及金胡新村村委会,就不应该认定为行政机关的内部管理文件。《国务院办公厅关于做好政府信息依申请公开工作的意见》(国办发〔2010〕5号)第二条第二款规定:"行政机关在日常工作中制作或者获取的内部管理信息以及处于讨论、研究或者审查中的过程性信息,一般不属于《信息条例》所指应公开的政府信息。"可见18号文件显然不属于内部信息。结合最高法行申(2016)2769号行政裁定书及最高法2014年9月12日发布的政府信息公开十大案例第六案可以明确,在相关信息作为行政机关作出行政决策的参考依据,会对行政相对人的权利义务产生影响时,该信息即成为行政机关行使行政管理职责过程中所制作的信息,不属于内部管理信息。(2)适用法律错误。被上诉人直至一审开庭之日才向法庭提供18号文件这唯一证据,并未向法庭提供其作出认定具体行政行为程序上合法、实体上合法的其他证据。根据《中华人民共和国行政诉讼法》第三十四条、第六十七条规定,被上诉人逾期提供证据视为没有证据。一审法院不仅未依法以被上诉人行政行为没有证据为由将被上诉人行政行为撤销,也没有对被上诉人的违法行为进行评价,袒护被上诉人之意明显。因此,许会娣请求二审法院:依法撤销(2019)辽03行初25号行政判决,发回重审或改判支持上诉人一审诉讼请求。

辽宁省高级人民法院在审理过程中另查明:高新管委会于2018年3月30日作出的鞍高开发〔2018〕18号《关于弘扬家园(达七)资产划拨的决定》,受文单位为:鞍山高新区正东回迁房建设开发有限公司。正文最后一句为:请各职能部门做好账务处理和资产交接等相关工作。

辽宁省高级人民法院认为:许会娣对高新管委会对其作出《告知书》的职权、程序未提出异议,高新管委会对案涉18号文件属于政府信息以及许会娣的申请资格亦未提出异议,辽宁省高级人民法院对此不再赘述。案件的焦点问题是许会娣申请公开的18号文件是否属于高新管委会内部管理信息,即是否属于公开范围。

关于内部管理信息问题。根据旧《条例》的规定精神,行政机关进行行政管理活动所制作和获取的信息,属于政府信息。凡属于政府信息,如不存在法定不予公开的情形,均应予以公开。就是说,政府信息的不公开是例外,而例外的情形应由法律法规明确规定。本案中,高新管委会作出的《告知书》系以18号文件为内部管理信息为由不予公开。在旧《条例》第二章"公开的范围"规定中,"内部管理信息"未在公开范围内。所谓内部信息,应是行政机关单纯履行内部管理职责时所产生的信息,就是对外部不产生直接约束力的普遍政策阐述,或对个案的非终极性意见。此类信息属于内部管理信息。之所以要免除公开内部信息,目的是保护机构内部或不同机构之间交流的私密性。而本案涉及的18号文件,是高新管委会制作下发给正东公司有关资产划拨的决定。一方面,高新管委会未提交合法有效的证据证明正东公司是其内部职能部门或下属部门;另一方面,该决定最后一句所提的"各职能部门",并未明确是组成高新管委会的职能部门还是正东公司内部进行财务管理的职能部门。故高新管委会不能证明18号文件为内部管理信息。况且,该文件的下发业已对外产生约束力,高新管委会也未能提交相关证据证明该18号文件内容属于涉及国家秘密、商业秘密、个人隐私事项。因此,在高新管委会未能证明许会娣所申请公开的信息存在法定不予公开情形的情况下,其以18号文件系政府内部管理信息为由告知不予公开,没有依据,不符合法律规定。一审判决对此未予审查错误,依法应予撤销。高新管委会应在法定期限内对许会娣的政府信息公开申请重新作出答复。

综合以上的事实和理由,辽宁省高级人民法院根据《中华人民共和国行政诉讼法》第八十九条第一款第二项、第七十条第一项、第二项、《最高人民法院关于审理政府信息公开行政案件若干问题的规定》第九条第一款的规定,最后判决撤销鞍山市中级人民法院(2019)辽03行初25号行政判决;撤销鞍山高新技术产业开发区管理委员会于2018年6月11日作出的《鞍山高新区依申请公开政府信息告知书》;并责令鞍山高新技术产业开发区管理委员会在法定期限内重新对许会娣的政府信息公开申请予以答复。

此外,《条例》修订前,驳回原告的诉讼请求还有这样的情况,那就是受申请的行政机关并没有以政府信息对申请人而言不构成特殊需要为由拒绝公开相关政府信息时,直接判决驳回原告的诉讼请求。这同样是毫无道理的。只有在受申请的行政机关以这些政府信息对申请人而言不构成特殊需要为由拒绝公开相关政府信息时,司法审查才可以依照"三需要"的标准对原告的政府信息公开申请进行审查,并在确认这些政府信息对申请人不存在特殊需要时,判决驳回原告的诉讼请求。

目前,至少在两类案件的受理审理工作中,裁判导向方面还存在着一些问题。一是认为行政机关未依职权公开政府信息而提起的诉讼。政府信息公开的本源在于公众对公权力的运行享有知情权,实践中,在缺乏必要说理的情况下,行政机关动辄以不属于公开范畴、信息不存在、危及公共安全或涉及国家秘密等理由,拒绝信息公开的申请,严重妨碍了公众知情权的实现,对于行政机关滥用权力不作为的行政诉讼中,现行做法是要求其先向行政机关提出政府信息公开申请,对行政机关的回复不服的,再提起行政诉讼。实际上将依职权主动公开演变成了依申请被动公开,不利于打造阳光政府。二是对诉讼过程中,被告公开政府信息后,原告坚持诉讼的,一些地区的法院对此情况采用驳回诉讼请求或者不予受理的方式。单从结果而言,原告的权利在诉讼中已经得到保障或者已经不再需要通过诉讼途径解决,驳回诉讼请求或者不予受理好像也未尝不可。但这种判决方式或将间接引导行政机关将依申请公开演变成依法院责令公开,不利于政府信息公开工作的推进。行政诉权是行政诉讼当事人请求法院依法公正审判的程序权利,应当给予充分的尊重和保护。

第二节 裁判方式的选择

一、裁判方式选择的考量因素

(一)诉讼请求

任何诉讼的提起均源自原告的某种利益诉求,由于行政诉讼与民事诉讼不同,原告均为认为其合法权益受到违法行政行为损害的相对人及利害关系人。行政诉讼中原告的利益诉求往往在于要求行政机关将受到侵害的合法权益予以恢复、去除施加给相对人的不法负担以及要求负有法定职责的行政机关履行法定职责等。作为古老的法律原则,有权利必有救济亦是行政诉讼规范产生的根源。当合法权利受到侵害时,行政相对人就享有了相应的救济权,救济权在程序法上的体现即为诉权。当然我国《行政诉讼法》以受案范围与被告资格对行政诉讼诉权行使进行了限制,这意味着诉权的行使不可能是任意的。但是随着社会发展,行政行为的外延正不断发展,决定其发展的正是行政行为的可诉性(诉的利益)。诉权一旦被行使,必然会进一步体现为与实体规范相对应的诉讼请求。进而,法院基于实体审理对诉讼请求作出最终的裁决。因此行政诉讼救济的逻辑在于原权利与违法行政行为存在、相对人为寻求司法救济行使诉权、通过行政判决最终实现救济权。原权利类型决定救济权类型,救济权决定具体诉讼请求。诉讼请求决定行政判决,行政判决作为对诉讼请求的强制实现,不能超出诉讼请求的范围。因此,行政判决与被侵害的原权利之间有着紧密的关联,原告的行政诉讼请求直接关系着行政判决方式。

(二) 行为理由或抗辩理由

行政机关作出政府信息公开行政行为的理由,影响了法院对信息公开行政案件审查的裁判方式的选择。法院对被诉行政行为的合法性审查,应当围绕行政机关作出被诉行政行为所认定事实、适用法律和行政程序进行审查。行政机关没有作为行政行为依据的事实,不得用以认定被诉行政行为合法。例如行政机关以申请人的申请滥用申请权为由,驳回申请人的信息公开申请。法院经审查发现,申请人提出了确有说服力的理由证明其申请条件,被诉行政行为认定事实错误,应当予以撤销。此种情况下,尽管申请人的申请符合申请条件,但相关信息涉及国家秘密、商业秘密或个人隐私、"三安全一稳定"等等,并不涉及本案被诉行政行为的合法性问题,法院就不宜对这些事项进行主动审查,也不应对此作出裁判。同样,行政机关的抗辩理由,也影响到裁判方式的选择。例如,还是行政机关以申请人的申请滥用申请权为由,拒绝公开相关政府信息。法院的司法审查,原则上应针对原告的申请是否符合滥用申请权这一要件事实进行审查。但如果行政机关在诉讼过程中提出,申请人申请公开的政府信息系国家秘密,不能公开。法院对该抗辩理由同样应当审查。但是审查的结果仅仅影响法院对裁判方式的选择,并不影响对被诉行政行为的合法性评判。如果法院经审查发现,原告申请公开的信息系国家秘密,依法不应公开。法院在裁判方式的选择上,就不能采用责令其继续履行法定职责的判决,而只能采用确认违法的判决。如果该抗辩事由不能成立,法院则应采用责令限期履行法定职责的判决。

(三)审查强度

行政诉讼审查强度也就是司法审查标准,其作为审查行政行为合法性的尺度,直接关系针对行政行为司法审查的公正与权威。在普通法系国家,司法审查的强度为案件争议问题属于法律问题还是事实问题所决定。大陆法系国家不论对法律问题还是对事实问题均采取严格的审查标准,表现为法定程序与非法定程序审查并重、合法性审查与合理性审查并重。[1] 司法审查强度的差异必然导致行政判决的差异,比如涉及个人利益与公共利益冲突进行利益衡量时,必然会对撤销行政行为的后果与相反后果进行比较,当公益损失远大于个人利益损失时,则不采用撤销判决方式,而应采用确认违法判决的方式并判决责令采取补救措施。

比如,在最高人民法院受理的(2016)最高法行申 1751 号卢德标、谢先军与浙江省人民政府行政诉讼再审案件中,最高人民法院在判决中指出,浙江省人民政府经合法传唤无正当理由拒不到庭,其提供的相关证据依法不能作为定案依据,被诉行政行为应予撤销。但是,鉴于被诉土地批准行为所涉土地系用于"台州医院新院区建设项目"建设,且再审申请人卢德标、谢先军的相关土地仅是被批准征收范围内的一小部分,若撤销被诉土地批准行为,将导致作为医疗卫生公益项目的整个台州医院新院区建设无法如期开展,将对社会公共利益产生重大损害。最高人民法院最后认定,原审法院据此判决确认被诉行政行为违法,认定事实清楚,适用法律正确。

在最高人民法院受理的这起再审案件中,法院判决充分考虑了撤销行政行为所导致的不利于公共利益的情形,故仅确认行政行为违法而不判决撤销原行政行为,从而驳回申请人的再审申请。

---

[1] 王学栋:《国外行政行为与司法审查的标准及其特点》,载《行政论坛》2005 年第 1 期,第 90-92 页。

二、裁判方式选择的具体运用

(一) 基本判决方式

1. 驳回诉讼请求判决

随着时间的推移以及条件的变化，行政机关拒绝信息公开的法定事由可能会逐步消失，因此，对信息公开行政案件，一般不宜采用维持判决。下列情况下，被告已经履行法定告知或者说明理由义务的，可以采用驳回原告诉讼请求的判决方式：(1)原告申请内容不明确并拒绝作出更改、补充的；(2)原告申请公开的政府信息依法不属于被告公开的；(3)不属于政府信息、政府信息不存在或者依法不属于公开范围的；(4)在申请行政复议或提起行政诉讼前，被告已经依照申请向原告公开了政府信息的；(5)被告无法按照申请人要求的形式提供政府信息，但已通过安排申请人查阅相关资料、提供复制件或者其他适当形式提供的；(6)申请公开的政府信息已经向公众公开，被告已经告知申请人获取该政府信息的方式和途径的；(7)原告起诉被告逾期不予答复，理由不成立的；(8)原告以政府信息侵犯其商业秘密、个人隐私为由反对公开，理由不成立的；(9)原告要求被告更正与其自身相关的政府信息记录，理由不成立的；(10)其他应当判决驳回诉讼请求的情形。

2. 责令履行法定职责判决

责令履行法定职责是信息公开行政案件中适用较多的裁判方式。需要明确的是，拒绝处理虽是行政作为，但是经过法院审查，认为行政相对人的申请具有事实和法律依据时，并不能适用撤销判决，并责令其限期重作，而应该适用履行判决。[1] 对该类裁判方式，难点在于法院责令被告履行法定职责，法院的指向应当精确到什么程度。如果指向过于含糊，不利于原告权利的及时有效保护；如果指向太精确，有可能会干预行政机关依法履行法定职责。为此，对责令履行法定职责，要根据案件的不同情况，分别做出处理。总体原则是，在可能的范围内，使责令判决的指向更为明确。(1)关于公开政府信息的问题。法院经审查认为被告依法应当公开而不予公开政府信息的，人民法

---

[1] 熊勇先：《行政履行判决之反思与重构》，载《学术探索》2010年第3期，第32-36页。

院应当判决被告在一定期限内公开。如果经审理发现,是否能够公开政府信息尚需被告调查、裁量的,应判决其在一定期限内重新答复。(2)关于被告提供政府信息的内容和形式问题。被告提供的政府信息不符合申请人要求的内容或者法律、法规规定的适当形式的,人民法院应当判决被告按照申请人要求的内容或者法律、法规规定的适当形式提供。(3)关于政府信息的区分公开问题。人民法院经审理认为被告不予公开的政府信息内容可以作区分处理的,应当判决被告限期公开可以公开的内容。(4)关于更正政府信息的问题。法院经审查认为,被告依法应当更正而不更正与原告相关的政府信息记录的,应当判决被告在一定期限内更正。被告无权更正的,判决被告转送有权更正的行政机关处理。(5)关于政府对原告申请未予答复问题。被告对原告要求公开或者更正政府信息的申请无正当理由逾期不予答复的,人民法院应当判决被告在一定期限内答复。如果法院经审查可以认定原告请求判决被告公开或者更正政府信息理由能够成立的,应当责令被告限期公开相关信息。

3. 确认违法判决

确认违法判决是在不适宜作出撤销判决以及其他判决方式的时候,法院作出的一种补充性的判决方式,确认判决对于原告的实体权利的救济有限,仅在符合一定条件的情况下,可以作为要求行政赔偿的依据。[1] 当被诉行政行为违法,但被告已经没有继续履行法定义务的可能或必要时,则宜采用确认违法的行政判决。一般在以下几种情况下应当采用确认违法的判决:(1)被告在诉讼中公开或者更正了政府信息,原告不撤诉,人民法院应当判决确认被诉行政行为违法。实践中,有时候被告没有在法定期限内履行信息公开的法定职责,但在原告申请行政复议或者提起行政诉讼后,才公开了相关信息。对此类案件的裁判方式,有一种意见认为,原告已经获知了政府信息,其诉讼目的已经达到,应当判决驳回其诉讼请求。我们认为,如果此种情况下法院采用驳回诉讼请求的判决,将诱导行政机关拖延履行或者拒绝履行信息公开的法定义务,将大大增加公众申请信息公开的成本,明显提高了信息

---

〔1〕 吕方圆:《政府信息公开行政诉讼裁判方式若干问题探究》,载《黑龙江省政法管理干部学院学报》2015年第1期,第32-35页。

公开的门槛。因此,对此类案件,不宜采用驳回诉讼请求的判决。如果行政机关在原告尚未申请行政复议或提起行政诉讼前就已经向原告公开了政府信息,这表明行政机关并不存在任意抬高信息公开门槛的故意,只是没有及时公开政府信息。这一问题可以被认定为程序瑕疵,法院采用驳回诉讼请求的判决更为适宜。(2)被告公开政府信息涉及原告商业秘密、个人隐私且不存在公共利益等法定事由的,人民法院应当判决确认被诉行政行为违法,并可以责令被告采取相应的补救措施;造成损害的,根据原告请求依法判决被告承担赔偿责任。

4. 禁止判决和裁定

对涉及商业秘密、个人隐私的政府信息,法院采用责令履行法定职责判决或确认违法判决有时不能最大限度地保护原告的合法权益。最好的保护就是不公开相关政府信息,因此,引入禁止判决和裁定就显得尤为必要。如果被告决定公开但尚未公开的政府信息涉及原告商业秘密、个人隐私且不存在公共利益等法定事由的,人民法院应当判决行政机关不得公开相关信息。诉讼期间,原告申请停止公开涉及商业秘密、个人隐私的政府信息,人民法院经审查认为公开该信息会造成难以弥补的损失的,应裁定暂时停止公开,即依照《行政诉讼法》第四十四条的规定,裁定停止相关具体行政行为的执行。

（二）基于特殊情形的判决方式

1. 撤销原有公开答复后的判决

通过有关的统计可以看出,在原告胜诉的案件当中,由于行政机关没有按期答复而确认具体行政行为违法的案件占到了所有原告胜诉案件的38%。由此可见,行政机关没有按照法定期限答复信息公开申请是招致败诉结果的最重要原因。[1] 法院判决撤销行政机关原有的政府信息公开答复以后,能否直接判决行政机关公开相关文件?对于这个问题,有不同的观点。有观点认为,为了避免公民陷入反复诉讼的怪圈,如果法院能够判断原告申请公开的信息属于应该公开的政府信息的话,可以直接判决行政机关公开。但也有观点认为,司法不能侵犯行政机关的首次判断权,在判决中除要求行政机关

---

[1] 董妍:《政府信息公开判决解析——基于各地高级法院二审判决书的解读》,载《上海政法学院学报(法治论丛)》2016年第4期,第119-126页。

履行职责外,法院一般无权指明行政机关该如何履行职责。另外,政府信息不予公开的理由不只是一种。法院在庭审中,难以对所有可能不予公开的理由进行审查。所以,法院只能判决行政机关重新答复,而不能直接决定公开相关政府信息。

最高人民法院《若干问题的规定》第九条规定:"被告对依法应当公开的政府信息拒绝或者部分拒绝公开的,人民法院应当撤销或者部分撤销被诉不予公开决定,并判决被告在一定期限内公开。尚需被告调查、裁量的,判决其在一定期限内重新答复。"按照该条规定,行政机关撤销了政府信息公开的决定以后,根据不同情形有两种判决方式:如果法院能够判定该政府信息属于应当公开的,则应该直接判令行政机关公开相关政府信息;如果还需要被告调查、裁量的,则应判决行政机关重新答复。也就是说,法院采取直接要求公开,还是重新答复的判断标准,是通过庭审能否确认申请公开的信息属于可以公开的信息。在对政府信息免于公开的理由尽到了全面审查以后,能够判断属于公开的,则应当责令公开。对需要调查(涉及个人隐私和商业秘密的信息,需要征询第三方意见的)、裁量(公共利益衡量的)的,则应当判决行政机关重新答复。在司法实践中,法官为了确保判决的正确性,一般会倾向于要求行政机关重新答复。

2."政府信息不存在"情形下的判决方式

现有的证据可以表明被告尽到了合理搜索义务,且没有证据证明原告申请的信息存在。针对这一情形,根据司法解释的规定,法院应当驳回原告的诉讼请求。此情形下不宜作出维持判决的理由是,行政机关虽尽了检索搜寻义务后认定信息不存在,但也不排除有遗漏的可能。

现有的证据可以表明被告尽到了合理搜索义务,但是庭审中的其他证据证明该政府信息存在(曾经存在过或者保存在其他地方)。在这种情况下,法院虽然认为行政机关尽了通常应尽的检索义务,但是由于出现了其他证据可以证明该政府信息的确存在过,若该信息已经灭失,行政机关已经不具备公开的可能性的,法院应当判决确认违法;若行政机关具有提供该信息的可能性的,则应当判决撤销原来的答复,责令重新答复。

被告不能证明其尽到合理搜索义务,没有证据证明原告申请的信息的确存在。对此,法院应当撤销被告所做的政府信息公开答复,责令被告重新答复。在这种情况下,不排除被告再次作出"政府信息不存在"答复的可能性。

被告不能证明其尽到合理搜索义务,有其他证据证明原告申请的信息的确存在(曾经存在过或者保存在其他地方)。对此,法院应当撤销被告所做的政府信息公开答复,并且在判决理由中表明原告申请的信息是存在的,责令其重新答复。法院的判决理由,构成对被告的重做指示,对被告具有拘束力。

3. 对申请前已获取相关政府信息的判决

一种观点认为,《条例》的立法本意是为了保障公民、法人和其他组织依法知悉、获取政府信息的权利,充分发挥政府信息对人民群众生产、生活和经济活动的服务作用。原告已通过其他渠道获取了所需的政府信息,且已证实内容真实无误的,从其结果上看,公民的知情权已得到了保障,立法的目的已经实现,可判决驳回诉讼请求。另一种观点认为,政府信息公开案件的审理对象是行政机关的政府信息公开行为,不能因为申请人已经获取了政府信息,就不再对行政机关的政府信息公开行为进行审查,直接判决驳回原告的诉讼请求不妥。

笔者认为,第一种观点从《条例》的立法目的着手,选择判决方式有其合理性。但是,采用这种判决思路,需要注意两点:第一,法院的审理对象依然是政府的信息公开行为的合法性,不能将审理对象转化为原告是否已经获得了系争政府信息。第二,要注意审查原告的诉讼理由的正当性。如果原告是为了核实手中文件的真伪,就不应当采用此判决方式。第三,要注意判断原告已经获得信息的途径是否正规,内容是否与申请事项完全一致。

余论　配套措施的思考和公益诉讼的构建

第一节　案件审结后相关配套措施的反思

行政案件的裁判,不仅具有评价作用,同时还具有指引作用。就政府信息公开案件而言,除了妥善选择合适的裁判方式,引导政府信息依法公开外,还需要配备相关的后续配套措施来切实落实、完善政府信息公开司法审查制度,即通过严格把控限期答复判决执行保障公众依法、及时、合理、全面、准确地获取政府信息,通过及时发送信息公开司法建议,督促行政机关依法履行政府信息公开的法定职责,通过创新发挥社会外部监督作用,推进政府信息公开工作的开展。

一、严格把控答复判决的执行

通过最高人民法院 2014 年 9 月 12 日发布的政府信息公开十大案例可以发现,政府信息公开诉讼中作出限期答复判决的比重较高,难以有效保障公众依法、及时、合理、全面、准确地获取政府信息。对于行政机关是否按期作出答复以及如何作出答复不仅事关法院权威的实现,更影响知情权的实现。

行政机关是否限期作出答复的本质是行政判决的执行问题,因此要提高限期答复判决实质执行的工作定位。撤销原来的政府信息公开答复,原来的申请依然有效,即使没有判决被告重新作出政府信息公开答复,行政机关也应当重新答复。[1] 毋庸置疑，人民法院的核心工作是以事实为依据，以法律为准绳，行使国家审判权。人民法院是国家审判机关，其任务是审判刑事案件、民事案件和行政案件，并且通过审判活动，惩办一切犯罪分子，解决民事争议，以保卫无产阶级专政制度，维护社会主义法制和社会秩序，保护社会主义的全民所有的财产、劳动群众集体所有的财产，保护公民私人所有的合法财产，保护公民的人身权利、民主权利和其他权利，保障社会主义建设事业的顺利进行。据《行政诉讼法》第七十二条之规定，经法院审查，若行政机关未在相应期间履行其法定职责[2]，则法院应当判决行政机关在一定期限内履行，并且对"限期履行"也是有严格把控要求的。[3]

政府信息公开案件判决的实质执行决定着行政争议实质性解决的虚实，又进而影响着行政权力监督的强弱和知情权保障的深浅，政府信息公开案件判决的有效执行也是保障法院判决公信力的应有之义。从法院自身角度出发，将判决执行情况列入法院负责人和执行法官的考核标准，能够加大法院整体的重视程度。将行政判决的执行情况列为法院工作报告的重要内容或者单列，接受人大的监督，将其作为主要负责人政绩考核的目标之一。从行政机关角度出发，政府信息公开工作年度报告关于因政府信息公开工作被申请行政复议、提起行政诉讼的情况，可以将法院政府信息公开案件判决的执行率，尤其是限期作出答复情况作为公布的必选内容和考核重点。

二、及时发送信息公开司法建议

行政诉讼司法建议，既是人民法院进行法制宣传的方法，更是扩大办案

---

[1] 殷勇：《政府信息公开案件的裁判标准和审查方式研究》，上海交通大学2011年硕士学位论文，第42页。

[2] 所谓"不履行法定职责"，主要表现是：1.拒绝履行；2.不予答复；3.拖延履行；4.不完全履行；5.不适当履行。《行诉解释》第九十一条规定的"违法拒绝履行或者无正当理由逾期不予答复"，应当包括上述五种情形。

[3] 根据《行诉解释》第九十一条规定，限期履行法定职责判决存在两种形态：一种是判决限期履行特定义务。原告请求被告履行法定职责的理由成立，被告违法拒绝履行或者无正当理由逾期不予答复的，判决被告限期履行原告申请的特定义务。另一种是判决限期履行法定职责。原告请求行政机关履行相关职责义务，行政机关未履行，人民法院经审理认为被告是否需要履行尚需行政机关进一步查明事实或作出裁量的，判决被告限期履行法定职责，对具体履行法定职责的结果，判决不作限定。为实质化解争议，人民法院应当更多地作出第一种形态限期履行特定义务的判决。

效果的手段,人民法院通过发送行政诉讼司法建议,可以有效延伸行政审判职能,能够极大地助益法治政府建设。我国行政诉讼司法建议制度与民事、刑事诉讼司法建议相比的特殊意义在于,其与法治政府建设有高度的关联性,能够作为司法体制改革中的一环并同步推进法治政府建设进程。[1] 充分发挥司法建议的作用有助于推进政府信息公开判决执行工作的落实。

在行政案件裁判审结后,对司法审查中发现的在政府信息公开中存在问题的行政机关,应当及时提出司法建议,指出其在政府信息公开中存在的错误或瑕疵。通过建议涉案的行政机关组织分管政府信息公开的负责人和从事政府信息公开工作人员前来旁听案件审理,使其通过参加庭审观摩,更多地了解行政审判工作情况,增强从事政府信息公开相关人员规范执法意识,帮助行政机关提升政府信息公开水平。更进一步的是,还可通过发布了政府信息公开审判白皮书,总结审理政府信息公开案件的基本情况,对个案的归类分析,总结出行政机关在政府信息公开中肯定和坚持的做法,以及政府信息公开存在的需要重视的问题,有针对性地提出改进意见,将对行政权力的监督落到实处。对于极端的情况,当行政机关拒绝履行判决,法院可以向监察机关或者该行政机关的上一级行政机关提出司法建议。

实定法背景下解决"执行难"的依据主要是《行政诉讼法》第九十六条[2],但凡涉及政府与法院之间关系的处理,往往存在着不可避免的担忧,地方政府在人、财、物方面对政府具有无形的牵制力。实际上法院作出的判决难以得到执行的情况并不少见,也印证了罚款、公告、司法建议等司法措施的执行力和威慑力不足,因此,仅凭《行政诉讼法》第九十六条难以解决行政诉讼判决的"执行难",还需要通过立法加以完善。具体而言,还需对上述措施的作出程序、执行方式、公告标准、司法建议的回复、拘留期限、拘留场所等

---

[1] 黄志勇、张萌萌:《行政诉讼司法建议制度的困境与扩展——以新行政诉讼法的实施为背景》,载《中国人民公安大学学报(社会科学版)》2017年第6期,第92-97页。

[2] 《行政诉讼法》第九十六条,行政机关拒绝履行判决、裁定、调解书的,第一审人民法院可以采取下列措施:(一)对应当归还的罚款或者应当给付的款额,通知银行从该行政机关的账户内划拨;(二)在规定期限内不履行的,从期满之日起,对该行政机关负责人按日处五十元至一百元的罚款;(三)将行政机关拒绝履行的情况予以公告;(四)向监察机关或者该行政机关的上一级行政机关提出司法建议。接受司法建议的机关,根据有关规定进行处理,并将处理情况告知人民法院;(五)拒不履行判决、裁定、调解书,社会影响恶劣的,可以对该行政机关直接负责的主管人员和其他直接责任人员予以拘留;情节严重,构成犯罪的,依法追究刑事责任。

进行细化和规范。

鉴于我国具有"立法规定谨慎,司法解释先行"的惯例,为充分发挥司法建议对"基本解决执行难"工作的助力作用,建议先由最高人民法院出台政府信息公开司法审查中对司法建议进行专门司法解释,同时全国各地的高级人民法院据本地的实际情况再细化司法解释的相关事项,以此来规范指导政府信息公开诉讼实践操作中司法建议工作的稳步开展及推广。

三、创新发挥社会外部监督作用

法院裁判的最终落脚点是执行,"判决容易,执行难"只会损害司法权威,降低公民司法维权的信心。在破解政府信息公开案件"执行难"的过程中,要从制度入手,建设严密的法治监督体系,除了司法监督或者行政机关的内部监督,还需要把目光转向社会监督。社会监督是由除国家机关和执政党以外的其他社会主体,如各民主党派、社会团体和人民群众等,对于执政党和国家机关及其工作人员的行为进行的监督活动。[1] 仅仅依靠司法监督或者行政机关的内部监督尚不能解决判决的全部执行问题,可引入社会公众参与监督,建立多元化的判决执行监督体系是对现有制度的创新和进步,综合利用司法、行政和社会途径。

目前,借助媒体曝光、主要街口公布、定点定期集中宣传等方式很大程度上解决了民事判决的"执行难",对于行政诉讼判决的执行亦可以借助媒体、街道LED曝光、集中曝光等方式将一些拒不执行的部门予以披露曝光,出于行政公务的社会公益性考虑,某些方式例如限制高消费和纳入失信被执行人名单的惩戒措施需要慎重考虑。

司法实践中人还存在人民监督员、社会监督员等制度,可以充分发挥此类制度的社会监督作用,甚至可以由人大牵头,法院、检察院、司法局共同参与发起成立政府信息公开案件执行情况社会监督员制度,调动社会公众的参与热情,提高社会监督的效果。

---

[1] 罗洪洋、殷祎哲:《社会主义法治监督体系的逻辑构成及其定位》,载《政法论丛》2017年第1期,第38-45页。

第二节　政府信息公开公益诉讼制度的构建

中央全面依法治国委员会第三次会议上,习近平总书记指出,要在党中央集中统一领导下,始终把人民群众生命安全和身体健康放在第一位。各级党委和政府要全面依法履行职责,坚持运用法治思维和法治方式开展疫情防控工作,在处置重大突发事件中推进法治政府建设,提高依法执政、依法行政水平。各有关部门要明确责任分工,积极主动履职,抓好任务落实。提高疫情防控法治化水平,切实保障人民群众生命健康安全。新型冠状肺炎疫情是全国人民面临的重大挑战,在这场没有硝烟的战争中信息公开是促进战役胜利的重要催化剂。在处置突发事件中深化推进政府信息公开是坚持依法防控的基本要求,是提升依法治理能力的重要体现。我国政府信息公开制度从无到有,的确是个不小的进步。但这种进步是建立在惨痛的代价基础上的。在没有政府信息公开制度之前,"在我国,政府掌握着80%的社会信息资源,但只有20%是公开的。政府信息一直处于封闭或半封闭状态,各种应予公开的政府信息没有公开,甚至许多涉及公众利益的规则并不为公众所知。"[1] 政府信息公开制度的面世部分地解决了政府信息封闭、垄断、不透明,甚至信息虚假的问题。但是,在当前的政府信息公开诉讼中,无论是依申请公开之诉还是主动公开之诉都存在不少的问题。[2] 特别是当行政机关不主动公开相关政府信息导致公共危机、危害人民群众人身财产安全的事情发生后,可否提起公益诉讼,是一个值得深入探讨的问题,也是政府信息公开之诉急需

---

[1] 林爱珺:《知情权的法律保障》,复旦大学出版社2010年版,第94页。
[2] 依申请公开之诉存在的问题,详情可见于立深:《依申请政府信息公开制度运行的实证分析——以诉讼裁判文书为对象的研究》,载《法商研究》2010年第2期,第23-31页。该学者认为:申请人对政府信息申请时的申请标准、行政机关对政府信息予以给付的标准、申请人在政府信息公开诉讼中的举证责任、行政机关形成政府信息的基础性义务与政府信息公开的履行性义务之间的关系等四个问题已经成为我国依申请政府信息公开制度运行中亟须解决的问题。笔者认为,政府主动公开制度最需要解决的是如何构建公益诉讼的问题,没有公益诉讼,就无法解决政府不及时、主动公开准确全面政府信息的问题,就无法保障公众的知情权。

解决的问题;另外,在政府信息公开诉讼中,利益权衡机制也存在颇多问题,仍需要进一步完善。

当前的政府信息公开诉讼,主要针对的是依申请公开的诉讼,通常都是申请人向行政机关申请公开政府信息,行政机关不当作为或者不作为侵犯了申请人的合法权益进而引发了诉讼;就算是反信息公开之诉,通常也是因行政机关公开了涉及商业秘密或者个人隐私的信息,这里有部分是主动公开引起,但大多数还是由于依申请公开引发的诉讼。这样的诉讼体制对于维护部分公众的知情权、商业秘密和个人隐私是奏效的。

但现实中还有这样的情形:"现行的诉讼制度无法保障知情权,一旦具体行政行为侵害了特定公民、法人或者其他组织的知情权,而该受害人由于各种原因,不对具体行政行为提起行政诉讼,其他公民、法人或者其他组织无权对该具体行政行为提起行政诉讼;抽象行政行为即使违法或侵害了不特定多数人的知情权,也不允许任何公民、法人或者其他组织对该抽象行政行为提起诉讼。这样的规定不符合国际上公认的救济理论,也不符合 WTO 规则。"[1] 这里首先要纠正的是:现行的诉讼制度不是无法保障知情权,而是不能完全保障知情权。这种情况首先表现在受害人由于各种缘由而放弃对行政机关的诉权时,就有可能放任了行政机关的违法行为,使得公众无法知晓行政机关的违法之处进而不能防范和预防,无法对其进行监督和纠正。这种情况下,受害人之外的其他主体可否提起公益诉讼?此外,当行政机关不主动公开相关政府信息,而申请人又认为这些信息与其利益密切相关,甚至由于行政机关不主动公开信息,而导致申请人人身财产受到损害的,可否提起行政公益诉讼?[2] 面对这种公众知情权得不到保障、因政府怠于发布信息而导致公众受到损害的情形,引进政府信息公开公益诉讼是非常必要的。

---

〔1〕 林爱珺:《知情权的法律保障》,复旦大学出版社 2010 年版,第 169 页。
〔2〕 如 2008 年"湖南退休职工在全国首告政府信息不公开"案,黄由俭、邓柏松等 5 位市民是原汝城县自来水公司的退休职工,其为了查清原公司在改制过程中存在的一系列问题,和汝城县部分退休干部一起,一直奔走在有关部门之间。但政府及各部门都没有向他们公开相关信息,于是他们向法院提起了政府信息公开之诉。详见赵文明:《透视〈政府信息公开条例〉实施后第一案》,载《法制日报》2008 年 5 月 6 日,第 8 版。近期发生的涉及政府信息公开的公益诉讼还有江苏启东因环境信息不公开而引发的争议(2012 年 7 月),还有 2014 年 4 月兰州自来水污染事件,一开始政府将污染定性为谣言,后来召开新闻发布会予以证实,引发人们对政府公开不实信息追责的讨论。

一、政府信息公开公益诉讼的意义及其必要性

随着社会的发展,我国公民的权利意识、主权意识趋于强烈,对行政机关的管理、服务水平要求越来越高,对于环境污染、突发性公共卫生事件、垄断性公共企事业单位乱收费,甚至是贪官污吏挪用公款耗费公帑都表示了极大的关注,希望知晓政府在这些严重涉及公共利益的重特大公共事件上的所作所为,更期待政府能在这些公共事件上有所作为,如果不能知晓、不能期待,公众想要通过行政公益诉讼实现诉求便成顺理成章之势。

(一)行政公益诉讼及政府信息公开公益诉讼的概念

"行政公益诉讼"已经成为行政诉讼领域的一个热门话题[1],人们总想通过行政公益诉讼改变一些令人不满的现状,监督和推动行政机关积极履行职责、造福于民,实现法治政府、依法行政的理想。所谓"行政公益诉讼,是指公民、法人或其他组织认为行政主体的行政行为(含对应不作为)侵犯了公共利益,依法以自己的名义诉诸法院,法院据此在双方当事人和其他诉讼参与人的参加下,对行政案件进行受理、审查,并作出相应裁判的司法活动。"[2] 实际上,公益是与私益相对应的概念,私益是指个人的利益,公益则是指公众的利益。当个人利益受到行政机关的侵犯,个人放弃追诉权,其他人是不能越俎代庖的。因此,关于上文所述当个人放弃诉权、其他人可否代替其提起"公益诉讼"的问题,笔者认为这种情况下不是公益诉讼,他人不能代其提起公益诉讼,因为作为公民个人,其有权放弃权利,其他人不能强迫其行使权利。但如果行政机关侵害的不仅是个人的权益,还侵犯到了不特定多数人的权益,其中一个公民放弃诉权,其他公民当然可以提起公益诉讼。

根据以上行政公益诉讼的概念,我们还不能全面掌握行政公益诉讼的内涵,有学者归纳了行政公益诉讼的特点,这样可助我们进一步理解,该学者认为:(1)原告通常不是被诉行政行为的直接利害关系人;(2)诉讼对象(诉讼客体)是行政机关的行政行为(包括作为或者不作为);(3)诉讼的目的往往

---

[1] 胡卫列:《论行政公益诉讼制度的建构》,载《行政法学研究》2012年第2期,第37-41页。
[2] 吕艳滨等:《行政诉讼法学的新发展》,中国社会科学出版社2013年版,第162页。

不是为了个案救济,而是为了维护公共利益;(4)诉讼的功能具有明显的预防性性质,因为诉讼的提起不以发生实质性的损害为要件,即对公益的侵害不需要现实地发生,防范侵害可能也可起诉;(5)判决的效力不限于诉讼当事人。[1] 对于这番总结,笔者部分赞同其观点,但根据笔者对行政公益诉讼的理解,行政公益诉讼应当不止这些内容。首先,对于诉讼原告的理解,该学者认为原告通常不是被诉行政行为的直接利害关系人,当然该学者没有绝对地肯定不是直接利害关系人,但从其阐述来看,其比较倾向于原告不是直接利害关系人。笔者认为,行政公益诉讼的原告可以是直接利害关系人,也可以不是。在现实中,有不少主体所提起的行政公益诉讼,其本身既是直接利害关系人,该案又涉及不特定群众的利益,如乔占祥诉铁道部春运涨价案,乔占祥本身是直接利害关系人,该案又涉及千家万户的利益。同样的,行政公益诉讼的目的既可以实现个案救济,同时也维护了公共利益,但它不仅仅是为了维护公共利益。其次,行政公益诉讼的功能不仅是防范侵害的可能,同时也是对有过错的行政行为的纠正,比如发布虚假"非典"疫情信息的行为,如果发起行政公益诉讼,不仅是防范未来有可能对社会公众的侵害,更是对已经造成的侵害的纠正。

知情权是公民的一项很重要的政治权利,具有较强的公益性。知情权救济制度的设计,应当充分考虑其公益性特点,救济目的不仅仅是为了维护原告的自身权益,还与公共利益相关,甚至纯粹是为了维护公共利益。[2] 因此,对于政府信息公开公益诉讼,我们可以界定如下:公民、法人或其他组织认为行政主体的政府信息公开行为(包括作为或者不作为)侵犯了公共利益,以自己的名义向人民法院起诉,人民法院依法审理并做出裁判的司法活动。据此,政府信息公开公益诉讼具有以下特点:首先,原告的多样性,即公民、法人或其他组织均可以起诉。基于权利可以放弃的法理,提起公益诉讼也需要是"利害关系人"这一要件,即原告必须是政府信息公开行为的利害关系人,无论是直接利害关系人还是间接利害关系人。其次,诉讼的目的具有多元性,即政府信息公开公益诉讼既是为了维护自己的合法权益,同时也是为了

---

[1] 王太高:《论行政公益诉讼》,载《法学研究》2002年第5期,第42—53页。
[2] 林爱珺:《知情权的法律保障》,复旦大学出版社2010年版,第170页。

维护不特定多数人的合法权益。最后,诉讼的社会功效的双重性,即既是对已经造成损害的行为的救济,也是对未来可能发生的危害的防范。

(二)构建政府信息公开公益诉讼的必要性

行政公益诉讼制度的必要性和可行性分析,宜建立在对既存主观诉讼制度的功能确认及其局限性分析之上。其实,建立任何一种制度,作为立法者,首先都要考虑其必要性,进而要考虑其可行性,尤其重要的是要分析其对社会经济发展的影响。总而言之,坚持科学的发展观,综合衡量各种利益和需求,是现代国家制度革新或者立法创制的重要原则。要使得行政公益诉讼在中国形成一种制度,也必须坚持这种原则,进行综合考虑。[1] 有学者认为:"行政公益诉讼蕴含的社会价值充分体现了现代社会国家福利行政、给付行政的客观要求。"[2] 这句话高度概括了政府信息公开公益诉讼的必要性——因为政府信息公开公益诉讼的社会价值充分体现了现代社会国家的客观要求。其具体体现在以下几个方面:

首先,政府信息公开公益诉讼体现了现代民主社会的发展方向。随着权利时代的到来,公民的权利意识、主权意识日渐强烈,参政意识和对公权力机关的监督意识日益增强。人们越来越清楚地认识到,在公民权利和国家权力的关系上,公民权利是源,国家权力来源于公民权利并为其服务,并要求国家担负起保障社会公众福利的责任,同时还赋予人民向国家请求保护其各种社会权益的权利。因此,当社会的公共利益遭受损害,特别是因国家怠于行使职权造成公共利益受损或对于公共利益保护不力时[3],应当赋予社会公众起诉公权力机关及其工作人员的权利,以示人民主权原则并实现对公权力的监督和督促。

其次,政府信息公开公益诉讼促进我国政府公开制度的改革与发展。自从政府信息公开制度正式建立以来,我国政府在政府信息公开方面做了很多努力,也取得了不少成绩,但问题仍然很多。有学者认为:"政府信息公开遭遇诉讼困境,极少有申请人获得实质性胜利,更有大量案件无法立案受理。"

---

[1] 杨建顺:《〈行政诉讼法〉的修改与行政公益诉讼》,载《法律适用》2012年第11期,第60-68页。

[2] 王太高:《论行政公益诉讼》,载《法学研究》2002年第5期,第42-53页。

[3] 同[2]。

"据北京市高院发布的信息显示,自《条例》实施以来,北京市由信息公开引起的行政诉讼共有10起,目前审结9起。在已经审结的9案中,有5起不予受理,2起驳回起诉,另有2起原告撤诉。"[1]这个数据统计尽管是2009年的统计,但至今仍然让人感受到其透出的阵阵寒意,让人觉得行政机关在政府信息公开方面是多么的缺乏诚意。还有学者统计:"从诉讼案例的统计结果看有关责任性的抱怨占整个诉讼案例总数的91%,其中因政府不作为而引起的诉讼数占26.9%。"[2]该学者所指"责任性抱怨"想必是指人民群众对行政机关不能切实履行法定义务的不满,由于政府不作为而引起的诉讼恐怕只是依申请公开中的行政不作为,应当主动公开的行政不作为可能还没有算进去,如果再加上因没有主动公开而引起的诉讼的话,可能所占比例还会更高。在这样的情况下,构建政府信息公开公益诉讼,必能促进我国政府信息公开制度的改革和发展。

最后,政府信息公开公益诉讼是更好地保障公民合法权益的需要。前文已述,当前的政府信息公开诉讼还不能很好地保障公众的知情权,致使我国公民政治参与受到较大的阻碍,导致很多"不知情的同意"和"盲目的赞成"现象的发生。当前的政府信息公开申请,有不少被各级行政机关以"信息不存在""信息属于国家秘密""信息公开可能危及国家安全、公共安全、经济安全和社会稳定"为借口而拒绝公开。正因为没有知情权,得不到有用的信息,致使社会公众无法定夺或者错误判断与自身利益相关的事情,使其利益大受损害。特别是面对那些突如其来的公共卫生、环境污染以及其他的天灾人祸,政府部门还故意隐瞒或者故意发布一些虚假信息,致使社会公众受到误导,蒙受损失。在这种情况下,构建政府信息公开公益诉讼,赋予更多的人拿起法律武器,让他们自保保人,能更好地保障公民的合法权益。

二、政府信息公开公益诉讼的法理基础

公益诉讼不是现在才有的制度,早在古罗马时期公益诉讼就开始出现。

---

[1] 陈仪:《政府信息公开如何走出诉讼困境》,载《行政法学研究会2009年年会论文集》(下册),会议时间:2009年8月23日,第585页。

[2] 李晓方:《政府信息公开公众满意度影响因素分析——基于信息公开诉讼案例的多文本比较》,载《山东行政学院山东省经济管理干部学院学报》2010年第4期,第14-16页。

据意大利罗马法学家彼德罗·彭梵对古罗马法律制度的考察,古罗马时期"人们称那些为维护公共利益而设置的罚金诉讼为民众诉讼",即今日我们所称的"公益诉讼",该类诉讼所有古罗马市民均有权提起。我国著名罗马法学家周枏在《罗马法原论》一书中也指出:"公益诉讼是为保护公共利益的诉讼,除法律有特别规定外,凡市民均可提起。"[1]公益诉讼从其产生的时候起,它的诉讼目的就是为了保护公共利益,诉讼原告没有限制,只要是罗马市民均具有原告资格。

有学者认为,美国的公益诉讼制度最具代表性:"美国的行政公益诉讼主要表现在判例基础上发展起来的所谓'私方司法长官理论'。其要旨是:在请求复审政府行为合法性的诉讼中,应保护的是公共权利,而不是私方当事人的权利;因此,作为公共代表的立法机关就可以根据它的意愿把保护公共利益的任务委托给别人。"[2]在美国公益诉讼理论中,认为针对政府行为合法性的诉讼都是公益诉讼,其保护的是公共利益,而不仅仅是起诉的原告的个人利益,立法机关将公益诉讼的原告资格确定为不特定的社会公众。

我国《行政诉讼法》第二条规定:"公民、法人或者其他组织认为行政机关和行政机关工作人员的行政行为侵犯其合法权益,有权依照本法向人民法院提起诉讼。"条文中所规定的"行政行为"当然包括作为和不作为,也包括具体行政行为和抽象行政行为,无论是哪种行政行为,只要其实际影响了公民、法人或者其他组织的权利义务,即有权提起行政诉讼;而"侵犯"可以是直接侵犯,也可以是间接侵犯,因此,在法律关系上,可以是直接利害关系人,也可以是间接利害关系人。前文所述的行政机关怠于发布相关疫情的信息,甚至公开的是虚假的疫情信息,其所造成的损害当然是直接的损害,其所形成的法律关系,具有直接的利害关系。直接或者间接受害人均可提起行政诉讼。诉讼的目的、宗旨、社会效力当然不仅是维护当事人个人的切身利益,同时也维护了社会公众的利益,属于公益诉讼。有学者认为:"对于限制公众知情权的具体行政行为,当事人认为其知情权受到侵害,可以请求救济,理论上对此没有争议。对于限制公众知情权的抽象行政行为是否具有可诉性,不同

---

[1] 周枏:《罗马法原论》(下),商务印书馆1996年版,第886页。
[2] 林爱珺:《知情权的法律保障》,复旦大学出版社2010年版,第158页。

国家的法律有不同规定，多数国家允许对其进行司法审查。"〔1〕如果一定要划分具体行政行为和抽象行政行为的话，可以说，依申请公开的不当行政行为是限制公众知情权的具体行政行为，而不履行主动公开义务的行政行为当是抽象行政行为，因为后者所针对的是不特定的多数人；但新《行政诉讼法》的立法精神已经摒弃了"具体"与"抽象"行政行为的僵化划分，而统一以"行政行为"指代所有实际影响了公民、法人或者其他组织的权利义务的行为。因此，该条款同样是公益诉讼的法律基础。

旧《条例》第三十三条规定："公民、法人或者其他组织认为行政机关不依法履行政府信息公开义务的，可以向上级行政机关、监察机关或者政府信息公开工作主管部门举报。收到举报的机关应当予以调查处理。公民、法人或者其他组织认为行政机关在政府信息公开工作中的具体行政行为侵犯其合法权益的，可以依法申请行政复议或者提起行政诉讼。"该条款规定了公民、法人或者其他组织对于不依法履行政府信息公开义务的行政机关的举报、监督权和诉权，对于不主动公开政府信息的行为，以上主体无疑也应当有诉权。可见这里并没有排除提起公益诉讼，而且规定只要相关主体"认为行政机关在政府信息公开工作中的具体行政行为侵犯了其合法权益的"即可提起行政诉讼，这里也并没有排除对行政机关不主动公开政府信息的公益诉讼。而且"政府信息公开，不仅是各级行政机关的职责，也是要依靠全社会共同努力的事情"〔2〕。可见旧《条例》的条文中也蕴含着公益诉讼的立法精神的。

旧《条例》第三十五条规定："不依法履行政府信息公开义务的；不及时更新公开的政府信息内容、政府信息公开指南和政府信息公开目录的"由监察机关、上一级行政机关责令改正；情节严重的，对行政机关直接负责的主管人员和其他直接责任人员依法予以处分；构成犯罪的，依法追究刑事责任。这里所指的"公开义务"显然也包括了主动公开的义务，不主动公开政府信息，构成犯罪的，要依法追究刑事责任，追究刑事责任明显属于公诉行为，根据"举重以明轻"的原则，通过行政公诉（行政公益诉讼）追究政府信息公开

---

〔1〕 林爱珺：《知情权的法律保障》，复旦大学出版社2010年版，第176页。
〔2〕 曹康泰主编：《中华人民共和国政府信息公开条例读本》，人民出版社2009年版，第107页。

行政违法的责任也是立法精神里所蕴含了的。

三、政府信息公开公益诉讼的制度设计

如果适度开放行政公益诉讼是方向,那么目前通过政府信息公开打开司法之门或许是现实选择。[1] 因为政府信息公开诉讼的基本理论来自行政诉讼理论,因此政府信息公开公益诉讼的制度设计,当然也可以借鉴行政公益诉讼的研究成果。下面,笔者就从政府信息公开公益诉讼的受案范围、原告、诉讼程序等三个方面来对该制度做个初步设计。

首先,政府信息公开公益诉讼的受案范围显然仅限于与公共利益有关的政府信息公开案件。"公共利益"是个极其难界定的概念,目前学界还未能有一个为人们所共同承认的统一的概念。主要的观点有:"社会公共利益是指特定范围的广大公民所能享受的利益"[2],这是"社会公共利益"的概念,泛指社会公众都能享受到的利益,同时亦指关涉社会大众的利益。另外,该学者在其他著作对"公共利益"又有内容稍不同的解释:"我国《宪法》和《物权法》均明确规定国家实施土地征收必须是'为了公共利益的需要',何为公共利益,法律并无明确界定。一般认为,公共利益是指有关国防、教育、科技、文化、卫生等关系国计民生的利益其无法在市场中自动实现,需要通过政府的行政行为完成。"[3] 这个概念归纳得比较具体详细,突出了公共利益的基础性——关系国计民生,而且不能自动实现,必须借助国家公权力方能推动和完成。在政府信息公开公益诉讼中,涉及公共利益的政府信息当然是那些与社会大众的利益密切相关的信息,如市场物价、教育收费、食品安全、公共治安、医疗卫生、传染病疫情等等,关于这些政府信息的公开或者不公开的案件,就是政府信息公开公益诉讼的受案范围。无论是哪个主体提起的诉讼,其诉讼的社会功效必须都会关涉社会上大众的利益,具有十分明显的公益性

---

[1] 杨伟东:《政府信息公开申请人资格及其对行政诉讼原告资格的发展——以中华环保联合会诉修文县环保局案为分析基点》,载《行政法学研究》2017年第1期,第60-74页。

[2] 江必新等:《最高人民法院指导性案例裁判规则理解与适用·民事诉讼卷(下)》,中国法制出版社2014年版,第423页。

[3] 江必新等:《最高人民法院指导性案例裁判规则理解与适用·房地产卷》,中国法制出版社2014年版,第178页。

质。其他只关涉诉讼当事人利益的信息公开之诉,就不具有公益性,不是公益诉讼的受案范围。

其次,政府信息公开公益诉讼原告的确定。关于行政公益诉讼原告的确定,学界有一元论、二元论和多元论的观点。[1] 一元论者,意指只有特定的国家机关(检察机关)才是提起行政公益诉讼的适格主体。一元论的缺陷是很明显的,因为作为公权力机关,检察机关也有怠于履行职责的时候,制度之外还得再构建一个监督检察机关行使公益诉讼权力的制度,架屋叠床,徒耗社会司法资源。二元论者,意指只有特定的国家机关和社会团体才是适格原告,其他主体被排除在外,特定的国家机关通常特指检察机关,社会团体则无法统一观点,常常会陷入无休止的争论。笔者主张多元论的观点,即特定的国家机关、社会组织和公民均可以是行政公益诉讼的适格主体。这样的制度选择的优越性是显而易见的,它更能够及时、全面地维护公共利益。有学者担心公益诉讼原告资格扩大化之后,"任何公民都可以对政府任何行为提起诉讼,无异于直接民主、'广场民主'的现代翻版,人人都可以一不高兴就起诉政府,法院必将陷入公民诉讼的汪洋大海"[2]。其实,此观点值得商榷。第一,一个理性的人从来都是"无利不起早",他不可能平白无故地提起公益诉讼,毕竟公益诉讼不是说诉就诉,总得要一定的时间、精力、金钱作为代价的,但凡一个人舍得付出这些东西,说明该诉讼是值得的,并不存在无理闹诉的可能;如果真有人故意刁难政府,也可以设计一定的制度来过滤和防范。第二,最好的民主无异于直接民主和广场民主,之所以后来产生了代议制和间接民主,是因为人口众多,无法人人都要直接参与决策和管理,因此,以害怕直接民主为理由而拒绝社会公众参与公益诉讼是不可理喻的。据此,在政府信息公开公益诉讼中,笔者认为特定国家机关、社会团体组织和公民个人,都可以是公益诉讼的适格原告,只要其与政府信息公开行为有直接或者间接的利害关系即可。有学者甚至提出:"为了有效维护公共利益,必须赋予与行政行为没有直接利害关系的人提起诉讼的权利。"[3]其意即公益诉讼原告当然包括了直接利害关系人和间接利害关系人。

---

[1] 赵许明:《公益诉讼模式比较与选择》,载《比较法研究》2003年第2期,第68-74页。
[2] 杨涛:《行政公益诉讼需要合理边界》,载《民主与法制时报》2006年4月24日,第15版。
[3] 黄学贤:《行政公益诉讼若干热点问题探讨》,载《法学》2005年第10期,第45-52页。

最后,关于政府信息公开公益诉讼的程序设计,其实与普通行政诉讼差不多,都有管辖、立案、审理和执行等这些诉讼阶段。诉讼管辖当然以属地原则为主,排除属地之外主体跨界提起公益诉讼,跨地区或者全国性的专门公益组织除外,级别管辖与普通行政诉讼一样。有学者认为,在提请人民法院司法审查之前,应当设置一个"检察机关提起公诉的前置程序"来对公益诉讼进行过滤,这样可以"节约司法资源、体现对行政自制的尊重、有利于促进社会和谐"〔1〕。笔者认为这个前置程序大可不必,我们要相信法院立案审查的职能,不符合立案条件的,法院当然不会让其立案;另外,检察机关仅是公益诉讼的原告之一,如果其他主体提起公益诉讼也必须先向检察机关申请,这样的制度真是太糟糕了,至于对行政自制的尊重更不是前置程序设置的理由,在法律面前只有两种行为:要么守法、要么违法,守法行为应当受到嘉奖,违法行为应当受到谴责,与尊重不尊重无关,扯到社会和谐更加没必要了。其他程序与普通行政诉讼一致,在此不赘述。

政府信息公开制度是在我国已确立多年且不断发展的重要制度,并被确立为未来发展的重点。党的十八届四中全会明确指出,政务公开要"坚持以公开为常态、不公开为例外原则"。通过政府信息公开诉讼打开司法之门是现实选择。如果适度开放行政公益诉讼是方向,那么目前通过政府信息公开打开司法之门或许是现实选择。通过政府信息公开作为行政公益诉讼突破口,应当说不仅契合政府信息公开的本质和精神,而且符合循序渐进推进行政公益诉讼的发展思路。〔2〕 政府信息公开公益诉讼是一个庞大复杂的课题,笔者在此仅做蜻蜓点水式的初步探讨和研究,更多、更深入的研究有待日后有机会再进行。

---

〔1〕 胡卫列:《论行政公益诉讼制度的建构》,载《行政法学研究》2012年第2期,第37-41页。
〔2〕 杨伟东:《政府信息公开申请人资格及其对行政诉讼原告资格的发展——以中华环保联合会诉修文县环保局案为分析基点》,载《行政法学研究》2017年第1期,第60-74页。

参 考 文 献

一、中文著作

[1] [德]哈特穆特·毛雷尔.行政法学总论[M].高家伟,译.北京:法律出版社,2000.

[2] 袁曙宏,方世荣,黎军.行政法律关系研究[M].北京:中国法制出版社,1999.

[3] 胡建淼.行政法学[M].2版.北京:法律出版社,2003.

[4] 杨海坤,章志远.中国行政法基本理论研究[M].北京:北京大学出版社,2014.

[5] [美]汉斯·凯尔森.法律与国家[M].北京:北京大学出版社,1983.

[6] [美]罗纳德·德沃金.认真对待权利[M].信春鹰,吴玉章,译.上海:上海三联书店,2008.

[7] 杨海坤,黄学贤.行政诉讼:基本原理与制度完善[M].北京:中国人事出版社,2005.

[8] [法]古斯塔夫·佩泽尔.法国行政法[M].19版.北京:国家行政学院出版社,2002.

[9] [日]盐野宏.行政法总论[M].杨建顺,译.北京:北京大学出版社,2008.

[10] 王名扬.英国行政法[M].北京:北京大学出版社,2007.

[11] [德]弗里德赫尔穆·胡芬.行政诉讼法[M].莫光华,译.5版.北京:法律出版社,2003.

[12] 李广宇.政府信息公开诉讼:理念、方法与案例[M].北京:法律出版社,2009.

[13] 齐爱民,张万洪.电子化政府与政府信息公开法研究[M].武汉:武汉大学出版社,2008.

[14] [英]威廉·韦德.行政法[M].楚建,译.北京:中国大百科全书出版社,1997.

[15] 国务院法制办公室.中华人民共和国信息公开条例注释与配套[M].北京:中国法制出版社,2008.

[16] 应松年.外国行政程序法汇编[M].北京:中国法制出版社,2004.

[17] 萧榕.世界著名法典选编(行政法卷)[M].北京:中国民主法制出版社,1997.

[18] 姜明安.行政法与行政诉讼法[M].6版.北京:北京大学出版社,高等教育出版社,2015.

[19] 刘杰.日本信息公开法研究[M].北京:中国检察出版社,2008.
[20] 王少辉.迈向阳光政府:我国政府信息公开制度研究[M].武汉:武汉大学出版社,2010.
[21] 北京大学公众参与研究与支持中心.政府信息公开公民指南[M].北京:法律出版社,2011.
[22] [日]和田英夫.现代行政法[M].倪健民,潘世圣,译.北京:中国广播电视出版社,1993.
[23] [日]室井力.日本现代行政法[M].吴微,译.北京:中国政法大学出版社,1995.
[24] 黄学贤.中国行政程序法的理论与实践:专题研究述评[M].北京:中国政法大学出版社,2007.
[25] 黄学贤,陈仪.行政诉讼若干问题研究[M].厦门:厦门大学出版社,2008.
[26] 应松年.行政程序法立法研究[M].北京:中国法制出版社,2001.
[27] 马怀德.行政诉讼原理[M].北京:法律出版社,2003.
[28] 叶必丰,徐晨.行政法与行政诉讼法案例[M].北京:中国人民大学出版社,2004.
[29] 张树义.行政法与行政诉讼法学[M].北京:高等教育出版社,2002.
[30] 张正钊,韩大元.比较行政法[M].北京:中国人民大学出版社,1998.
[31] 王名扬.美国行政法:上、下[M].北京:中国法制出版社,2007.
[32] 章剑生.现代行政法基本理论[M].北京:法律出版社,2008.
[33] 陈新民.中国行政法学原理[M].北京:中国政法大学出版社,2002.
[34] 孔祥俊.行政诉讼证据规则与法律适用[M].北京:人民法院出版社,2005.
[35] 屠振宇.行政诉讼法实务指导[M].北京:中国法制出版社,2007.
[36] 杨建顺.比较行政法:方法、规制与程序[M].北京:中国人民大学出版社,2007.
[37] 罗豪才,等.软法与公共治理[M].北京:北京大学出版社,2006.
[38] 周佑勇.行政法原论[M].2版.北京:中国方正出版社,2005.
[39] 张兴祥.行政法合法预期保护原则研究[M].北京:北京大学出版社,2006.
[40] 方世荣.论行政相对人[M].北京:中国政法大学出版社,2000.
[41] 孙笑侠.法律对行政的控制:现代行政法的法理解释[M].济南:山东人民出版社,1999.
[42] 宋功德.行政法哲学[M].北京:法律出版社,2000.
[43] 翁岳生.行政法:上、下[M].北京:中国法制出版社,2009.
[44] 吴庚.行政法之理论与实用[M].增订8版.北京:中国人民大学出版社,2005.
[45] 段尧清.政府信息公开:价值、公平与满意度[M].北京:中国社会科学出版社,2013.

［46］胡建淼.中国现行行政法律制度［M］.北京：中国法制出版社,2011.

［47］王万华.知情权与政府信息公开制度研究［M］.北京：中国政法大学出版社,2013.

［48］辽宁省政务公开工作协调小组办公室.《中华人民共和国政府信息公开条例》学习读本［M］.沈阳：辽宁人民出版社,2007.

［49］周汉华.中华人民共和国政府信息公开条例草案（专家建议稿）［M］.北京：中国法制出版社,2003.

［50］关保英.行政法案例教程［M］.修订版.北京：中国政法大学出版社,2013.

［51］朱景文.法理学［M］.北京：中国人民大学出版社,2008.

［52］张龙.行政知情权的法理研究［M］.北京：北京大学出版社,2010.

［53］余凌云.行政法讲义［M］.2版.北京：清华大学出版社,2014.

［54］蔡定剑.宪法精解［M］.2版.北京：法律出版社,2006.

［55］应松年.行政法与行政诉讼法词典［M］.北京：中国政法大学出版社,1992.

［56］章剑生.行政法与行政诉讼法［M］.北京：北京大学出版社,2014.

［57］叶必丰.行政法与行政诉讼法［M］.3版.北京：中国人民大学出版社,2011.

［58］马怀德.行政法与行政诉讼法学案例教程［M］.北京：知识产权出版社,2014.

［59］孙笑侠.程序的法理［M］.北京：商务印书馆,2005.

［60］张新宝.隐私权的法律保护［M］.2版.北京：群众出版社,2004.

［61］江必新,何东宁,李延忱,等.最高人民法院指导性案例裁判规则理解与适用·民事诉讼卷：下［M］.北京：中国法制出版社,2014.

［62］胡建淼.中外行政法规：分解与比较：下［M］.北京：法律出版社,2004.

［63］李广宇.政府信息公开司法解释读本［M］.北京：法律出版社,2011.

［64］［美］约翰·罗尔斯.正义论［M］.何怀宏,等译.北京：中国社会科学出版社,1988.

［65］关保英.比较行政法学［M］.北京：法律出版社,2008.

［66］高新华.行政诉讼原告论［M］.北京：中国人民公安大学出版社,2006.

［67］江必新.中国行政诉讼制度的完善：行政诉讼法修改问题实务研究［M］.北京：法律出版社,2005.

［68］中华人民共和国国务院新闻办公室.国家人权行动计划2009—2010年［M］.北京：人民出版社,2009.

［69］刘恒.政府信息公开制度［M］.北京：中国社会科学出版社,2004.

二、中文期刊论文

［1］周佑勇.公民行政法权利之宪政思考［J］.法制与社会发展,1998(02):8-11.

[2] 周佑勇.依法行政与推进行政程序立法[J].东南法学,2014(00):1-7.

[3] 周佑勇.行政不作为构成要件的展开[J].中国法学,2001(05):64-73.

[4] 孟鸿志,张彧.政府信息公开主体的重构:以"三张清单"制度为路径[J].行政法学研究,2016(01):3-13.

[5] 孟鸿志,王欢.我国行政复议制度的功能定位与重构:基于法律文本的分析[J].法学论坛,2008(03):45-50.

[6] 李广宇.政府信息公开诉讼的证据、审理与判决[J].人民司法,2010(07):7-13.

[7] 沈定成,孙永军.司法公开的权源、基础及形式:基于知情权的视角[J].江西社会科学,2017,37(02):207-214.

[8] 侯丹华.政府信息公开行政诉讼有关问题研究[J].行政法学研究,2010(04):55-61.

[9] 许莲丽.论政府信息主动公开的行政诉讼[J].河北法学,2009,27(10):68-72.

[10] 王立泉,王宝治,陈开泰.关于行政诉讼适格被告定义及范围[J].理论学习与研究,1999(06):29-31.

[11] 许莲丽.政府信息公开诉讼中的秘密审查制度:美国的实践[J].环球法律评论,2011,33(03):92-98.

[12] 章剑生.知情权及其保障:以《政府信息公开条例》为例[J].中国法学,2008(04):145-156.

[13] 章剑生.阳光下的"阴影":《政府信息公开条例》中"不公开事项"之法理分析[J].政法论丛,2009(06):10-18.

[14] 倪洪涛.依申请信息公开诉讼周年年度调查报告:基于透明中国网刊载的40宗涉诉案的考察[J].行政法学研究,2009(04):52-61,137.

[15] 于立深.依申请政府信息公开制度运行的实证分析:以诉讼裁判文书为对象的研究[J].法商研究,2010,27(02):23-31.

[16] 周良玉.政府信息公开和行政诉讼[J].法治研究,2008(08):78-79.

[17] 李广宇.政府信息公开诉讼的受案范围与当事人[J].人民司法,2010(05):89-94.

[18] 关保英.论行政相对人的程序权利[J].社会科学,2009(07):100-107,190.

[19] 黄学贤,梁玥.政府信息公开诉讼受案范围研究[J].法学评论,2010,28(02):71-76.

[20] 王勇.国外政府信息公开的救济制度及对我国的启示[J].行政与法,2012(01):6-10.

[21] 刘颖.挑战或机遇:政府信息公开诉讼对我国行政审判的理论及实践意义[J].法律适用,2009(04):32-34.

[22] 浙江省高级人民法院课题组.政府信息公开行政诉讼案件疑难问题研究:以浙江法院审理的行政案件为实证样本[J].行政法学研究,2009(04):21-28.

[23] 王振清.政府信息公开诉讼原告资格问题研究[J].行政法学研究,2009(04):13-20,67.

[24] 杨晓丹.政府信息公开行政诉讼当事人若干问题的探讨[J].福建农林大学学报(哲学社会科学版),2010,13(01):77-80.

[25] 关保英.行政诉讼中原告提供证据行为研究[J].法律适用,2011(07):50-55.

[26] 陈明湖.政府信息公开诉讼中证明责任的失范与重构[J].法治研究,2011(01):99-103.

[27] 林鸿潮,许莲丽.论政府信息公开诉讼中的证明责任[J].证据科学,2009,17(01):33-41.

[28] 江必新,李广宇.政府信息公开行政诉讼若干问题探讨[J].政治与法律,2009(03):12-27.

[29] 蔡金荣.政府信息公开行政诉讼运作规则探析[J].法治论丛(上海政法学院学报),2009,24(05):22-28.

[30] 王太高.我国需要什么样的公益诉讼[J].南京大学法律评论,2009(02):346-350.

[31] 王克稳.论行政拒绝行为及其司法审查:以郑广顺申请规划认定案为例[J].安徽大学法律评论,2009(02):110-125.

[32] 马怀德.完善《行政诉讼法》与行政诉讼类型化[J].江苏社会科学,2010(05):110-116.

[33] 钱振勤,赵春雷.论信息公开中政府公信力的维护与提升[J].南京师大学报(社会科学版),2012(02):48-53.

[34] 胡晓军.知情权实现的障碍及因应机制:基于政府信息公开实践的研究[J].社会科学家,2012(02):101-105.

[35] 杨小军.过程性政府信息的公开与不公开[J].国家检察官学院学报,2012,20(02):73-78.

[36] 郭道晖.知情权与信息公开制度[J].江海学刊,2003(01):127-133,207.

[37] 李昌道.世贸法律规则和中国司法审查[J].复旦学报(社会科学版),2002(06):95-99,106.

[38] 杜钢建.知情权制度比较研究:当代国外权利立法的新动向[J].中国法学,1993(02):109-115.

[39] 杨小军.行政被告资格辨析[J].法商研究,2003(06):54-61.

[40] 薛刚凌,王霁霞.论行政诉讼制度的完善与发展:《行政诉讼法》修订之构想[J].政法论坛,2003(01):138-146.

[41] 梁凤云.《行政诉讼法》修改八论[J].华东政法大学学报,2012(02):102-110.

[42] 李广宇.反信息公开行政诉讼问题研究[J].法律适用,2007(08):48-51.

[43] 朱芒.公共企事业单位应如何信息公开[J].中国法学,2013(02):147-163.

[44] 贺海仁.获取政府好信息与法治政府:以不予公开政府信息为分析对象[J].河北法学,2014,32(08):42-52.

[45] 王锡锌.政府信息公开语境中的"国家秘密"探讨[J].政治与法律,2009(03):2-11.

[46] 张新宝.从隐私到个人信息:利益再衡量的理论与制度安排[J].中国法学,2015(03):38-59.

[47] 王军."政府信息"的司法认定:基于86件判决的分析[J].华东政法大学学报,2014(01):72-83.

[48] 殷勇."政府信息不存在"情形下的司法审查[J].法学,2012(01):58-63.

[49] 蒋红珍.从"知的需要"到"知的权利":政府信息依申请公开制度的困境及其超越[J].政法论坛,2012,30(06):71-79.

[50] 赵正群,宫雁.美国的信息公开诉讼制度及其对我国的启示[J].法学评论,2009,27(01):80-89.

[51] 刘权.目的正当性与比例原则的重构[J].中国法学,2014(04):133-150.

[52] 章志远.信息公开诉讼运作规则研究[J].苏州大学学报,2006(03):32-39.

[53] 甘一宏.政府信息公开之行政诉讼制度改革[J].重庆电子工程职业学院学报,2010,19(01):37-39.

[54] 周永坤.全球化与法学思维方式的革命[J].法学,1999(11):9-14.

[55] 李广宇.政府信息公开行政诉讼的当事人[J].电子政务,2009(04):43-51.

[56] 梁艺."滥诉"之辩:信息公开的制度异化及其矫正[J].华东政法大学学报,2016,19(01):177-191.

[57] 王锡锌.滥用知情权的逻辑及展开[J].法学研究,2017,39(06):41-60.

[58] 沈岿.信息公开申请和诉讼滥用的司法应对:评"陆红霞诉南通市发改委案"[J].法制与社会发展,2016,22(05):21-33.

[59] 程洁.资格限制还是经济约束:政府信息公开申请主体的制度考量[J].清华法学,2017,11(02):126-138.

[60] 耿宝建,周觅.政府信息公开领域起诉权的滥用和限制:兼谈陆红霞诉南通市发改委政府信息公开案的价值[J].行政法学研究,2016(03):32-40.

[61] 李广宇,耿宝建,周觅.政府信息公开非正常申请案件的现状与对策[J].人民司法,2015(15):4-9.

[62] 陆永棣.从立案审查到立案登记:法院在社会转型中的司法角色[J].中国法学,2016(02):204-224.

[63] 程琥.新条例实施后政府信息公开行政诉讼若干问题探讨[J].行政法学研究,2019(04):13-31.

[64] 蒋红珍.面向"知情权"的主观权利客观化体系建构:解读《政府信息公开条例》修改[J].行政法学研究,2019(04):41-54.

[65] 湛中乐,李烁.公民滥用政府信息获取权的法律规制:兼评《政府信息公开条例》的修订[J].中国行政管理,2019(04):19-25.

[66] 王雾霞.高校信息公开的法律规制逻辑:以 32 起高校信息公开行政诉讼案件为切入点的分析[J].国家教育行政学院学报,2019(01):55-61.

[67] 彭錞.公共企事业单位信息公开:现实、理想与路径[J].中国法学,2018(06):89-108.

[68] 江悦.论我国政府信息公开申请权滥用的司法规制之路[J].河北法学,2018,36(10):160-172.

[69] 高秦伟.美国政府信息公开申请的商业利用及其应对[J].环球法律评论,2018,40(04):135-151.

[70] 黄学贤,杨红.政府信息公开诉讼理论研究与实践发展的学术梳理[J].江苏社会科学,2018(03):183-194.

[71] 后向东.论我国政府信息公开制度变革中的若干重大问题[J].行政法学研究,2017(05):99-112.

[72] 郑涛.信息公开缠讼现象的政法逻辑[J].法制与社会发展,2017,23(05):24-39.

[73] 王贵松.信息公开行政诉讼的诉的利益[J].比较法研究,2017(02):19-30.

[74] 杨伟东.政府信息公开申请人资格及其对行政诉讼原告资格的发展:以中华环保联合会诉修文县环保局案为分析基点[J].行政法学研究,2017(01):60-74.

[75] 杨建生.论美国政府信息公开诉讼中知情权与隐私权的冲突与平衡[J].河北法学,2015,33(05):133-143.

[76] 郭泰和.立法扩展与实践局限:公共企事业单位信息公开诉讼的路径选择——以《政府信息公开条例》"参照"规定的实现为视角[J].行政法学研究,2014(03):94-100.

[77] 余凌云.政府信息公开的若干问题基于 315 起案件的分析[J].中外法学,2014,26(04):907-924.

[78] 杨建生.论美国政府信息公开诉讼的审查标准及启示[J].河北法学,2014,32(04):156-163.

[79] 高鸿.滥诉之殇引发的再思考[J].中国法律评论,2016(04):37-42.

[80] 吕艳滨.日本对滥用政府信息公开申请权的认定[J].人民司法,2015(15):14-17.

[81] 赵清林.类型化视野下行政诉讼目的新论[J].当代法学,2017,31(06):64-74.

[82] 江必新.论行政争议的实质性解决[J].人民司法,2012(19):13-18.

[83] 邓刚宏.论我国行政诉讼功能模式及其理论价值[J].中国法学,2009(05):53-65.

三、英文文献

[1] KLOSEK J. The right to know: Your guide to using and defending freedom of Information Law in the United States[M]. Santa Barbara, CA: Praeger, 2009.

[2] XIAO W B. Freedom of information reform in China: Information flow analysis[M]. London: Routledge, 2011.

[3] United Nations. Universal Declaration of Human Rights[Z]. United Nations, 2008.

[4] Birkinshaw P. Freedom of information: The Law, the practice and the ideal[M]. 4th ed. Cambridge: Cambridge University Press, 2010.

[5] Roberts A, Blacked out: Government secrecy in the information age[M]. Cambridge: Cambridge University Press, 2008.

[6] Meyer P. The vanishing newspaper: Saving journalism in the information age[M]. 2nd ed. Columbia, MO: University of Missouri Press, 2009.

[7] Cuadrado-Ballesteros B, Frías-Aceituno J, Martínez-Ferrero J. The role of media pressure on the disclosure of sustainability information by local governments[J]. Online Information Review, 2014, 38(1): 114-135.

[8] Skarl S, Yunkin M, Timothy Skeers T. Government information at Lied Library[J]. Library Hi Tech, 2005, 23(3): 323-333.

[9] Maeder E M, Yamamoto S, Saliba P. The influence of defendant race and victim physical attractiveness on juror decision-making in a sexual assault trial[J]. Psychology, Crime & Law, 2015, 21(1): 62-79.

[10] Helbig H B, Graf M, Kiefer M. The role of action representations in visual object recognition[J]. Experimental Brain Research, 2006, 174(2): 221-228.

[11] Anonymous, Mexico. Article 19 launches nationwide campaign for protection of journalists[Z]. BBC Monitoring Media, 2008.

[12] Willey L, Ford J C, White B J, et al. Trade Secret Law and information systems: Can your students keep a secret? [J]. Journal of Information Systems Education, 2011, 22(3): 271-278.

附录一 2014年最高人民法院公布的政府信息公开十大典型案例

一、余穗珠诉海南省三亚市国土环境资源局案

(一) 基本案情

余穗珠在紧临三亚金冕混凝土有限公司海棠湾混凝土搅拌站旁种有30亩龙眼果树。为掌握搅拌站产生的烟尘对周围龙眼树开花结果的环境影响情况,于2013年6月8日请求三亚市国土环境资源局(以下简称"三亚国土局")公开搅拌站相关环境资料,包括:三土环资察函〔2011〕50号《关于建设项目环评审批文件执法监察查验情况的函》、三土环资察函〔2011〕23号《关于行政许可事项执法监察查验情况的函》、三土环资监〔2011〕422号《关于三亚金冕混凝土有限公司海棠湾混凝土搅拌站项目环评影响报告表的批复》《三亚金冕混凝土有限公司海棠湾混凝土搅拌站项目环评影响报告表》。7月4日,三亚国土局作出《政府信息部分公开告知书》,同意公开422号文,但认为23号、50号文系该局内部事务形成的信息,不宜公开;《项目环评影响报告表》是企业文件资料,不属政府信息,也不予公开。原告提起行政诉讼,请求判令三亚国土局全部予以公开。

(二) 裁判结果

三亚市城郊人民法院经审理认为,原告请求公开之信息包括了政府环境信息和企业环境信息。对此,应遵循的原则是:不存在法律法规规定不予公开的情形并确系申请人自身之生产、生活和科研特殊需要的,一般应予公开。本案原告申请公开的相关文件资料,是被告在履行职责过程中制作或者获取

的，以一定形式记录、保存的信息，当然属于政府信息。被告未能证明申请公开之信息存在法定不予公开的情形而答复不予公开，属于适用法律法规错误。据此，判决撤销被告《政府信息部分公开告知书》中关于不予公开部分的第二项答复内容，限其依法按程序进行审查后重新作出答复。

一审判决后，余穗珠不服，提出上诉，二审期间主动撤回上诉。

（三）典型意义

本案的典型意义表现在三个方面：第一，对外获取的信息也是政府信息。本案涉及两类信息：一是行政机关获取的企业环境信息；二是行政机关制作的具有内部特征的信息。关于前者，根据《政府信息公开条例》的规定，政府信息不仅包括行政机关制作的信息，同样包括行政机关从公民、法人或者其他组织获取的信息。因此，本案中行政机关在履行职责过程中获取的企业环境信息同样属于政府信息。关于后者，本案行政机关决定不予公开的23号函和50号函，虽然文件形式表现为内部报告，但实质仍是行政管理职能的延伸，不属于内部管理信息。第二，例外法定。政府信息不公开是例外，例外情形应由法律法规明确规定。本案判决强调，凡属于政府信息，如不存在法定不予公开的事由，均应予以公开。被告未能证明申请公开的信息存在法定不予公开的情形，简单以政府内部信息和企业环境信息为由答复不予公开，属于适用法律错误。第三，行政机关先行判断。考虑到行政机关获取的企业环境信息可能存在涉及第三方商业秘密的情形，应当首先由行政机关在行政程序中作出判断，法院并未越俎代庖直接判决公开，而是责令行政机关重新作出是否公开的答复，体现了对行政机关首次判断权的尊重。

二、奚明强诉中华人民共和国公安部案

（一）基本案情

2012年5月29日，奚明强向中华人民共和国公安部（以下简称"公安部"）申请公开《关于实行"破案追逃"新机制的通知》（公通字〔1999〕91号）、《关于完善"破案追逃"新机制有关工作的通知》（公刑〔2002〕351号）、《日常"网上追逃"工作考核评比办法（修订）》（公刑〔2005〕403号）等三个文件中

关于网上追逃措施适用条件的政府信息。2012年6月25日,公安部作出《政府信息公开答复书》,告知其申请获取的政府信息属于法律、法规、规章规定不予公开的其他情形。根据《政府信息公开条例》第十四条第四款的规定,不予公开。奚明强不服,在行政复议决定维持该答复书后,提起行政诉讼。

(二) 裁判结果

北京市第二中级人民法院经审理认为,公安部受理奚明强的政府信息公开申请后,经调查核实后认定奚明强申请公开的《关于实行"破案追逃"新机制的通知》是秘密级文件;《关于完善"破案追逃"新机制有关工作的通知》《日常"网上追逃"工作考核评比办法(修订)》系根据前者的要求制定,内容密切关联。公安部经进一步鉴别,同时认定奚明强申请公开的信息是公安机关在履行刑事司法职能、侦查刑事犯罪中形成的信息,且申请公开的文件信息属于秘密事项,应当不予公开。判决驳回奚明强的诉讼请求。

奚明强不服,提出上诉。北京市高级人民法院经审理认为,根据《政府信息公开条例》第二条规定,政府信息是指行政机关在履行职责过程中制作或者获取的,以一定形式记录、保存的信息。本案中,奚明强向公安部申请公开的三个文件及其具体内容,是公安部作为刑事司法机关履行侦查犯罪职责时制作的信息,依法不属于《政府信息公开条例》第二条所规定的政府信息。因此,公安部受理奚明强的政府信息公开申请后,经审查作出不予公开的被诉答复书,并无不当。判决驳回上诉,维持一审判决。

(三) 典型意义

本案的焦点集中在追查刑事犯罪中形成的秘密事项的公开问题。根据《政府信息公开条例》第十四条的规定,行政机关不得公开涉及国家秘密的政府信息。《保守国家秘密法》第九条规定,"维护国家安全活动和追查刑事犯罪中的秘密事项"应当确定为国家秘密。本案中,一审法院认定原告申请公开的文件信息属于秘密事项,应当不予公开,符合前述法律规定。同时,公安机关具有行政机关和刑事司法机关的双重职能,其在履行刑事司法职能时制作的信息不属于《政府信息公开条例》第二条所规定的政府信息。本案二审法院在对公安机关的这两种职能进行区分的基础上,认定公安部作出不予公开答复并无不当,具有示范意义。

三、王宗利诉天津市和平区房地产管理局案

（一）基本案情

2011年10月10日，王宗利向天津市和平区人民政府信息公开办公室（以下简称"和平区信息公开办"）提出申请，要求公开和平区金融街公司与和平区土地整理中心签订的委托拆迁协议和支付给土地整理中心的相关费用的信息。2011年10月11日，和平区信息公开办将王宗利的申请转给和平区房地产管理局（以下简称"和平区房管局"），由和平区房管局负责答复王宗利。2011年10月，和平区房管局给金融街公司发出《第三方意见征询书》，要求金融街公司予以答复。2011年10月24日，和平区房管局作出了《涉及第三方权益告知书》，告知王宗利申请查询的内容涉及商业秘密，权利人未在规定期限内答复，不予公开。王宗利提起行政诉讼，请求撤销该告知书，判决被告依法在15日内提供其所申请的政府信息。

（二）裁判结果

天津市和平区人民法院经审理认为，和平区房管局审查王宗利的政府信息公开申请后，只给金融街公司发了一份第三方意见征询书，没有对王宗利申请公开的政府信息是否涉及商业秘密进行调查核实。在诉讼中，和平区房管局也未提供王宗利所申请政府信息涉及商业秘密的任何证据，使法院无法判断王宗利申请公开的政府信息是否涉及第三人的商业秘密。因此，和平区房管局作出的《涉及第三方权益告知书》证据不足，属明显不当。判决撤销被诉《涉及第三方权益告知书》，并要求和平区房管局在判决生效后30日内，重新作出政府信息公开答复。

一审宣判后，当事人均未上诉，一审判决发生法律效力。

（三）典型意义

本案的焦点集中在涉及商业秘密的政府信息的公开问题以及征求第三方意见程序的适用。在政府信息公开实践中，行政机关经常会以申请的政府信息涉及商业秘密为理由不予公开，但有时会出现滥用。商业秘密的概念具有严格内涵，依据《反不正当竞争法》的规定，商业秘密是指不为公众知悉、能

为权利人带来经济利益、具有实用性并经权利人采取保密措施的技术信息和经营信息。行政机关应当依此标准进行审查,而不应单纯以第三方是否同意公开作出决定。人民法院在合法性审查中,应当根据行政机关的举证作出是否构成商业秘密的判断。本案和平区房管局在行政程序中,未进行调查核实就直接主观认定申请公开的信息涉及商业秘密,在诉讼程序中,也没有向法院提供相关政府信息涉及商业秘密的证据和依据,导致法院无从对被诉告知书认定"涉及商业秘密"的事实证据进行审查,也就无法对该认定结论是否正确作出判断。基于此,最终判决行政机关败诉符合立法本意。该案例对于规范人民法院在政府信息公开行政案件中如何审查判断涉及商业秘密的政府信息具有典型示范意义。

四、杨政权诉山东省肥城市房产管理局案

(一)基本案情

2013年3月,杨政权向肥城市房产管理局等单位申请廉租住房,因其家庭人均居住面积不符合条件,未能获得批准。后杨政权申请公开经适房、廉租房的分配信息并公开所有享受该住房住户的审查资料信息(包括户籍、家庭人均收入和家庭人均居住面积等)。肥城市房产管理局于2013年4月15日向杨政权出具了《关于申请公开经适房、廉租住房分配信息的书面答复》,答复了2008年以来经适房、廉租房、公租房建设、分配情况,并告知,其中三批保障性住房人信息已经在肥城政务信息网、肥城市房管局网站进行了公示。杨政权提起诉讼,要求一并公开所有享受保障性住房人员的审查材料信息。

(二)裁判结果

泰安高新技术产业开发区人民法院经审理认为,杨政权要求公开的政府信息包含享受保障性住房人的户籍、家庭人均收入、家庭人均住房面积等内容,此类信息涉及公民的个人隐私,不应予以公开,判决驳回杨政权的诉讼请求。

杨政权不服,提起上诉。泰安市中级人民法院经审理认为:《廉租住房保

障办法》《经济适用住房管理办法》均确立了保障性住房分配的公示制度；《肥城市民政局、房产管理局关于经济适用住房、廉租住房和公共租赁住房申报的联合公告》亦规定，"社区（单位），对每位申请保障性住房人的家庭收入和实际生活状况进行调查核实并张榜公示，接受群众监督，时间不少于5日"。申请人据此申请保障性住房，应视为已经同意公开其前述个人信息。与此相关的政府信息的公开应适用《政府信息公开条例》第十四条第四款"经权利人同意公开的涉及个人隐私的政府信息可以予以公开"的规定。另，申请人申报的户籍、家庭人均收入、家庭人均住房面积等情况均是其能否享受保障性住房的基本条件，其必然要向主管部门提供符合相应条件的个人信息，以接受审核。当涉及公众利益的知情权和监督权与保障性住房申请人一定范围内的个人隐私相冲突时，应首先考量保障性住房的公共属性，使获得这一公共资源的公民让渡部分个人信息，既符合比例原则，又利于社会的监督和住房保障制度的良性发展。被告的答复未达到全面、具体的法定要求，因此判决撤销一审判决和被诉答复，责令被告自本判决发生法律效力之日起15个工作日内对杨政权的申请重新作出书面答复。

（三）典型意义

本案的焦点问题是享受保障性住房人的申请材料信息是否属于个人隐私而依法免于公开。该问题实质上涉及了保障公众知情权与保护公民隐私权两者发生冲突时的处理规则。保障性住房制度是政府为解决低收入家庭的住房问题而运用公共资源实施的一项社会福利制度，直接涉及公共资源和公共利益。在房屋供需存有较大缺口的现状下，某个申请人获得保障性住房，会直接减少可供应房屋的数量，对在其后欲获得保障性住房的轮候申请人而言，意味着机会利益的减损。为发挥制度效用、依法保障公平，利害关系方的知情权与监督权应该受到充分尊重，其公开相关政府信息的请求应当得到支持。因此，在保障性住房的分配过程中，当享受保障性住房人的隐私权直接与竞争权人的知情权、监督权发生冲突时，应根据比例原则，以享受保障性住房人让渡部分个人信息的方式优先保护较大利益的知情权、监督权，相关政府信息的公开不应也不必以权利人的同意为前提。本案二审判决确立的个人隐私与涉及公共利益的知情权相冲突时的处理原则，符合法律规定，具有标杆意义。

五、姚新金、刘天水诉福建省永泰县国土资源局案

（一）基本案情

2013年3月20日，姚新金、刘天水通过特快专递，要求福建省永泰县国土资源局书面公开二申请人房屋所在区域地块拟建设项目的"一书四方案"，即建设用地项目呈报说明书、农用地转用方案、补充耕地方案、征收方案、供地方案。2013年5月28日，永泰县国土资源局作出《关于刘天水、姚新金申请信息公开的答复》（简称《答复》）称"你们所申请公开的第3项（拟建设项目的"一书四方案"），不属于公开的范畴"，并按申请表确定的通信地址将《答复》邮寄给申请人。2013年7月8日，姚新金、刘天水以永泰县国土资源局未就政府公开申请作出答复为由，提起行政诉讼。永泰县国土资源局答辩称："一书四方案"系被告制作的内部管理信息，处在审查中的过程性信息，不属于《政府信息公开条例》所指应公开的政府信息，被告没有公开的义务。

（二）裁判结果

永泰县人民法院经审理认为，"一书四方案"系永泰县国土局在向上级有关部门报批过程中的材料，不属于信息公开的范围。虽然《答复》没有说明不予公开的理由，存在一定的瑕疵，但不足以否定具体行政行为的合法性。姚新金、刘天水要求被告公开"一书四方案"于法无据，判决驳回其诉讼请求。

姚新金、刘天水不服，提出上诉。福州市中级人民法院经审理认为，根据《土地管理法实施条例》第二十三条第一款第（二）项规定，永泰县国土资源局是"一书四方案"的制作机关，福建省人民政府作出征地批复后，有关"一书四方案"已经过批准并予以实施，不再属于过程性信息及内部材料，被上诉人不予公开没有法律依据。判决撤销一审判决，责令永泰县国土资源局限期向姚新金、刘天水公开"一书四方案"。

（三）典型意义

本案的焦点集中在过程性信息如何公开。《政府信息公开条例》确定的公开的例外仅限于国家秘密、商业秘密、个人隐私。《国务院办公厅关于做好

政府信息依申请公开工作的意见》第二条第二款又规定："……行政机关在日常工作中制作或者获取的内部管理信息以及处于讨论、研究或者审查中的过程性信息，一般不属于《条例》所指应公开的政府信息。"过程性信息一般是指行政决定作出前行政机关内部或行政机关之间形成的研究、讨论、请示、汇报等信息，此类信息一律公开或过早公开，可能会妨害决策过程的完整性，妨害行政事务的有效处理。但过程性信息不应是绝对的例外，当决策、决定完成后，此前处于调查、讨论、处理中的信息即不再是过程性信息，如果公开的需要大于不公开的需要，就应当公开。本案福建省人民政府作出征地批复后，当事人申请的"一书四方案"即已处于确定的实施阶段，行政机关以该信息属于过程性信息、内部材料为由不予公开，对当事人行使知情权构成不当阻却。二审法院责令被告限期公开，为人民法院如何处理过程信息的公开问题确立了典范。

六、张宏军诉江苏省如皋市物价局案

（一）基本案情

2009年5月26日，如皋市物价局印发皋价发〔2009〕28号《市物价局关于印发〈行政处罚自由裁量权实施办法〉的通知》。该文件包含附件《如皋市物价局行政处罚自由裁量权实施办法》，该实施办法第十条内容为"对《价格违法行为行政处罚规定》自由裁量处罚幅度详见附件一（2）"。

2013年1月9日，张宏军向如皋市物价局举报称，如皋市丁堰镇人民政府在信息公开事项中存在违规收费行为。该局接到举报后答复称，丁堰镇政府已决定将收取的31位农户的信息检索费、复印费共计480.5元予以主动退还，按照《如皋市物价局行政处罚自由裁量权实施办法》第九条第（三）项的规定，对其依法不予行政处罚。

2013年3月8日，张宏军向如皋市物价局提出政府信息公开申请，要求其公开皋价发〔2009〕28号文件。如皋市物价局答复称，该文件系其内部信息，不属于应当公开的政府信息范围，向原告提供该文件主文及附件《如皋市物价局行政处罚自由裁量权实施办法》，但未提供该文件的附件一（2）。张宏军不服,提起诉讼。

（二）裁判结果

如东县人民法院认为,本案的争议焦点为涉诉信息应否公开。首先,行政机关进行行政管理活动所制作和获取的信息,属于政府信息。行政机关单纯履行内部管理职责时所产生的信息属于内部管理信息。如皋市物价局称其对丁堰镇政府作出不予处罚决定的依据即为皋价发〔2009〕28号文件,在相关法律法规对某些具体价格违法行为所规定的处罚幅度较宽时,该文件是该局量罚的参照依据。可见,涉诉信息会对行政相对人的权利义务产生影响,是被告行使行政管理职责过程中所制作的信息,不属于内部管理信息。其次,涉诉信息是如皋市物价局根据该市具体情况针对不同的价格违法行为所作的具体量化处罚规定,根据《国务院关于加强市县政府依法行政的决定》（国发〔2008〕17号）第十八条的规定,针对行政裁量权所作的细化、量化标准应当予以公布,故涉诉信息属于应予公开的政府信息范畴。再次,如皋市物价局仅向张宏军公开涉诉文件的主文及附件《如皋市物价局行政处罚自由裁量权实施办法》,而未公开该文件的附件一（2）,其选择性公开涉诉信息的部分内容缺乏法律依据。如皋市物价局应当全面、准确、完整地履行政府信息公开职责。据此判决被告于本判决生效之日起15个工作日内向原告公开皋价发〔2009〕28号文件的附件一（2）。

一审宣判后,当事人均未上诉,一审判决发生法律效力。

（三）典型意义

该案涉及内部信息的界定问题。所谓内部信息,就是对外部不产生直接约束力的普遍政策阐述或对个案的非终极性意见。之所以要免除公开内部信息,目的是保护机构内部或不同机构之间的交流,从而使官员能够畅所欲言,毫无顾忌地表达自己的真实想法。本案中,如东县人民法院通过三个方面的分析,确认涉诉政府信息是被告行使行政管理职责过程中所制作的信息,是对价格违法行为进行量化处罚的依据,会对行政相对人的权利义务产生影响,因而不应属于内部信息。同时,判决对行政机关公开政府信息的标准进行了严格审查,明确要求行政机关应当准确、完整、全面履行政府信息公开职责,不能随意地选择性公开。这些都具有较大的参考价值。

七、彭志林诉湖南省长沙县国土资源局案

(一) 基本案情

2012年10月6日,彭志林向长沙县国土资源局提出政府信息公开申请,申请获取本组村民高细贵建房用地审批信息。11月28日,长沙县国土资源局作出答复:根据《档案法实施办法》第二十五条的规定,集体和个人寄存于档案馆和其他单位的档案,任何单位和个人不得擅自公布,如需公布必须征得档案所有者的同意。故查询高细贵建房用地审批资料必须依照上述法律规定到本局档案室办理。同时建议如反映高细贵建房一户两证的问题,可以直接向局信访室和执法监察大队进行举报,由受理科、室负责依法办理。彭志林不服,提起诉讼,请求法院撤销被告作出的答复,并责令被告公开相关信息。

(二) 裁判结果

长沙县人民法院经审理认为,根据《最高人民法院关于审理政府信息公开行政案件若干问题的规定》第七条的规定,原告申请的政府信息系保存在被告的档案室,并未移交给专门的档案馆,被告长沙县国土资源局依法应适用《政府信息公开条例》的规定对原告申请公开的信息进行答复,而被告在答复中却适用《档案法实施办法》的相关规定进行答复,属于适用法律、法规错误,依法应予撤销。原告申请公开的信息是否应当提供,尚需被告调查和裁量,故原告该项诉讼请求不予支持。判决撤销被诉答复,责令被告30个工作日内重新予以答复。长沙县国土资源局不服,提出上诉,长沙市中级人民法院判决驳回上诉、维持原判。

(三) 典型意义

本案的焦点集中在档案信息的公开问题。政府信息与档案之间有一定的前后演变关系。对于已经移交各级国家档案馆或者存放在行政机关的档案机构的行政信息,是应当适用《政府信息公开条例》,还是适用档案管理的法规、行政法规和国家有关规定,存在一个法律适用的竞合问题。《最高人民法院关于审理政府信息公开行政案件若干问题的规定》第七条,将已经移交

国家档案馆的信息与存放在行政机关档案机构的信息加以区分处理,有利于防止行政机关以适用档案管理法规为借口规避政府信息的公开。本案很好地适用了这一规则,认定被告在答复中适用《档案法实施办法》不予公开政府信息,属于适用法律、法规错误。同时,法院考虑到涉案政府信息是否应当提供,尚需被告调查和裁量,因此判决其重新答复,亦属对行政机关首次判断权的尊重。

八、钱群伟诉浙江省慈溪市掌起镇人民政府案

(一) 基本案情

钱群伟于2013年1月17日向慈溪市掌起镇人民政府邮寄政府信息公开申请书,申请公布柴家村2000年以来的村民宅基地使用的审核情况、村民宅基地分配的实际名单及宅基地面积和地段,柴家村的大桥拆迁户全部名单及分户面积,柴家村大桥征地拆迁户中货币安置户的全部名单及分户面积,在柴家村建房的外村人员的全部名单及实际住户名单,并注明其建房宅基地的来龙去脉。2013年4月10日,慈溪市掌起镇人民政府作出《信访事项答复意见书》,其中关于信息公开的内容为:"柴家村大桥拆迁涉及拆迁建筑共367处,其中,拆迁安置317户,货币安置16户。上述信息所涉及的相关事宜已通过相关程序办理,且已通过一定形式予以公布,被相关公众所知悉。"钱群伟对此答复不服,提起诉讼。其认为该答复是"笼统的,不能说明任何问题的信息,与原告所要求公开的信息根本不符,实质上等于拒绝公开"。

(二) 裁判情况

慈溪市人民法院经审理认为,被诉答复内容仅对少量的政府信息公开申请作出了答复,对其他政府信息公开申请既没有答复,亦没有告知原告获取该政府信息的方式和途径,而且被告在诉讼中未向本院提供其作出上述答复的相应证据,故应认定被告作出的答复主要证据不足。被告辩称,《政府信息公开条例》于2008年5月1日起才实施,在此之前的政府信息不能公开。法院认为,原告申请公开政府信息时,该条例早已实施。针对原告的申请,被告应当依据该条例的相关规定作出答复。如原告申请公开的政府信息属于不予公开范围的,被告应当告知原告并说明理由。况且,被告认为该条例施行

之前的政府信息不能公开,缺乏法律依据。故被告上述辩称意见,理由并不成立,不予采信。判决撤销被告慈溪市掌起镇人民政府作出的政府信息公开答复;责令其在判决生效之日起30日内对钱群伟提出的政府信息公开申请重新作出处理。

一审宣判后,当事人均未上诉,一审判决发生法律效力。

(三)典型意义

本案的焦点集中在历史信息的公开问题。所谓历史信息,是指《政府信息公开条例》施行前已经形成的政府信息。虽然在立法过程中确有一些机关和官员希望能够将历史信息排除在适用范围之外,但《政府信息公开条例》对政府信息的定义并没有将信息的形成时间进行限定,亦未将历史信息排除在公开的范围之外。本案判决确认"被告认为该条例施行之前的政府信息不能公开,缺乏法律依据",符合立法本意。至于"法不溯及既往"原则,指的是法律文件的规定仅适用于法律文件生效以后的事件和行为,对于法律文件生效以前的事件和行为不适用。就本案而言,所谓的事件和行为,也就是原告依照条例的规定申请公开政府信息,以及行政机关针对申请作出答复。本案判决指出,"原告申请公开政府信息时,该条例早已实施",就是对"法不溯及既往"原则的正确理解。

九、张良诉上海市规划和国土资源管理局案

(一)基本案情

2013年2月19日,张良向上海市规划和国土资源管理局申请获取"本市116地块项目土地出让金缴款凭证"政府信息。上海市规划和国土资源管理局经至其档案中心以"缴款凭证"为关键词进行手工查找,未找到名为"缴款凭证"的116地块土地出让金缴款凭证的政府信息,遂认定其未制作过原告申请获取的政府信息,根据《政府信息公开条例》第二十一条第(三)项答复张良,其申请公开的政府信息不存在。张良不服,提起诉讼,要求撤销该政府信息公开答复。

(二)裁判结果

上海市黄浦区人民法院经审理认为:原告申请公开的相关缴款凭证,应

泛指被告收取土地使用权受让人缴纳本市116地块国有土地使用权出让金后形成的书面凭证。在日常生活中,这种证明缴纳款项凭证的名称或许为缴款凭证,或许为收据、发票等,并不局限于缴款凭证的表述。原告作为普通公民,认为其无法知晓相关缴款凭证的规范名称,仅以此缴款凭证描述其申请获取的政府信息内容的主张具有合理性。而与之相对应,被告系本市土地行政管理部门,应知晓其收取土地使用权出让金后开具给土地使用权受让人的凭证的规范名称,但在未与原告确认的前提下,擅自认为原告仅要求获取名称为缴款凭证的相关政府信息,并仅以缴款凭证为关键词至其档案中心进行检索,显然检索方式失当,应为未能尽到检索义务,据此所认定的相关政府信息不存在的结论,也属认定事实不清,证据不足。判决撤销被诉政府信息公开答复,责令被告重新作出答复。

一审宣判后,当事人均未上诉,一审判决发生法律效力。

(三) 典型意义

本案涉及政府信息公开的两项重要制度:一是申请人在提交信息公开申请时应该尽可能详细地对政府信息的内容进行描述,以有利于行政机关进行检索;二是政府信息不存在的行政机关不予提供。本案在处理这两个问题时所采取的审查标准值得借鉴。也就是,行政机关以信息不存在为由拒绝提供政府信息的,应当证明其已经尽到了合理检索义务。申请人对于信息内容的描述,也不能苛刻其必须说出政府信息的规范名称甚至具体文号。如果行政机关仅以原告的描述为关键词进行检索,进而简单答复政府信息不存在,亦属未能尽到检索义务。

十、如果爱婚姻服务有限公司诉中华人民共和国民政部案

(一) 基本案情

2013年1月28日,石家庄市如果爱婚姻服务有限公司(以下简称"如果爱公司")请求中华人民共和国民政部(以下简称"民政部")向其书面公开中国婚姻家庭研究会的社会团体登记资料、年检资料、社会团体法人登记证书及对中国婚姻家庭研究会涉嫌欺诈行为的查处结果。民政部接到如果爱公

司的申请后,未在法定的15日期限内作出答复。在行政复议期间,民政部于2013年4月26日向申请人作出《政府信息告知书》。如果爱公司不服,提起行政诉讼。

(二)裁判结果

北京市第二中级人民法院经审理认为,民政部认为如果爱公司申请的该政府信息属于公开范围,遂答复如果爱公司获取该政府信息的方式和途径,即登录中国社会组织网查询并附上网址,并无不当。民政部在《政府信息告知书》中并未引用相关法律条款,导致该被诉具体行政行为适用法律错误,应予撤销。作出《政府信息告知书》超过法定答复期限,且没有依法延长答复的批准手续,属程序违法。此外,在作出对外发生法律效力的《政府信息告知书》时,应以民政部的名义作出,并加盖民政部公章。综上,判决撤销民政部所作《政府信息告知书》,并判决民政部应于本判决生效之日起60日内针对如果爱公司的政府信息公开申请重新作出具体行政行为。

如果爱公司不服,提出上诉。北京市高级人民法院经审理认为,民政部认定中国婚姻家庭研究会的社会团体登记情况、历年年检情况属于公开信息,并告知如果爱公司登录中国社会组织网查询。但通过前述网址查询到的内容显然不能涵盖如果爱公司申请公开的中国婚姻家庭研究会的社会团体登记资料、年检资料所对应的信息。对于中国社会组织网查询结果以外的,中国婚姻家庭研究会的其他社会团体登记资料、年检资料信息,民政部未在被诉告知书中予以答复,亦未说明理由,其处理构成遗漏政府信息公开申请请求事项的情形。同时,尽管民政部不保留登记证书的原件及副本,但作为全国性社会团体的登记机关,民政部应当掌握中国婚姻家庭研究会登记证书上记载的相关信息。民政部在未要求如果爱公司对其申请事项予以进一步明确的情况下,仅告知其不保留登记证书原件及副本,未尽到审查答复义务。一审法院关于民政部答复内容并无不当的认定错误,本院予以纠正。民政部作出被诉告知书明显超过法定期限,且无依法延长答复期限的批准手续,民政部在复议程序中已经确认超期答复违法,本院予以确认。此外,被诉告知书有可援引的法律依据而未援引,应属适用法律错误。民政部作为政府信息公开义务主体,应以其自身名义对外作出政府信息公开答复。综上,判决驳回上诉,维持一审判决。

(三) 典型意义

本案涉及主动公开和依申请公开的关系以及行政机关应当充分履行告知义务问题。政府信息公开的方式包括主动公开和依申请公开,两者相辅相成,互为补充。对于已经主动公开的政府信息,行政机关可以不重复公开,但应当告知申请人获取该政府信息的方式和途径。本案中,被告虽然在复议期间告知申请人可以查询信息的网址,但登录该网址仅能查询到部分信息,二审判决认定其遗漏了申请中未主动公开的相关信息,构成未完全尽到公开义务,是对《政府信息公开条例》的正确理解,从而对行政机关是否充分履行告知义务进而完全尽到公开义务确立了比较明确的司法审查标准。此外,行政机关不予公开政府信息,应当援引具体的法律条款并说明理由。本案判决认定被告有可援引的法律依据而未援引,属于适用法律错误,能够敦促行政机关规范政府信息公开的法律适用,增强政府信息公开的说理性。判决还针对行政机关超期答复和答复主体不当等问题作出确认,也有利于促进政府信息公开答复形式与程序的规范化。

附录二　中华人民共和国政府信息公开条例

中华人民共和国政府信息公开条例(2019)

第一章　总　　则

第一条　为了保障公民、法人和其他组织依法获取政府信息,提高政府工作的透明度,建设法治政府,充分发挥政府信息对人民群众生产、生活和经济社会活动的服务作用,制定本条例。

第二条　本条例所称政府信息,是指行政机关在履行行政管理职能过程中制作或者获取的,以一定形式记录、保存的信息。

第三条　各级人民政府应当加强对政府信息公开工作的组织领导。国务院办公厅是全国政府信息公开工作的主管部门,负责推进、指导、协调、监督全国的政府信息公开工作。县级以上地方人民政府办公厅(室)是本行政区域的政府信息公开工作主管部门,负责推进、指导、协调、监督本行政区域的政府信息公开工作。实行垂直领导的部门的办公厅(室)主管本系统的政府信息公开工作。

第四条　各级人民政府及县级以上人民政府部门应当建立健全本行政机关的政府信息公开工作制度,并指定机构(以下统称"政府信息公开工作机构")负责本行政机关政府信息公开的日常工作。政府信息公开工作机构的具体职能是:(一)办理本行政机关的政府信息公开事宜;(二)维护和更新本行政机关公开的政府信息;(三)组织编制本行政机关的政府信息公开指南、政府信息公开目录和政府信息公开工作年度报告;(四)组织开展对拟公开政府信息的审查;(五)本行政机关规定的与政府信息公开有关的其他职能。

第五条　行政机关公开政府信息,应当坚持以公开为常态、不公开为例外,遵循公正、公平、合法、便民的原则。

第六条 行政机关应当及时、准确地公开政府信息。行政机关发现影响或者可能影响社会稳定、扰乱社会和经济管理秩序的虚假或者不完整信息的,应当发布准确的政府信息予以澄清。

第七条 各级人民政府应当积极推进政府信息公开工作,逐步增加政府信息公开的内容。

第八条 各级人民政府应当加强政府信息资源的规范化、标准化、信息化管理,加强互联网政府信息公开平台建设,推进政府信息公开平台与政务服务平台融合,提高政府信息公开在线办理水平。

第九条 公民、法人和其他组织有权对行政机关的政府信息公开工作进行监督,并提出批评和建议。

第二章 公开的主体和范围

第十条 行政机关制作的政府信息,由制作该政府信息的行政机关负责公开。行政机关从公民、法人和其他组织获取的政府信息,由保存该政府信息的行政机关负责公开;行政机关获取的其他行政机关的政府信息,由制作或者最初获取该政府信息的行政机关负责公开。法律、法规对政府信息公开的权限另有规定的,从其规定。行政机关设立的派出机构、内设机构依照法律、法规对外以自己名义履行行政管理职能的,可以由该派出机构、内设机构负责与所履行行政管理职能有关的政府信息公开工作。两个以上行政机关共同制作的政府信息,由牵头制作的行政机关负责公开。

第十一条 行政机关应当建立健全政府信息公开协调机制。行政机关公开政府信息涉及其他机关的,应当与有关机关协商、确认,保证行政机关公开的政府信息准确一致。行政机关公开政府信息依照法律、行政法规和国家有关规定需要批准的,经批准予以公开。

第十二条 行政机关编制、公布的政府信息公开指南和政府信息公开目录应当及时更新。政府信息公开指南包括政府信息的分类、编排体系、获取方式和政府信息公开工作机构的名称、办公地址、办公时间、联系电话、传真号码、互联网联系方式等内容。政府信息公开目录包括政府信息的索引、名称、内容概述、生成日期等内容。

第十三条　除本条例第十四条、第十五条、第十六条规定的政府信息外，政府信息应当公开。行政机关公开政府信息，采取主动公开和依申请公开的方式。

第十四条　依法确定为国家秘密的政府信息，法律、行政法规禁止公开的政府信息，以及公开后可能危及国家安全、公共安全、经济安全、社会稳定的政府信息，不予公开。

第十五条　涉及商业秘密、个人隐私等公开会对第三方合法权益造成损害的政府信息，行政机关不得公开。但是，第三方同意公开或者行政机关认为不公开会对公共利益造成重大影响的，予以公开。

第十六条　行政机关的内部事务信息，包括人事管理、后勤管理、内部工作流程等方面的信息，可以不予公开。行政机关在履行行政管理职能过程中形成的讨论记录、过程稿、磋商信函、请示报告等过程性信息以及行政执法案卷信息，可以不予公开。法律、法规、规章规定上述信息应当公开的，从其规定。

第十七条　行政机关应当建立健全政府信息公开审查机制，明确审查的程序和责任。行政机关应当依照《中华人民共和国保守国家秘密法》以及其他法律、法规和国家有关规定对拟公开的政府信息进行审查。行政机关不能确定政府信息是否可以公开的，应当依照法律、法规和国家有关规定报有关主管部门或者保密行政管理部门确定。

第十八条　行政机关应当建立健全政府信息管理动态调整机制，对本行政机关不予公开的政府信息进行定期评估审查，对因情势变化可以公开的政府信息应当公开。

第三章　主动公开

第十九条　对涉及公众利益调整、需要公众广泛知晓或者需要公众参与决策的政府信息，行政机关应当主动公开。

第二十条　行政机关应当依照本条例第十九条的规定，主动公开本行政机关的下列政府信息：（一）行政法规、规章和规范性文件；（二）机关职能、机构设置、办公地址、办公时间、联系方式、负责人姓名；（三）国民经济和社会发展规划、专项规划、区域规划及相关政策；（四）国民经济和社会发展统计信息;(五)办理行政许可和其他对外管理服务事项的依据、条件、程序以及办理结果;(六)实施行政处罚、行政强制的依据、条件、程序以及本行政机关认为具有一定社会影响的行政处罚决定;(七)财政预算、决算信息;(八)行政事业性收费项目及其依据、标准;(九)政府集中采购项目的目录、标准及实施情况;(十)重大建设项目的批准和实施情况;(十一)扶贫、教育、医疗、社会保障、促进就业等方面的政策、措施及其实施情况;(十二)突发公共事件的应急预案、预警信息及应对情况;(十三)环境保护、公共卫生、安全生产、食品药品、产品质量的监督检查情况;(十四)公务员招考的职位、名额、报考条件等事项以及录用结果;(十五)法律、法规、规章和国家有关规定规定应当主动公开的其他政府信息。

第二十一条 除本条例第二十条规定的政府信息外,设区的市级、县级人民政府及其部门还应当根据本地方的具体情况,主动公开涉及市政建设、公共服务、公益事业、土地征收、房屋征收、治安管理、社会救助等方面的政府信息;乡(镇)人民政府还应当根据本地方的具体情况,主动公开贯彻落实农业农村政策、农田水利工程建设运营、农村土地承包经营权流转、宅基地使用情况审核、土地征收、房屋征收、筹资筹劳、社会救助等方面的政府信息。

第二十二条 行政机关应当依照本条例第二十条、第二十一条的规定,确定主动公开政府信息的具体内容,并按照上级行政机关的部署,不断增加主动公开的内容。

第二十三条 行政机关应当建立健全政府信息发布机制,将主动公开的政府信息通过政府公报、政府网站或者其他互联网政务媒体、新闻发布会以及报刊、广播、电视等途径予以公开。

第二十四条 各级人民政府应当加强依托政府门户网站公开政府信息的工作,利用统一的政府信息公开平台集中发布主动公开的政府信息。政府信息公开平台应当具备信息检索、查阅、下载等功能。

第二十五条 各级人民政府应当在国家档案馆、公共图书馆、政务服务场所设置政府信息查阅场所,并配备相应的设施、设备,为公民、法人和其他组织获取政府信息提供便利。行政机关可以根据需要设立公共查阅室、资料索取点、信息公告栏、电子信息屏等场所、设备,公开政府信息。行政机关应当及时向国家档案馆、公共图书馆提供主动公开的政府信息。

第二十六条　属于主动公开范围的政府信息,应当自该政府信息形成或者变更之日起 20 个工作日内及时公开。法律、法规对政府信息公开的期限另有规定的,从其规定。

第四章　依申请公开

第二十七条　除行政机关主动公开的政府信息外,公民、法人或者其他组织可以向地方各级人民政府、对外以自己名义履行行政管理职能的县级以上人民政府部门(含本条例第十条第二款规定的派出机构、内设机构)申请获取相关政府信息。

第二十八条　本条例第二十七条规定的行政机关应当建立完善政府信息公开申请渠道,为申请人依法申请获取政府信息提供便利。

第二十九条　公民、法人或者其他组织申请获取政府信息的,应当向行政机关的政府信息公开工作机构提出,并采用包括信件、数据电文在内的书面形式;采用书面形式确有困难的,申请人可以口头提出,由受理该申请的政府信息公开工作机构代为填写政府信息公开申请。政府信息公开申请应当包括下列内容:(一)申请人的姓名或者名称、身份证明、联系方式;(二)申请公开的政府信息的名称、文号或者便于行政机关查询的其他特征性描述;(三)申请公开的政府信息的形式要求,包括获取信息的方式、途径。

第三十条　政府信息公开申请内容不明确的,行政机关应当给予指导和释明,并自收到申请之日起 7 个工作日内一次性告知申请人作出补正,说明需要补正的事项和合理的补正期限。答复期限自行政机关收到补正的申请之日起计算。申请人无正当理由逾期不补正的,视为放弃申请,行政机关不再处理该政府信息公开申请。

第三十一条　行政机关收到政府信息公开申请的时间,按照下列规定确定:(一)申请人当面提交政府信息公开申请的,以提交之日为收到申请之日;(二)申请人以邮寄方式提交政府信息公开申请的,以行政机关签收之日为收到申请之日;以平常信函等无需签收的邮寄方式提交政府信息公开申请的,政府信息公开工作机构应当于收到申请的当日与申请人确认,确认之日为收到申请之日;(三)申请人通过互联网渠道或者政府信息公开工作机构的传真提交政府信息公开申请的,以双方确认之日为收到申请之日。

第三十二条　依申请公开的政府信息公开会损害第三方合法权益的,行政机关应当书面征求第三方的意见。第三方应当自收到征求意见书之日起15个工作日内提出意见。第三方逾期未提出意见的,由行政机关依照本条例的规定决定是否公开。第三方不同意公开且有合理理由的,行政机关不予公开。行政机关认为不公开可能对公共利益造成重大影响的,可以决定予以公开,并将决定公开的政府信息内容和理由书面告知第三方。

第三十三条　行政机关收到政府信息公开申请,能够当场答复的,应当当场予以答复。行政机关不能当场答复的,应当自收到申请之日起20个工作日内予以答复;需要延长答复期限的,应当经政府信息公开工作机构负责人同意并告知申请人,延长的期限最长不得超过20个工作日。行政机关征求第三方和其他机关意见所需时间不计算在前款规定的期限内。

第三十四条　申请公开的政府信息由两个以上行政机关共同制作的,牵头制作的行政机关收到政府信息公开申请后可以征求相关行政机关的意见,被征求意见机关应当自收到征求意见书之日起15个工作日内提出意见,逾期未提出意见的视为同意公开。

第三十五条　申请人申请公开政府信息的数量、频次明显超过合理范围,行政机关可以要求申请人说明理由。行政机关认为申请理由不合理的,告知申请人不予处理;行政机关认为申请理由合理,但是无法在本条例第三十三条规定的期限内答复申请人的,可以确定延迟答复的合理期限并告知申请人。

第三十六条　对政府信息公开申请,行政机关根据下列情况分别作出答复:(一)所申请公开信息已经主动公开的,告知申请人获取该政府信息的方式、途径;(二)所申请公开信息可以公开的,向申请人提供该政府信息,或者告知申请人获取该政府信息的方式、途径和时间;(三)行政机关依据本条例的规定决定不予公开的,告知申请人不予公开并说明理由;(四)经检索没有所申请公开信息的,告知申请人该政府信息不存在;(五)所申请公开信息不属于本行政机关负责公开的,告知申请人并说明理由;能够确定负责公开该政府信息的行政机关的,告知申请人该行政机关的名称、联系方式;(六)行政机关已就申请人提出的政府信息公开申请作出答复、申请人重复申请公开相同政府信息的,告知申请人不予重复处理;(七)所申请公开信息属于工商、不动产登记资料等信息,有关法律、行政法规对信息的获取有特别规定的,告知申请人依照有关法律、行政法规的规定办理。

第三十七条 申请公开的信息中含有不应当公开或者不属于政府信息的内容,但是能够作区分处理的,行政机关应当向申请人提供可以公开的政府信息内容,并对不予公开的内容说明理由。

第三十八条 行政机关向申请人提供的信息,应当是已制作或者获取的政府信息。除依照本条例第三十七条的规定能够作区分处理的外,需要行政机关对现有政府信息进行加工、分析的,行政机关可以不予提供。

第三十九条 申请人以政府信息公开申请的形式进行信访、投诉、举报等活动,行政机关应当告知申请人不作为政府信息公开申请处理并可以告知通过相应渠道提出。申请人提出的申请内容为要求行政机关提供政府公报、报刊、书籍等公开出版物的,行政机关可以告知获取的途径。

第四十条 行政机关依申请公开政府信息,应当根据申请人的要求及行政机关保存政府信息的实际情况,确定提供政府信息的具体形式;按照申请人要求的形式提供政府信息,可能危及政府信息载体安全或者公开成本过高的,可以通过电子数据以及其他适当形式提供,或者安排申请人查阅、抄录相关政府信息。

第四十一条 公民、法人或者其他组织有证据证明行政机关提供的与其自身相关的政府信息记录不准确的,可以要求行政机关更正。有权更正的行政机关审核属实的,应当予以更正并告知申请人;不属于本行政机关职能范围的,行政机关可以转送有权更正的行政机关处理并告知申请人,或者告知申请人向有权更正的行政机关提出。

第四十二条 行政机关依申请提供政府信息,不收取费用。但是,申请人申请公开政府信息的数量、频次明显超过合理范围的,行政机关可以收取信息处理费。行政机关收取信息处理费的具体办法由国务院价格主管部门会同国务院财政部门、全国政府信息公开工作主管部门制定。

第四十三条 申请公开政府信息的公民存在阅读困难或者视听障碍的,行政机关应当为其提供必要的帮助。

第四十四条 多个申请人就相同政府信息向同一行政机关提出公开申请,且该政府信息属于可以公开的,行政机关可以纳入主动公开的范围。对行政机关依申请公开的政府信息,申请人认为涉及公众利益调整、需要公众广泛知晓或者需要公众参与决策的,可以建议行政机关将该信息纳入主动公开的范围。行政机关经审核认为属于主动公开范围的,应当及时主动公开。

第四十五条 行政机关应当建立健全政府信息公开申请登记、审核、办理、答复、归档的工作制度,加强工作规范。

第五章 监督和保障

第四十六条 各级人民政府应当建立健全政府信息公开工作考核制度、社会评议制度和责任追究制度,定期对政府信息公开工作进行考核、评议。

第四十七条 政府信息公开工作主管部门应当加强对政府信息公开工作的日常指导和监督检查,对行政机关未按照要求开展政府信息公开工作的,予以督促整改或者通报批评;需要对负有责任的领导人员和直接责任人员追究责任的,依法向有权机关提出处理建议。公民、法人或者其他组织认为行政机关未按照要求主动公开政府信息或者对政府信息公开申请不依法答复处理的,可以向政府信息公开工作主管部门提出。政府信息公开工作主管部门查证属实的,应当予以督促整改或者通报批评。

第四十八条 政府信息公开工作主管部门应当对行政机关的政府信息公开工作人员定期进行培训。

第四十九条 县级以上人民政府部门应当在每年1月31日前向本级政府信息公开工作主管部门提交本行政机关上一年度政府信息公开工作年度报告并向社会公布。县级以上地方人民政府的政府信息公开工作主管部门应当在每年3月31日前向社会公布本级政府上一年度政府信息公开工作年度报告。

第五十条 政府信息公开工作年度报告应当包括下列内容:(一)行政机关主动公开政府信息的情况;(二)行政机关收到和处理政府信息公开申请的情况;(三)因政府信息公开工作被申请行政复议、提起行政诉讼的情况;(四)政府信息公开工作存在的主要问题及改进情况,各级人民政府的政府信息公开工作年度报告还应当包括工作考核、社会评议和责任追究结果情况;(五)其他需要报告的事项。全国政府信息公开工作主管部门应当公布政府信息公开工作年度报告统一格式,并适时更新。

第五十一条 公民、法人或者其他组织认为行政机关在政府信息公开工作中侵犯其合法权益的,可以向上一级行政机关或者政府信息公开工作主管部门投诉、举报,也可以依法申请行政复议或者提起行政诉讼。

第五十二条 行政机关违反本条例的规定,未建立健全政府信息公开有关制度、机制的,由上一级行政机关责令改正;情节严重的,对负有责任的领导人员和直接责任人员依法给予处分。

第五十三条 行政机关违反本条例的规定,有下列情形之一的,由上一级行政机关责令改正;情节严重的,对负有责任的领导人员和直接责任人员依法给予处分;构成犯罪的,依法追究刑事责任:(一)不依法履行政府信息公开职能;(二)不及时更新公开的政府信息内容、政府信息公开指南和政府信息公开目录;(三)违反本条例规定的其他情形。

第六章 附 则

第五十四条 法律、法规授权的具有管理公共事务职能的组织公开政府信息的活动,适用本条例。

第五十五条 教育、卫生健康、供水、供电、供气、供热、环境保护、公共交通等与人民群众利益密切相关的公共企事业单位,公开在提供社会公共服务过程中制作、获取的信息,依照相关法律、法规和国务院有关主管部门或者机构的规定执行。全国政府信息公开工作主管部门根据实际需要可以制定专门的规定。前款规定的公共企事业单位未依照相关法律、法规和国务院有关主管部门或者机构的规定公开在提供社会公共服务过程中制作、获取的信息,公民、法人或者其他组织可以向有关主管部门或者机构申诉,接受申诉的部门或者机构应当及时调查处理并将处理结果告知申诉人。

第五十六条 本条例自2019年5月15日起施行。

中华人民共和国政府信息公开条例(2007)

第一章 总 则

第一条 为了保障公民、法人和其他组织依法获取政府信息,提高政府工作的透明度,促进依法行政,充分发挥政府信息对人民群众生产、生活和经济社会活动的服务作用,制定本条例。

第二条 本条例所称政府信息,是指行政机关在履行职责过程中制作或者获取的,以一定形式记录、保存的信息。

第三条 各级人民政府应当加强对政府信息公开工作的组织领导。

国务院办公厅是全国政府信息公开工作的主管部门,负责推进、指导、协调、监督全国的政府信息公开工作。

县级以上地方人民政府办公厅(室)或者县级以上地方人民政府确定的其他政府信息公开工作主管部门负责推进、指导、协调、监督本行政区域的政府信息公开工作。

第四条 各级人民政府及县级以上人民政府部门应当建立健全本行政机关的政府信息公开工作制度,并指定机构(以下统称"政府信息公开工作机构")负责本行政机关政府信息公开的日常工作。

政府信息公开工作机构的具体职责是:

(一)具体承办本行政机关的政府信息公开事宜;

(二)维护和更新本行政机关公开的政府信息;

(三)组织编制本行政机关的政府信息公开指南、政府信息公开目录和政府信息公开工作年度报告;

(四)对拟公开的政府信息进行保密审查;

(五)本行政机关规定的与政府信息公开有关的其他职责。

第五条 行政机关公开政府信息,应当遵循公正、公平、便民的原则。

第六条 行政机关应当及时、准确地公开政府信息。行政机关发现或者可能影响社会稳定、扰乱社会管理秩序的虚假或者不完整信息的,应当在其职责范围内发布准确的政府信息予以澄清。

第七条 行政机关应当建立健全政府信息发布协调机制。行政机关发布政府信息涉及其他行政机关的,应当与有关行政机关进行沟通、确认,保证行政机关发布的政府信息准确一致。

行政机关发布政府信息依照国家有关规定需要批准的,未经批准不得发布。

第八条 行政机关公开政府信息,不得危及国家安全、公共安全、经济安全和社会稳定。

第二章 公开的范围

第九条 行政机关对符合下列基本要求之一的政府信息应当主动公开:

(一)涉及公民、法人或者其他组织切身利益的;

(二)需要社会公众广泛知晓或者参与的;

(三)反映本行政机关机构设置、职能、办事程序等情况的;

(四)其他依照法律、法规和国家有关规定应当主动公开的。

第十条 县级以上各级人民政府及其部门应当依照本条例第九条的规定,在各自职责范围内确定主动公开的政府信息的具体内容,并重点公开下列政府信息:

(一)行政法规、规章和规范性文件;

(二)国民经济和社会发展规划、专项规划、区域规划及相关政策;

(三)国民经济和社会发展统计信息;

(四)财政预算、决算报告;

(五)行政事业性收费的项目、依据、标准;

(六)政府集中采购项目的目录、标准及实施情况;

(七)行政许可的事项、依据、条件、数量、程序、期限以及申请行政许可需要提交的全部材料目录及办理情况;

(八)重大建设项目的批准和实施情况;

(九)扶贫、教育、医疗、社会保障、促进就业等方面的政策、措施及其实施情况;

(十)突发公共事件的应急预案、预警信息及应对情况;

(十一)环境保护、公共卫生、安全生产、食品药品、产品质量的监督检查情况。

第十一条　设区的市级人民政府、县级人民政府及其部门重点公开的政府信息还应当包括下列内容：

（一）城乡建设和管理的重大事项；

（二）社会公益事业建设情况；

（三）征收或者征用土地、房屋拆迁及其补偿、补助费用的发放、使用情况；

（四）抢险救灾、优抚、救济、社会捐助等款物的管理、使用和分配情况。

第十二条　乡（镇）人民政府应当依照本条例第九条的规定，在其职责范围内确定主动公开的政府信息的具体内容，并重点公开下列政府信息：

（一）贯彻落实国家关于农村工作政策的情况；

（二）财政收支、各类专项资金的管理和使用情况；

（三）乡（镇）土地利用总体规划、宅基地使用的审核情况；

（四）征收或者征用土地、房屋拆迁及其补偿、补助费用的发放、使用情况；

（五）乡（镇）的债权债务、筹资筹劳情况；

（六）抢险救灾、优抚、救济、社会捐助等款物的发放情况；

（七）乡镇集体企业及其他乡镇经济实体承包、租赁、拍卖等情况；

（八）执行计划生育政策的情况。

第十三条　除本条例第九条、第十条、第十一条、第十二条规定的行政机关主动公开的政府信息外，公民、法人或者其他组织还可以根据自身生产、生活、科研等特殊需要，向国务院部门、地方各级人民政府及县级以上地方人民政府部门申请获取相关政府信息。

第十四条　行政机关应当建立健全政府信息发布保密审查机制，明确审查的程序和责任。

行政机关在公开政府信息前，应当依照《中华人民共和国保守国家秘密法》以及其他法律、法规和国家有关规定对拟公开的政府信息进行审查。

行政机关对政府信息不能确定是否可以公开时，应当依照法律、法规和国家有关规定报有关主管部门或者同级保密工作部门确定。

行政机关不得公开涉及国家秘密、商业秘密、个人隐私的政府信息。但是，经权利人同意公开或者行政机关认为不公开可能对公共利益造成重大影响的涉及商业秘密、个人隐私的政府信息，可以予以公开。

第三章 公开的方式和程序

第十五条 行政机关应当将主动公开的政府信息，通过政府公报、政府网站、新闻发布会以及报刊、广播、电视等便于公众知晓的方式公开。

第十六条 各级人民政府应当在国家档案馆、公共图书馆设置政府信息查阅场所，并配备相应的设施、设备，为公民、法人或者其他组织获取政府信息提供便利。

行政机关可以根据需要设立公共查阅室、资料索取点、信息公告栏、电子信息屏等场所、设施，公开政府信息。

行政机关应当及时向国家档案馆、公共图书馆提供主动公开的政府信息。

第十七条 行政机关制作的政府信息，由制作该政府信息的行政机关负责公开；行政机关从公民、法人或者其他组织获取的政府信息，由保存该政府信息的行政机关负责公开。法律、法规对政府信息公开的权限另有规定的，从其规定。

第十八条 属于主动公开范围的政府信息，应当自该政府信息形成或者变更之日起20个工作日内予以公开。法律、法规对政府信息公开的期限另有规定的，从其规定。

第十九条 行政机关应当编制、公布政府信息公开指南和政府信息公开目录，并及时更新。

政府信息公开指南，应当包括政府信息的分类、编排体系、获取方式，政府信息公开工作机构的名称、办公地址、办公时间、联系电话、传真号码、电子邮箱等内容。

政府信息公开目录，应当包括政府信息的索引、名称、内容概述、生成日期等内容。

第二十条 公民、法人或者其他组织依照本条例第十三条规定向行政机关申请获取政府信息的，应当采用书面形式（包括数据电文形式）；采用书面形式确有困难的，申请人可以口头提出，由受理该申请的行政机关代为填写政府信息公开申请。

政府信息公开申请应当包括下列内容：

（一）申请人的姓名或者名称、联系方式；

（二）申请公开的政府信息的内容描述；

（三）申请公开的政府信息的形式要求。

第二十一条 对申请公开的政府信息，行政机关根据下列情况分别作出答复：

（一）属于公开范围的，应当告知申请人获取该政府信息的方式和途径；

（二）属于不予公开范围的，应当告知申请人并说明理由；

（三）依法不属于本行政机关公开或者该政府信息不存在的，应当告知申请人，对能够确定该政府信息的公开机关的，应当告知申请人该行政机关的名称、联系方式；

（四）申请内容不明确的，应当告知申请人作出更改、补充。

第二十二条 申请公开的政府信息中含有不应当公开的内容，但是能够作区分处理的，行政机关应当向申请人提供可以公开的信息内容。

第二十三条 行政机关认为申请公开的政府信息涉及商业秘密、个人隐私，公开后可能损害第三方合法权益的，应当书面征求第三方的意见；第三方不同意公开的，不得公开。但是，行政机关认为不公开可能对公共利益造成重大影响的，应当予以公开，并将决定公开的政府信息内容和理由书面通知第三方。

第二十四条 行政机关收到政府信息公开申请，能够当场答复的，应当当场予以答复。

行政机关不能当场答复的，应当自收到申请之日起15个工作日内予以答复；如需延长答复期限的，应当经政府信息公开工作机构负责人同意，并告知申请人，延长答复的期限最长不得超过15个工作日。

申请公开的政府信息涉及第三方权益的，行政机关征求第三方意见所需时间不计算在本条第二款规定的期限内。

第二十五条 公民、法人或者其他组织向行政机关申请提供与其自身相关的税费缴纳、社会保障、医疗卫生等政府信息的，应当出示有效身份证件或者证明文件。

公民、法人或者其他组织有证据证明行政机关提供的与其自身相关的政府信息记录不准确的,有权要求该行政机关予以更正。该行政机关无权更正的,应当转送有权更正的行政机关处理,并告知申请人。

第二十六条　行政机关依申请公开政府信息,应当按照申请人要求的形式予以提供;无法按照申请人要求的形式提供的,可以通过安排申请人查阅相关资料、提供复制件或者其他适当形式提供。

第二十七条　行政机关依申请提供政府信息,除可以收取检索、复制、邮寄等成本费用外,不得收取其他费用。行政机关不得通过其他组织、个人以有偿服务方式提供政府信息。

行政机关收取检索、复制、邮寄等成本费用的标准由国务院价格主管部门会同国务院财政部门制定。

第二十八条　申请公开政府信息的公民确有经济困难的,经本人申请、政府信息公开工作机构负责人审核同意,可以减免相关费用。

申请公开政府信息的公民存在阅读困难或者视听障碍的,行政机关应当为其提供必要的帮助。

第四章　监督和保障

第二十九条　各级人民政府应当建立健全政府信息公开工作考核制度、社会评议制度和责任追究制度,定期对政府信息公开工作进行考核、评议。

第三十条　政府信息公开工作主管部门和监察机关负责对行政机关政府信息公开的实施情况进行监督检查。

第三十一条　各级行政机关应当在每年3月31日前公布本行政机关的政府信息公开工作年度报告。

第三十二条　政府信息公开工作年度报告应当包括下列内容:

(一)行政机关主动公开政府信息的情况;

(二)行政机关依申请公开政府信息和不予公开政府信息的情况;

(三)政府信息公开的收费及减免情况;

(四)因政府信息公开申请行政复议、提起行政诉讼的情况;

(五)政府信息公开工作存在的主要问题及改进情况;

(六)其他需要报告的事项。

第三十三条　公民、法人或者其他组织认为行政机关不依法履行政府信息公开义务的,可以向上级行政机关、监察机关或者政府信息公开工作主管部门举报。收到举报的机关应当予以调查处理。

公民、法人或者其他组织认为行政机关在政府信息公开工作中的具体行政行为侵犯其合法权益的,可以依法申请行政复议或者提起行政诉讼。

第三十四条 行政机关违反本条例的规定,未建立健全政府信息发布保密审查机制的,由监察机关、上一级行政机关责令改正;情节严重的,对行政机关主要负责人依法给予处分。

第三十五条 行政机关违反本条例的规定,有下列情形之一的,由监察机关、上一级行政机关责令改正;情节严重的,对行政机关直接负责的主管人员和其他直接责任人员依法给予处分;构成犯罪的,依法追究刑事责任:

(一)不依法履行政府信息公开义务的;

(二)不及时更新公开的政府信息内容、政府信息公开指南和政府信息公开目录的;

(三)违反规定收取费用的;

(四)通过其他组织、个人以有偿服务方式提供政府信息的;

(五)公开不应当公开的政府信息的;

(六)违反本条例规定的其他行为。

第五章 附 则

第三十六条 法律、法规授权的具有管理公共事务职能的组织公开政府信息的活动,适用本条例。

第三十七条 教育、医疗卫生、计划生育、供水、供电、供气、供热、环保、公共交通等与人民群众利益密切相关的公共企事业单位在提供社会公共服务过程中制作、获取的信息的公开,参照本条例执行,具体办法由国务院有关主管部门或者机构制定。

第三十八条 本条例自2008年5月1日起施行。